面向参保人的
社会保险经办机构

——我国社会保险经办机构改革路径研究

董尚雯 著

Social Security Agency Better Serving Applicants

经济科学出版社
Economic Science Press

图书在版编目（CIP）数据

面向参保人的社会保险经办机构：我国社会保险经办机构
改革路径研究/董尚雯著 . —北京：经济科学出版社，2016.5
ISBN 978 - 7 - 5141 - 6738 - 2

Ⅰ. ①面… Ⅱ. ①董… Ⅲ. ①社会保险 - 组织机构 -
研究 - 中国 Ⅳ. ①F842.61

中国版本图书馆 CIP 数据核字（2016）第 057791 号

责任编辑：殷亚红
责任校对：杨 海
版式设计：齐 杰
责任印制：王世伟

面向参保人的社会保险经办机构
——我国社会保险经办机构改革路径研究

董尚雯 著
经济科学出版社出版、发行 新华书店经销
社址：北京市海淀区阜成路甲 28 号 邮编：100142
总编部电话：010 - 88191217 发行部电话：010 - 88191522
网址：www. esp. com. cn
电子邮件：esp@ esp. com. cn
天猫网店：经济科学出版社旗舰店
网址：http://jjkxcbs. tmall. com
北京季蜂印刷有限公司印装
710×1000 16 开 21.25 印张 360000 字
2016 年 5 月第 1 版 2016 年 5 月第 1 次印刷
ISBN 978 - 7 - 5141 - 6738 - 2 定价：45.00 元
（图书出现印装问题，本社负责调换。电话：010 - 88191502）
（版权所有 侵权必究 举报电话：010 - 88191586
电子邮箱：dbts@ esp. com. cn）

序言

实现社会保障制度预期目标不仅与制度合理设计相关，也在很大程度上依赖于社会保障体系的管理和实施，其中包括社会保险经办体系的有效工作。以企业管理的理念相类比，社会保险制度是"产品"，而社会保险经办则是"服务"，产品与服务相结合才能满足参保对象的需求，缺一不可。随着我国社会保险制度的不断完善发展，对社会保险经办服务的要求越来越高，因此社会保险经办服务也引来越来越多的研究关注。

近年来有相当多学者和实践领域的专家投入到社会保险经办机构的研究方向上，其中由人力资源和社会保障部牵头和深度参与的大型研究项目就有三个以上，而《面向参保人的社会保险经办机构——我国社会保险经办机构改革路径研究》则是作者独立对此专题进行研究而形成的专著。本书有如下特色：

第一，从服务对象的需求出发收集一手数据。

衡量经办服务能否达到目标的最重要标准之一是服务对象的满意度。本书正是从这样的基本理念出发，将满足服务对象的需求作为明确机构改革方向的依据。作者分别在 2014 年 7 月和 2015 年 1 月进行了两轮调研，第一轮调研在全国随机抽取的 10 个城市、50 个社保经办机构开展，共计回收了1320 份有效问卷，调查主题是参保人对当前社会保险经办机构的服务满意度，问卷调查全部在社保经办大厅展开，直接向参保人员收集关于服务设施、服务流程设置、工作人员业务能力、工作人员服务态度、信息公开程度等因素满意度的一手资料。第二轮调研通过更广泛的渠道针对更多相关的问题进行信息收集，该轮调研选取武汉、西安、上海三座城市的公司职员、农民工、事业单位职工、公务员、高校学生、灵活就业人员、普通农民八类典型人群，在医院、工作场所、居住场所、学校等地进行问卷发放，完成1233 个有效样本。这些数据对于研究经办机构的结构、流程、职责、从业人员任职资格乃至制度设计层面应该都有重要的参考价值。

第二，运用企业管理研究方法来解决社会保险经办机构管理中的问题，为社会保险经办机构改革提供了另一种思路。

作者有多年的企业管理研究与实践的经验，因此在研究过程中，有意识地运用企业管理的思路与方法来解决社会保险经办机构管理中的问题，从而使研究别具一格。作者在研究中从目标和战略的差异中层层追问分解，探索问题背后的本质原因，从社会保险经办机构的使命为起点，推演出从使命到具体举措之间的关联次序，从而得出了社会保险经办机构改革举措不能平行推进而应该按照一定顺序进行的结论，强调前一层次的改革结果是后一层次改革的前提保障，从而为社会保险经办机构改革提供了新的视角。

第三，本书提出的改革路径符合服务型政府的定位。

服务型政府建设是我国政府的转型方向，而服务型政府的实质就是以服务为宗旨，首先考虑公民利益的实现，保证公民需求在公共政策中得以体现，公民的满意度作为评估政府绩效的主要标准。本书提出的正是先了解公民的满意度和需求，进而提出有针对性的解决举措，切合服务型政府定位的需要。

《面向参保人的社会保险经办机构——我国社会保险经办机构改革路径研究》一书是在作者博士论文基础上修改而成，对于社会保险经办机构改革这样一个重大问题，作者的知识积累和研究能力显得还不成熟，因此研究结果也还比较稚嫩；触及到一些本质问题例如财政政策只是点到即止而不能深入；其建议的合理性和可行性有待于进一步探讨和验证。但作者初生牛犊不怕虎，敢于公开自己的研究并愿意接受广大读者批评的态度值得鼓励。

是为序。

潘锦棠

2015 年 12 月 30 日

前言

民惟邦本，政得其民。

在所有公共政策中，社会保险产品与服务因其与公民遇到社会风险时的切身利益密切相关且受众面广而备受关注。尽管我国的社会保险改革起步较晚，但经过探索和努力，在社会保险制度上渐趋完善，覆盖范围持续扩大，保障水平稳定提高，制度的可持续性不断增强。然而，国民对于社会保险体系的评价却与改革20年来的进步很难匹配。究其原因，一方面与制度层面仍然有可提升改善的空间有关；另一方面，社会保险领域的研究和变革中长期忽略了经办服务这个维度。价值观决定战略，战略指导制度，最终，制度通过具体的执行落地，这是一个非常清晰的逻辑顺序。我国社会保险体系的服务对象是否满意，是通过制度建设和经办服务共同作用决定的。

事实上，自2007年以来，我国社会保险经办机构已经意识到面临的压力和挑战。以社会保险经办能力建设研究课题组的成立为标志，人力资源和社会保障部开始了以社保经办能力提升为方向的研究，这是一个典型的从实践端到理论端的课题研究。在这个课题组中，除了研究机构专家的智慧贡献，更大的亮点在于全国多个社会保险经办机构的深度参与，不断将研究成果应用于实践领域并取得了一定的效果。但是，与社保经办机构改革的目标以及其他领域组织变革的成效相比，并没有取得预想的效果。变革之艰难，促使我们反思其中的问题，探寻阻碍改革的深层次因素，只有找到真正的原因，才能实施推动下一步变革的关键行动。

从1938年德国行政法学家厄斯特·福斯多夫（Ernst Forsthoff，1938）提出"服务行政"的概念之后，服务型政府作为先进政府治理模式的代表而迅速蔚为大国，我国学者从21世纪初也开始深度研究这种政府与公民关系转变的理念与方法。2007年，党的十七大报告中明确指出，要"健全政府职责体系，完善公共服务体系，强化社会管理和公共服务能力"①。2009年，中共中央总书记、国家主席胡锦涛在中共中央政治局集体学习的时候进一步强调并提出了更具体的要求，"建设服务型政府，根本目的是进一步提高政府为经济社会发展服务、为人民服务的能力和水平，关键是推进政府职能转变、完善社会管理和公共服务，重点是保障和改善民生。要坚持以邓小平理论和"三个代表"重要思想为指导，深入贯彻落实科学发展观，按照全体人民学有所教、劳有所得、病有所医、老有所养、住有所居的要求，围绕逐步实现基本公共服务均等化的目标，创新公共服务机制，改进公共服务方式，加强公共服务设施建设，逐步形成惠及全民的基本公共服务体系"②。方向明确、庞大的政府体系调转车头走上了职能转变的道路，社会保险领域风从响应，比肩并起。2011年7月正式实施的《中华人民共和国社会保险法》中已经将服务型政府的基本理念在社会保险机构职责描述中清晰地体现出来。全国上下的社会保险经办机构根据自身对参保人的理解，努力地改变自己的行为方式，经办大厅里的环境舒适多了，一站式服务、一次性告知、咨询台等服务举措也都陆续出现了，他们自身能够感受到变化，但却不知道参保人是否因此而满意，更不知道做到什么程度才算到位。毕竟，盛名之下，这是一个全然陌生的领域，更何况还有惯性。

其实，跳出来看一下就可以了。在"存在的唯一目的是创造客户"的企业界，这并不是新鲜的理念和方法，企业在生存压力下，服务的重要性自始至终都和产品并驾齐驱。他们不断驾轻就熟地通过深入一线的调研，分析客户需求作为改进自己产品与服务的方向，而不是自娱自乐地替客户提炼和决定需求和期望。于是，本书的研究就从这里开始。

"国民即客户"，这是服务型政府的根本思想，也是社会保险经办机构改革的立足点。正如我国学者井敏（2006）提出的：服务型政府以服务为宗旨，政府应首先考虑公民利益的实现，保证公民需求在公共政策中得以体现，公民的满意度是评估政府绩效的主要标准。当前的管理体制、基金情况等只是决策的制约条件而不是目的，这些可以通过调整和优化，但目标不能改变。

---

① 新华网. 胡锦涛在党的十七大上的报告［EB/OL］. http：//news. xinhuanet. com/newscenter/2007－10/24/content_ 6938568. htm，2007－10－24.

② 中国新闻. 政治局第4次学习胡锦涛强调建设服务型政府［EB/OL］. http：//www. chinanews. com/gn/news/2008/02－23/1171858. shtml，2008－2－23.

对一切事物最深入的思考都会回归到西方哲学的三个终极命题："我是谁?"、"从哪里来?"、"到哪里去?",所以本书也尝试着从这个角度来分析我国社会保险经办机构的运行规律。

第一部分,我是谁? 试图描述我国社会保险经办机构的基本现状。

第1章,我国社会保险经办机构的基本概念和概况。本章根据理论研究和实践领域的描述,界定职责范围,并梳理当前我国社会保险经办机构的基本面数据。

第2章,我国社会保险经办机构的服务现状——基于服务对象的视角。这是研究的出发点,也是自认为最有价值的部分,因为这部分收集到大量一手的服务对象需求与满意度信息,尽管也许收集的信息并不完美,但将这种客户需求调研的思路引入公共服务领域以及反映出来的真实情况都具备一定的参考意义。本章展示了深入十余个城市开展了两轮调研之后的数据,针对社会保险经办机构服务对象获得的2583份问卷反馈和23人的深度访谈结果,初步勾勒出国民对于当前社会保险经办服务的满意度、期望与需求。

第3章,我国社会保险经办机构的组织运行现状——基于社会保险经办机构的视角。这一章仍然是实证中收集的信息,尽管服务对象满意才是改革真正的目标,但如果缺乏经办机构内部运营情况的梳理,也会使问题存在的原因含糊不清,改进的路径更无从谈起。在这个部分,笔者深入了13个经办机构,与各级负责人进行深度访谈,大致厘清了当前社会保险经办机构的内部运行现状特征。

第4章,调研数据分析及我国社会保险经办机构的现状特征。针对服务对象和社保经办机构两个层面调研的数据和信息进行统计分析,并结合基本面数据,总结和提炼我国社会保险经办机构的总体特征。

第二部分,从哪里来? 试图梳理我国社会保险经办机构当前存在问题的原因。

第5章,我国社会保险经办机构的发展历程及研究综述。本章对社保经办机构的实践和理论研究两条线进行梳理,回顾历史是为了更好地应对未来。

第6章,我国社会保险经办机构存在问题的原因分析。本章在之前研究的基础上,对社会保险经办机构的运行效果影响因素进行理论研究,分析我国社会保险经办机构存在问题背后的深层次原因,为提出解决方案奠定基础。

第三部分，到哪里去？试图提出我国社会保险经办机构的改革方向和实现路径。

第7章，社会保险经办机构国际标杆及银行业流程变革的启示。他山之石，可以攻玉，各国在多年社会保险经办管理中进行了多样化的探索，积累了丰富的经验，本章收集整理了包括日本、新加坡、美国等多个国家社会保险经办机构管理的模式，并提炼出每个标杆给我国社会保险经办机构管理带来的借鉴意义。与相同领域的标杆相比，跨领域的实践可能更会突破现有的思维局限，打开思路，有效创新。同样需要直接面对服务对象、处理海量数据以及对精细化要求极高的银行业对社会保险经办机构的变革有着重要的参考价值，本章分析了我国银行业流程变革的成功案例，从中提炼总结了关键驱动因素，为我国社会保险经办机构改革提供了另一个角度的启示。

第8章，我国社会保险经办机构的改革路径。本章在前文原因分析和标杆借鉴的基础上，形成了从理念到落地的四层次理论模型，借鉴平衡计分卡的思路，从我国社会保险经办机构的使命和战略出发，用逻辑分解的方法，对我国社会保险经办机构的改革顺序进行厘清，综合考虑当前面临的挑战和实施难度等因素，对改革路径进行构建和研究设计。

第9章，我国社会保险经办机构定位与组织结构变革建议。以往对于我国社会保险经办机构的研究中，在制度建设与能力提升两个层面提出了大量的举措建议，尽管因为改革顺序等原因收效并不明显，但也无须在这两个层面做更多的重复，因此本章提出的建议只集中在理念到落地的前两个层次，即针对社会保险经办机构中的关键措施——定位与组织机构变革提出具体的举措建议。

本书的关键结论并不复杂，一言以蔽之：改革需要遵循事物规律，按照一定的次序实施。我国当前的社会保险经办机构改革，并不是目标设定的问题，也不是具体操作层面的问题，而是缺乏针对界于理念和落地之间因素的系统研究和有步骤的推进。改革举措之间具有一定的关联与影响关系，从理念到落地是需要一定顺序的，只有前一个层面的保障措施到位后才能确保后一个层面的改革举措能够顺利实施。从理念到落地的具体顺序是：定位保障—组织结构保障—制度保障—软硬件能力保障。首先需要明确我国社会保险经办机构的定位，也就是与外部其他机构之间的职责边界和协作关系，在这个边界范围内划分经办机构内部上下级及横向的分工协作关系。外部与内部关系理顺后，进行相关管理制度、流程的设计和能力提升才能够发挥效能。这也是自外向内的顺序，越外部的保障越会超越经办机构自身甚至人力资源和社会保障管理部门的掌控能力，需要顶层设计和更高决策机构整体推动实施。在当前阶段，可以通过在更高层面设立社会保障管理委员会的形式加以协调解决。这个结论知易行难。纵观历史上我国社会保险经办机构改革的经历和几次专题研究的成果，会发现举措更多地集中在制度和能力提升层面，也许主要原因是越前端层次的变革越艰难，需要决策的层面越高，因为难以推动，所以暂时回避而从微观措施入手。然而，要达成目标，根本问题无法回避，改革成功的关键不在于知，而在于行。

在关键结论和现状分析基础上形成的我国社会保险经办机构改革路径图是更为具体的操作建议，它的意义并不在于每一项措施的实施次序和时间节点绝对正确，而在于传达一种理念：改革的成功需要可操作的计划，计划的每个步骤都必须与总体目标相关，并有清晰的完成时限和衡量标准。

本书立足于实践研究。它来自于实践，形成的结果也将回归于实践。因此研究的一个重要价值点是调研的过程与结论。了解服务对象对于当前社会保险经办服务的满意度是研究的出发点，因此调研是研究设计中最重要的环节。为使反映的结果更为准确，调查问卷摒弃了传统的针对满意度调查的定性调查题目设计方法，而采纳了描述事实和数据的提问方式，例如想了解参保人对于等候时间的满意度，并未直接询问"您对等待时间是否满意？"，而是先询问"请问您刚才为办理这项业务等候了多长时间？"并给出"5分钟以内、5～10分钟、10～20分钟、20～30分钟、30分钟以上"五个选项。以事实为基础的回答为后续设计量化的改进目标奠定了良好的基础。问卷正式发放、收集之前，针对30名参保者进行了试收集和信度、效度检验，根据试收集和检验情况对问卷进行了修订。在正式实施阶段，采用多层随机抽样的方法选取调查点位，对国内32个省会城市及直辖市进行随机抽样，选取了北京、上海、长春、福州、成都、深圳、贵阳、武汉、石家庄、乌鲁木齐10个城市，从每个城市的全部社会保险经办机构中随机抽取5个，最终确定了覆盖国内东中西部的50家社会保险经办机构，在这些社会保险经办大厅中采用对来办事人员直接访问的方式，历时一个月，获取了1350份有效问卷。然而，问卷分析结果显示，参与调查者虽然未对社会保险经办服务达到"满意"的程度，但也在及格线之上，这与平时收集到的信息形成的假设判断并不吻合，在纠结是否需要将研究方向调整为精益求精的"优化"而不是转型突破的"变革"的过程中，逐渐意识到问题之所在：在社保经办大厅接触到的受访者多为单位代表，收集到的信息也仅是经办大厅所办理业务时的服务流程、信息公开、工作人员业务能力与服务态度以及大厅服务设施几个方面，这只是经办服务的部分环节而非全部，真正广大的参保人员甚至放弃参保的人员并不聚集在这个场合，于是有了第二轮调研。

新一轮调研在上海、武汉和西安三座城市针对八类典型人群展开，分别在其工作地、居住地或定点医院等地点进行调查。因为他们并不直接接触社保经办大厅的业务，调研中采用了全新的问卷题目。这一次收集到了1233份问卷，他们反映更多的是对社会保险的需求和期望，特别是涉及了大量制度层面的不满，这也说明产品与服务是两个永恒的主题，它们之间互相影响，难以独立对待。同样地，针对经办机构自身的调研也是从一线获得的，13个不同层级经办机构的负责人接受了平均时长2个小时的深度访谈，对经办机构内部的运营现状进行了描述并提供了宝贵的一手数据。

通过这三轮的调研，收集到的信息与数据可以为管理部门制定政策提供最直接的参考，过程中设计和使用的服务对象满意度调查问卷、服务对象需求与期望调查问卷、社保经办机构深度访谈提纲以及问卷均可以在进一步修订后应用于实践。本次调研的数据也可以作为社会保险经办机构绩效评估的基准标杆，通过连续观测服务对象的满意度变化评估改革的效果并提出更精准的改进建议，也可以将服务对象满意度数据和经办机构内部运营数据做更深入的相关性分析，使社保经办机构的管理举措更具备针对性和可复制性。

回归到满足服务对象需求、提高人民切身福祉的原点，我国社会保险经办机构的改革是理性决策，势在必行，其重要程度不言而喻。目标能否达成的影响因素，无外乎态度和能力。站在当前的时点来看，态度决定能力。外部环境和内部结构的调整是相对激烈的变革，面临的艰难险阻可想而知，最需要的是一往无前、义无反顾的勇气。

当然，一方面认识到我国社会保险经办机构改革是不可能自下而上推动的，依靠各基层机构自我优化与改善并不能解决根本问题；另一方面也必须避免急转弯，在方向明确的前提下，运用变革的方法逐步推动。变革的步骤包括：对于转型改革的方向和紧迫性在最高决策层达成共识——成立强有力的领导小组推动变革并对结果负责——制定改革的愿景目标和具体战略——传播与宣贯——不断消除改革中的障碍——创造短期成效——巩固成果并进一步推动。这是一个长期的工程，如同为广大国民服务没有终点一样，社会保险经办机构的改革也需要随时收集和应对国民需求的变化，快速调整，唯一不变的就是变化。

本书力图立足于事实和数据，强调逻辑与因果关系，并在跨界标杆的选取、常规研究方法和研究数据中尝试贡献创新价值。但是，因为能力、研究时间和难度的局限，研究中也有颇多遗憾。

首先，针对社会保险经办机构战略目标的具体衡量标准还应进一步量化和精确化，但由于历史数据的欠缺，难以形成准确的数据，只能在未来的评估过程中不断积累和完善。

在针对服务对象的调研中，获得了大量的一手数据，本研究仅对其中的满意度和期望部分做了分类分析，对数据的深度挖掘还不够，在时间允许的情况下可以深入分析数据之间的相关关系，为社会保险制度优化提供更为科学的数据依据。

由于只有一次针对服务对象和经办机构调研的机会，本研究也就缺乏对评估模型、指标乃至调研问卷提纲作进一步优化的可能。同时，对社会保险经办机构内部管理的调研主要是基于深度访谈的定性研究，虽然也发放了问卷，但由于样本量较小，并没有形成规律性的结论和量化的标准，未来可以针对这部分数据做经办机构分类和标准化研究。

同时，由于篇幅所限以及出于填补前期研究空白的考虑，本书提出的政策建议着重在定位和组织结构设计层面，而对制度流程优化和能力提升层面涉及不多，组织结构中对于人均负荷比等问题的研究也不够深入。而我国社会保险经办机构的改革只有整体和配套推进才能够达到良好的效果，对制度流程层和能力提升层改革举措的研究，特别是如何从定位和组织结构向下进一步延展推动同样是今后亟须研究的重要方向和目标。

这个研究相对较为微观，由于专业的局限，在外部环境定位中涉及的财政制度并没有深度挖掘并提出实际建议，对于社会保险经办机构法人化、从管理转向治理、当前经济社会发展水平下社会保险经办服务供给与需求分析及更深层次的体制问题也谈及较少，特别是关于机构改革与制度改革的关系方面应该给予更多的关注，这些问题也希望能够有机会在未来的研究中加以深化。

董尚雯

2015 年 12 月 20 日

目录

第一部分 我是谁

第二部分　从哪里来

第三部分 到哪里去

表 目 录

图 目 录

第一部分　我是谁

第 1 章

我国社会保险经办机构的基本概念和概况

1.1 社会保险经办机构的概念

我国的社会保障是一个包含了社会救助、社会保险、社会福利以及补充保障的多元化体系，在这个复杂的社会保障系统中，社会保险（Social Insurance）是最重要也是最受关注的一种，它是为丧失劳动能力、因健康原因造成损失以及暂时或永久失去工作岗位的人口提供经济或其他方式补偿的一种社会和经济制度。在我国的社会保障体系中，承担人力资源与社会保障、民政、公共卫生与医疗服务、计划生育、相关社区服务等职责的机构以及一些非营利组织，甚至企业和个人的慈善平台等均可以算做广义的社会保障经办服务机构，而其中的社会保险经办机构是受众最广也是最为复杂的。

我国在 1986 年就提出了"社会保险专门机构①"这一名词，定义该机构归属于各级劳动行政主管部门，管理当时的养老保险工作。在实践领域中，随着业务范围的扩大，不断对其职能和管理模式进行描述，但一直未对概念做进一步澄清。直至 2001 年，我国原劳动和社会保障部发布了《社会保险行政争议处理办法》，正式提出了经办机构的概念，其中第二条第二款规定："本办法所称的经办机构，是指法律、法规授权的劳动保障行政部门所属的专门办理养老保险、医疗保险、失业保险、工伤保险、生育保险等社会保险事务的工作机构。"②

---

① 国务院关于发布改革劳动制度四个规定的通知，国发〔1986〕77 号，1986 – 7 – 12.
② 社会保险行政争议处理办法，劳动和社会保障部令第 13 号，2001 – 5 – 27.

郑功成（2004）通过对社会保险经办机构的组织归属大致描述出其职责边界，提出各项社会保险业务由设在劳动保障系统内部的官方社会保险事业管理中心（局）经办，承担着各项社会保险业务。

申曙光（2005）提出，社会保险的经办机构即执行机构，具体经办社会保险业务，受政府委托，按照社会保险政策法规的规定，具体办理社会保险基金的收支和管理工作，开展对社会保险对象的管理服务工作。这个定义从职责角度进一步具体化了。

杨燕绥等（2008）指出，社会保险经办机构是提供社会保险登记、关系建立、转移、接续和终止等各项服务的机构，是"社会保险各项服务的提供机构、社会保险各项法律法规的执行机构、社会保险事务的管理机构和参保人的服务机构[①]"。不仅描述了工作职责，而且说明了其工作性质和使命。

2011年7月1日正式实施的《中华人民共和国社会保险法》第八条将社会保险经办机构界定为"提供社会保险服务，负责社会保险登记、个人权益记录、社会保险待遇支付等工作[②]"的组织。

徐延君（2011）提出，社会保险经办机构是政府落实有关社会保险的法律法规和政策规定、办理社会保险的具体事务、筹集社会保险基金、为公众提供社会保险服务的机构。

孟昭喜等（2012）提出经办机构是社会保障基本公共服务的主体，主要职能是执行政策、管理基金、承办事务以及提供服务。而社会保险经办管理服务体系则是包含了组织体系、管理制度、服务模式、工作手段以及工作机制在内的一整套体制，其目的是"落实政府的社会保险法律法规及政策规定，办理社会保险相关事务，筹集和管理社会保险基金以及提供相关的服务[③]"。

郑秉文（2013）概括地描述：社会保险经办作为国家提供的一项基本社会公共服务，承担着向亿万参保者输送社会保险服务的基本职能，是体现国家公共部门形象的主要窗口，该体系的建设直接关系到服务型政府转型的

① 杨燕绥，吴渊渊. 社保经办机构：服务型政府的臂膀［J］. 中国社会保障，2008（3）.
② 中华人民共和国社会保险法［M］. 北京：中国法制出版社，2010.
③ 孟昭喜，徐延君. 完善社会保险经办管理服务体系研究［D］. 北京：中国劳动社会保障出版社，2012.

成效。

从以上社会保险经办机构的概念可以看出，对于社会保险经办机构的定义，有的学者基于总体使命定位提出，也有的学者是基于具体的工作内容提出，在总体的使命、目标和具体职责边界上没有达成共识，这导致了公众对社会保险经办机构的认识不足，需求和期望较为分散，也使研究的口径存在着较大的差异。

在服务型政府的大背景之下，可以明确的是，社会保险经办机构是公共服务的一个子系统和服务型政府建设的执行机构。社会保险经办机构的服务水平直接影响国民的感受，充分体现政府的执政水平，在改善民生的过程中作用重大。在相当长的时期内，推动社会保险经办改革，加强社会保险经办服务管理体系建设，促进社会保险经办服务能力提升，对于实现我国社会保险的战略目标具有重大意义。因此，对于社会保险经办机构可以描述为：为了执行社会保险各项法律法规从而对公众提供社会保险服务而设立的机构，其职责包括进行社会保险登记、个人权益记录、社会保险待遇支付、转移、接续和终止等相关业务。

1.2 我国社会保险经办机构的基本面情况

衡量管理有效性的唯一标志是绩效。衡量一个组织价值的标准不是内部人员规模或管理体系的复杂性，而是其提供的产品及服务能够满足多少及多大程度满足服务对象的需求。因此，我国社会保险经办机构的基本面情况从其服务对象数量、提供服务的范围以及内部运营管理数据三个层面自外而内逐层展开。

1.2.1 我国社会保险经办机构的服务对象数量

能够将多少人纳入到社会保险服务的范畴并为之提供有效服务是社会保险经办机构服务能力的最基本表现。而我国社会保险经办机构在这个方面表现非常出色。

我国的这20年，是社会保险体系建立和完善的阶段，变化层出不穷。随着社会保险制度体系的不断完善，内容不断扩展，越来越多的城乡居民加人到社会保险体系中，参保人数不断增加，特别是近年来，参保人数可以说呈现了激增的局面，新的保险种类也数度增加。从各项社会保险参保人数自1992年至2013年20余年之间的变化，不仅能够看出参保人数和规模的不断增长，而且可以看到各项社会保险种类的增加态势。

应对这样的变化，绝非易事。从这个角度，我国社会保险经办机构的执行能力可圈可点。从表1-1可以看出社会保险工作量和种类的迅猛增长。

根据2014年人力资源和社会保障事业发展统计公报的数据①，截至2014年年底，全国分项社会保险服务对象的情况如下：

一、城镇职工基本养老保险

截至2014年年末，全国参加基本养老保险人数为84232万人，比上年年末增加2263万人。

年末全国参加城镇职工基本养老保险人数为34124万人，比上年年末增加1906万人。其中，参保职工25531万人，参保离退休人员8593万人，比2013年年末分别增加了1354万人和552万人。年末参加城镇职工基本养老保险的农民工人数为5472万人，比上年年末增加577万人。年末企业参加城镇职工基本养老保险人数为31946万人，比上年年末增加1896万人。

年末城乡居民基本养老保险参保人数50107万人，比上年年末增加357万人。其中实际领取待遇人数14313万人。

年末全国有7.33万户企业建立了企业年金，比上年增长10.8%；参加职工人数为2293万人，比上年增长11.5%。

二、医疗保险

年末全国参加城镇基本医疗保险人数为59747万人，比上年年末增加2674万人。其中，参加职工基本医疗保险人数28296万人，比上年年末增加853万人；参加城镇居民基本医疗保险人数为31451万人，比上年年末增加1821万人。在职工基本医疗保险参保人数中，参保职工21041万人，参保退休人员7255万人，分别比上年年末增加540万人和313万人。年末参加城镇基本医疗保险的农民工人数为5229万人，比上年年末增加211万人。

---

① 新华网［EB/OL］. http：//news. xinhuanet. com/local/2015-05-28/c_127852261. htm.

表1-1　1992~2013年各项社会保险参保人数

单位：万人

年份	养老保险						医疗保险									失业保险		工伤保险		生育保险
	城镇职工基本养老保险参保职工	城镇职工基本养老保险参保离退休人员	养老保险参保农民工	城乡居民基本养老保险	农村养老保险	新型农村社会养老保险	城镇职工基本医疗保险参保职工	城镇职工基本医疗保险参保离退休人员	职工大病医疗费用社会统筹	职工离休人员医疗费用社会统筹	职工大病医疗费用和离退休人员医疗费用社会统筹	医疗保险参保农民工	城镇居民基本医疗保险	基本医疗保险	新型农村合作医疗	失业保险	失业保险中农民工	工伤保险	工伤保险中农民工	生育保险
1992	7775	1681							130	27.2										
1993	7336	1628							260	280						7924		1100		550
1994	8494	2079							375											
1995	8738.2	2241.1							702.6	42.4	745							2614.8		1500.2
1996	8758	2358							791	64	855							3103		2016
1997	8671	2533.4					295.4	73.9	295.4	73.9	1303.5			369.3		7961.4		3507.8		2485.9
1998	8476	2727					401.7	107.6	1108	78.8	1186.8			509.3		7927.9		3781.3		2776.7
1999	8859	2864			8000		469.8	124.1			1471			593.9		9852		3960.3		3000
2000	10448	3170			6172									4332		10408		4350		3002
2001	10802	3381			5995.1		5471	1815						7286		10355		4345		3455
2002	11129	3608			5462		6926	2474						9400		10182		4406		3488

续表

年份	养老保险						医疗保险									失业保险		工伤保险		生育保险
	城镇职工基本养老保险参保职工	城镇职工基本养老保险参保离退休人员	养老保险参保农民工	城乡居民基本养老保险	农村养老保险	新型农村社会养老保险	城镇职工基本医疗保险参保职工	城镇职工基本医疗保险参保离退休人员	职工大病医疗费用社会统筹	离退休人员医疗费用社会统筹	职工大病医疗费用社会统筹	医疗保险参保农民工	城镇居民基本医疗保险	基本医疗保险	新型农村合作医疗	失业保险	失业保险中农民工	工伤保险	工伤保险中农民工	生育保险
2003	11646	3860			5428		7975	2927						10902		10373		4575		3655
2004	12250	4103			5378		9045	3359						12404		10584		6845		4384
2005	13120	4367			5442		10022	3761						13783		10648		8478		5408
2006	14131	4635	1417		5374		11580	4152				2367		15732		11187		10268	2537	6459
2007	15183	4954	1846		5171		13420	4600				3131	4291	22311		11645	1150	12173	3980	7775
2008	16587	5304	2416		5595		14988	5008				4266	12400	32396		12400	1549	13787	4942	9254
2009	17743	5807	2647		8691		16410	5527				4335	18210	40147		12715	1643	14896	5587	10876
2010	19402	6305	3284			10277	17791	5944				4583	19528	43263		13376	1990	16161	6300	12336
2011	21565	6826	4140			32643	18948	6279				4641	22116	47343		14317	2391	17696	6828	13892
2012	22981	7446	4543	48370			19861	6624				4996	27156	53641		15225	2702	19010	7179	15429
2013	24177	8041	4895	49750			20501	6942				5018	29629	57073		16417	3740	19917	7263	16392

资料来源：根据《中国劳动统计年鉴》历年的数据编制。

三、失业保险

全国参加失业保险人数为 17043 万人，比上年年末增加 626 万人。其中，参加失业保险的农民工人数为 4071 万人，比上年年末增加 331 万人。年末全国领取失业保险金人数为 207 万人，比上年年末增加 10 万人。全年共为 78 万名劳动合同期满未续订或提前解除劳动合同的农民合同制工人支付了一次性生活补助。

四、工伤保险

年末全国参加工伤保险人数为 20639 万人，比上年年末增加 722 万人。其中，参加工伤保险的农民工人数为 7362 万人，比上年年末增加 98 万人。全年认定（视同）工伤 114.7 万人，比上年减少 3.7 万人；全年评定伤残等级人数为 55.8 万人，比上年增加 4.6 万人。全年享受工伤保险待遇人数为 198 万人，比上年增加 3 万人。

五、生育保险

年末全国参加生育保险人数为 17039 万人，比上年年末增加 647 万人。全年共有 613 万人次享受了生育保险待遇，比上年增加 91 万人次。

1.2.2　我国社会保险经办机构的服务范围

为广大国民提供了什么样的社会保险服务是衡量经办机构服务能力的另一个重要指标。这其中包含了具体的社会保险产品，也包含软性的服务。软性服务很难用数据进行描述，至少之前没有这方面的研究积累，但产品所呈现的服务范围一目了然。

我国的社会保险经办机构在近 30 年参保人次膨胀和基金规模增长的背景下，仍然在服务种类上持续创新。站在服务对象即广大国民的角度来看，到目前为止，我国的社会保险经办机构在以下几方面呈现出良好的服务与管理水平。

一、各项社会保险向更广泛范围的群体延伸

我国的社会保险经办体系只承担城镇职工的养老保险服务，以此为起点扩大到城镇职工的医疗保险、失业保险、工伤保险、生育保险的费用缴纳、基金运营与待遇支付等领域，并不断扩展覆盖面。

2003 年，新型农村合作医疗制度开始在全国部分县（市）进行试点，2006 年，城镇居民医疗保险在 79 个城市启动，2007 年，88 个试点城市新

增的 4068 万城镇居民纳入医保体系，至 2008 年试点城市数进一步推广到 229 个；2009 年开始全面推行新型农村养老保险、新型农村合作医疗保险，2011 年，城镇居民养老保险和城镇居民医疗保险全面推开①，2016 年年初，《关于整合城乡居民基本医疗保险制度的意见》出台。行政事业单位及其他特殊类别人员相关保险的费用缴纳、基金运营与待遇支付等也在不断推进与整合。全国社会养老保险和医疗保险覆盖面从企业职工逐步向城镇居民、行政事业单位及广大农村人口延伸，实现了社会保险制度的全覆盖，确保了所有国民都能够享受到遭遇各种风险时的保障服务，从覆盖人群到险种迅速建成了面向全体国民的、全方位的社会保险经办网。

二、社会保险基层平台初步形成，社会保险经办服务业务不断下沉

社会保险的基层服务平台是我国社会保险经办体系中直接与服务对象发生面对面接触的最前沿机构，直接影响了经办服务的便利性，对于社会保险经办的运行承担着重要的职责。2010 年，人力资源和社会保障部印发了《关于进一步整合资源加强基层劳动就业社会保障公共服务平台和网络建设的指导意见》，对基层社会保障公共平台的职责和规范提出了具体的要求。社会保险经办机构经过几年的探索，基本实现社保服务下沉到乡镇、村及社区。到 2013 年年底为止，全国已有 78271 个街道社区建立了劳动保障工作机构，占全国所有街道社区总数的 86.9%；共有 14.8 万名工作人员在街道社区从事社会化管理服务工作；已有 25406 个乡镇建立了劳动保障工作机构，占全国所有乡镇总数的 87.9%；共有 4.7 万工作人员在乡镇从事社会化管理服务工作。平均每个街道社区和乡镇的工作人员均为 1.6 人②。图 1-1 表现了机构数量的增长与增长率的变化。

随着基层社会保障公共服务平台覆盖面的逐步扩大，各街道、乡镇、社区设立街道（乡、镇）劳动就业社会保障服务中心（所），通过其深入社区和乡村的劳动就业社会保障服务站或劳动保障协理员，对新型农村养老保险、城镇居民养老保险、城镇居民医疗保险等进行宣传，并对参保者的资料进行初审和录入，核对资料、通报和处理即时情况、对离退休人员进行社区管理，使广大参保者在家门口就能享受各项社会保险服务。

---

① 杨燕绥. 社会保险经办机构能力建设研究［D］. 北京：中国劳动社会保障出版社，2011.
② 人社部社会保险事业管理中心. 2013 年全国社会保险情况［N］. 中国劳动保障报，2014 - 6 - 25.

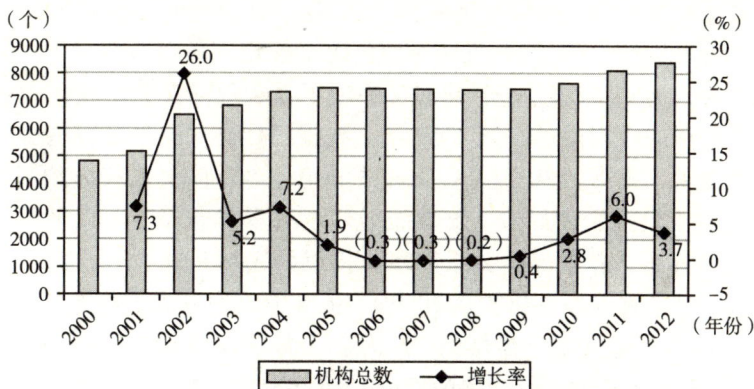

图1-1　2000~2012年我国社会保险经办机构数量变化趋势

资料来源：郑秉文．中国养老金发展报告2013：社保经办服务体系改革［M］．经济管理出版社，2013.

截至2014年年底，全国纳入社区管理的企业退休人员共6038万人，占企业退休人员总数的80.2%，比上年增加1.1个百分点。

从2010年基层平台的试点启动以来，共支持1176个县、4381个乡镇开展试点建设，截至2014年年底，已有544个县、2677个乡镇完成试点项目建设并投入使用，有效改善了基层劳动就业和社会保障服务条件，提高了基层公共服务能力和办事效率。通过开展"电子社保"示范城市建设，推广网上经办，提升社会保险数据质量，加快社会保障卡发放和应用步伐，截至2015年底，社会保障卡实际持卡人数达到8.84亿人。①

三、养老保险和医疗保险的异地转移接续有所突破

在历史上，我国是一个人口流动少、身份与形式变化少的国家。费孝通先生笔下的"乡土中国"形象地描述了这种特征及成因，这个特征形成了我国特定的民族性。但近些年来，人口流动明显增加，身份和用工形式的转移越来越频繁，对于养老保险接续和医疗费用异地报销的需求越来越强烈。由于我国养老保险和医疗保险统筹层次较低，且各省市财政分灶吃饭，使这一需求的实现非常困难。近年来，社会保险经办机构在艰难地致力于此项工作的推动。

---

① 新华网［EB/OL］news. xinhuanet. com/politics/2016－01/zz/c_ 128656570. htm.

养老保险关系的接续可以追溯到 2002 年，针对当时国有企业职工"下岗潮"，我国的社会保险经办机构在信息化基础相当薄弱的情况下，用人工手动的方式，为 98% 以上的下岗职工完成了养老保险关系的接续，保障了国有企业改革的顺利推进。到 2009 年，我国的社会保险经办机构为了满足参保人的需求，推出了 30 个工作日完成异地养老保险关系接续的制度。以 2010 年 1 月 1 日开始实行的《城镇企业职工基本养老保险关系转移接续暂行办法》为标志，养老保险关系制度化接续的大幕正式拉开，此后工作量逐年增大，社会保险经办机构在 2010 年为 38 万人次办理了养老关系跨省转移，到 2011 年，这个数字激增到 104 万次，而 2012 年则进一步增长，达到 115 万次。据人力资源和社会保障部 2015 年 3 月发布的消息，我国 5 年累计办理跨省转移养老保险关系 560.4 万人次。养老保险关系的异地接续有所突破之后，新型农村养老保险与城镇职工养老保险相互转移制度的出台，意味着养老保险的跨地区和跨人群转移初步实现。2010 年 7 月 1 日起实施的《流动就业人员基本医疗保障关系转移接续暂行办法》则是继养老保险转移接续服务之后的医疗保险转移服务全面推开。① 到目前为止，参保人员以社会保障号码为唯一标识，基本能够实现在省内享受统一的医疗及报销服务。

四、确保待遇按时足额支付，解除参保人员后顾之忧

社会保险待遇的享受者，正是那些社会风险的遭遇者，他们对于待遇的及时准确发放有很高的需求。我国社会保险经办机构在人员紧张、信息系统不完善、全国各地领取社会保险待遇的人数和人均领取的保险金额不断增加的情况下，在 2004 年，就在全国首次实现了企业离退休人员基本养老金的全部按时足额发放。此后，在人力资源和社会保障部以及社会保险事业管理中心下发的各种通知中，都在不断强调"确保各项社会保险待遇按时按规定支付"，可见这项工作已成为社会保险经办服务的工作重点之一。到 2014 年年底，全国共有 14313 万城乡居民领取了基本养老金，其他四项保险的待遇也实现了按时按规足额发放与结算。

五、相对准确、便捷、透明的信息服务持续推进

目前，全国普遍建立和使用了地方性的社会保险业务管理系统，绝大多数的统筹地区使用软件系统办理业务，在统一的信息平台上，记录着全国数亿的参保人员及单位的参保登记、权益记录以及待遇给付等信息，使"记

---

① 杨燕绥. 社会保险经办机构能力建设研究［D］. 北京：中国劳动社会保障出版社，2011.

录一生、保障一生、服务一生"成为可能。社会保障卡是近年来社会保险经办机构的工作重点,截至 2015 年年底,我国社会保障卡的发放数量从 2009 年的 1 亿张迅速增长到 8.84 亿张,平均每年增发了 1 亿多张。通过社会保障卡的大力推进,参保者目前至少在省内已经可以享受到医疗保险异地结算、储蓄卡功能服务,未来会将更多的服务都整合到社会保障卡中。

与此同时,随着金保工程的不断推进,参保人员缴费情况的查询、个人记账与对账服务等功能都基本实现。对于参保者特别是参保企业,社会保险的网上申报甚至网上缴费已经在相当多的省市推开,几乎各个险种在我国多数省份的社会保险经办机构都基本能够实现纵向的数据共享。

社会保障服务咨询系统已经普遍开通,12333 专用服务号码已在全国大部分省市劳动保障部门建成。与此同时,社会保障网站的建设和完善,也使社会保险相关政策的查询甚至相关事务的办理成为可能。12333 已经成为整个社会保障体系中不可或缺的公共服务品牌,面向参保人员及其他服务对象的需求,采用最直接的沟通方式,为服务对象答疑解惑、缓解矛盾,切实提升了社会保险经办服务的质量,堪称是服务型政府的标杆窗口。截至 2013 年 8 月,12333 专用服务号码已经覆盖到我国 314 个地级以上的城市,25 个省市建设了全省集中的电话咨询服务系统,从事电话咨询服务的工作人员超过 3700 人,电话咨询服务中心座席达到 3200 余个。以 2012 年为例,12333 咨询电话的全年话务量接近 6100 万次,其中人工接听电话 2128 万次[①]。

1.2.3　社会保险经办机构内部人员情况

为了应对社会保险业务不断增加和社会保险覆盖人数逐年扩大的局面,完成社会保险计划的扩面和征缴工作,我国的社会保险经办机构也在不断发展壮大。在当前形势下,呈现出一些典型的特征,主要表现在:社会保险经办机构初见规模,但工作人员负荷比不断增加,人均服务费用处于较低端状态。

二十多年来,我国的社会保险制度经历了从无到有、从小到大的过程。伴随着社会保险制度的迅猛发展,社会保险的覆盖人数和基金规模不断增

---

① 2013 年全国社会保险情况 . 中华人民共和国人力资源和社会保障部官方网站 . http: // www. mohrss. gov. cn/SYrlzyhshbzb/ dongtaixinwen/ shizhengyaowen/201406/t20140624_ 132597. htm.

加，社会保险经办机构服务体系一直在高压下不断完善和发展。从表 1 - 2 可以看出，社会保险经办机构的数量从 2000 年的 4784 个增加到 2012 年的 8411 个，增加了将近一倍。

表 1 - 2　　　　　2012 年各省份（市）社保经办机构设置个数

省份	养老	医疗	工伤	居保	机保	合计	县以上行政区划平均拥有个数
西藏	10	8	2	4	—	24	0.3
海南	20	—	—	—	—	20	0.9
广东	178	13	—	4	—	195	1.4
天津	24	—	—	—	—	24	1.4
浙江	101	35	—	12	—	148	1.5
贵州	103	21	1	20	—	145	1.5
宁夏	20	24	—	—	—	44	1.6
甘肃	104	38	—	15	3	160	1.6
吉林	61	53	—	—	—	114	1.6
黑龙江	80	99	6	—	59	244	1.7
内蒙古	130	79	—	—	—	209	1.8
青海	57	40	—	—	—	97	1.9
辽宁	81	58	—	29	49	217	1.9
重庆	41	42	8	1	3	95	2.4
四川	204	180	—	72	55	511	2.5
安徽	125	92	4	87	5	313	2.6
新疆	297	—	—	—	—	297	2.6
上海	19	19	—	9	—	47	2.6
北京	18	18	—	9	—	45	2.6

续表

省份	养老	医疗	工伤	居保	机保	合计	县以上行政区划平均拥有个数
江苏	150	50	—	63	57	320	2.7
广西	108	70		107	53	338	2.7
河北	204	145	26	96	31	502	2.7
云南	149	154	—	107	—	410	2.8
江西	121	106	—	116	1	334	3.1
山东	182	115	22	102	101	522	3.3
湖北	184	83	—	85	40	392	3.4
福建	89	83	—	89	82	343	3.6
陕西	119	121	19	118	58	435	3.7
河南	185	186	70	109	107	657	3.7
山西	136	135	68	118	100	557	4.3
湖南	147	152	103	128	112	642	4.7
合计	3447	2219	329	1500	916	8411	2.6

注：县级以上行政区划平均拥有区划个数计算方法为：各省经办机构总数/各省（县级区划数＋地级区划数＋1）。

资料来源：郑秉文. 中国养老金发展报告 2013：社保经办服务体系改革 [M]. 经济管理出版社，2013.

与此同时，社会保险经办机构从业人员从 2000 年的 7.5 万人激增到 2013 年的 17.7 万人。从图 1 - 2 可以看出，自 2000 年至 2013 年，我国社会保险经办机构的从业人数逐年上升。

从表 1 - 3 可以看出，经办机构业务量随着社会保险事业的改革发展在不断加大，尽管人员编制和实有人数不断攀升，在过去的十几年内增加了几乎整整 1 倍，但是社会保险几个险种的参保人次却增长了 7 倍，社会保险经办机构的人员负荷比持续上升，增加了接近 4 倍。

在这样的背景下，编制问题成为困扰着社会保险经办机构的难题，使其

（人）

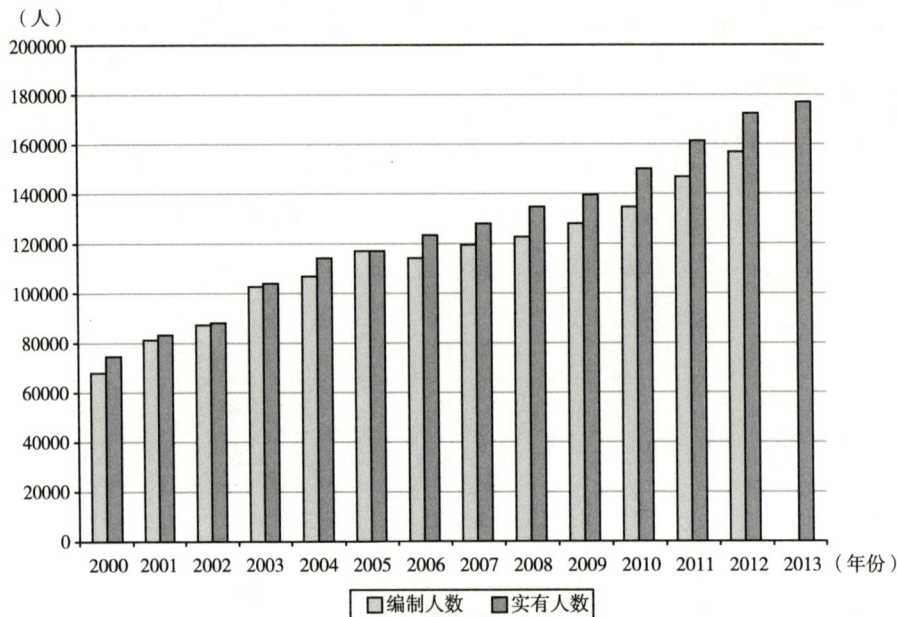

图 1－2　2000～2013 年社会保险经办机构人员情况

资料来源：根据郑秉文主编《中国养老金发展报告 2013：社保经办服务体系改革》中相关数据及中国就业网数据绘制。

难以在工作量与服务质量之间把握一个合理的平衡。尽管近年来学者们进行了大量的研究，一些省份结合研究的成果也提出了经办机构编制动态管理的原则指导线，但在实际操作中，基本上流于形式，造成在各级经办机构中，人均工作量总体上远超国际水平，整个系统常年处于超负荷运转的状态，且各地差异较大，非常不均衡。同时，各地社会保险经办机构的超编和管理不规范的现象也同样严重。在乡镇、社区的社会保险基层机构以及驻村的社会保险协管人员中，存在着大量的编制外人员，由他们进行具体的操作经办工作，这本身存在着一些风险，也是相当多的服务职能不能下沉授权的原因之一。

表1-3　　2000年以来社会保险经办服务系统人员编制情况、实有人数、机构数量和负荷比

年份 项目	2000	2001	2002	2003	2004	2005	2006	2007	2008	2009	2010	2011	2012
机构数量（个）	4784	5135	6469	6805	7293	7433	7455	7434	7419	7448	7653	8109	8411
人员编制（人）	71111	82313	96205	102042	106982	110148	114572	119032	123006	128691	136572	147303	156746
实有人数（人）	74945	85056	98071	104494	112765	116445	124736	129085	133043	140656	150376	161824	172177
参保人次（万人次）	20663	24073	25949	27851	32524	37028	51225	62397	76371	89445	97444	139966	166876
负荷比	2767：1	2830：1	2646：1	2665：1	2887：1	3180：1	4107：1	4834：1	5740：1	6359：1	6480：1	8649：1	9692：1

注：①参保人次不含失业保险和新农合。

②"负荷比"为参保人数除以经办机构的"实有人数"。

资料来源：郑秉文．中国养老金发展报告2013：社保经办服务体系改革［M］．经济管理出版社，2013.

　　经费的投入是社会保险经办服务质量的重要保障。尽管社会保险法规定了社会保险经办机构的经费由同级财政按国家规定予以保障，且目前基本做到全额拨款，但依然存在着经费的缺口。2012 年全国社会保险经办机构总预算费用为 132.37 亿元，实际支出 148.11 亿元。经费困难的情况在基层尤为突出，2012 年市县两级预算和支出分别存在 7.6% 和 14.4% 的缺口。

　　从人均支出上看，更能够反映投入不足的情况。表 1-4 反映出，2012 年全国社会保险经办机构人均经费支出仅为 8.6 万元，平均为每位参保人员服务的费用支出仅为 8.88 元。①

表 1-4　　　　　　2010～2012 年社会保险经办机构经费支出情况

年份	经办机构人员数量（人）	经办机构经费支出总额（亿元）	经办机构人均支出费用（万元）	经费支出占基金征缴额比例	参保人员人均服务费用（元）
2010	150376	112.48	7.48	73%	11.54
2011	161824	131.33	8.12	64%	9.39
2012	172177	148.11	8.6	62%	8.88
年均增速	4.62%	9.61%	4.77%	-5.3%	-8.36%

　　资料来源：引自郑秉文主编《中国养老金发展报告 2013：社保经办服务体系改革》，数据由人力资源和社会保障部提供。

　　从社会保险经办机构的机构、人员和经费情况可以看出，当前的经办机构内部管理存在一定的问题。这些内部管理问题只是表象，更深层次的原因需要进一步挖掘。

　　作为社会保险经办服务能力最重要的保障和支撑，经办机构自身的管理与运营是服务提升与改善的最终落脚点，社会保险体系的改革、优化必将从社会保险经办机构的改革开始。

---

　　① 郑秉文. 中国养老金发展报告 2013：社保经办服务体系改革 [M]. 经济管理出版社，2013.

第 2 章

我国社会保险经办机构的服务现状

——基于服务对象的视角

从根本上说，衡量我国社会保险经办机构运行与管理效果的标准是国民的满意度及他们需求的满足程度。需求无止境，关注需求并不意味着满足服务对象全部的需要和期望，但了解并以其作为努力方向是社会保险经办机构的重要任务。长期以来，学者多从制度的角度进行探索，经办与管理部门也以"替服务对象决策"的思维方式进行制度和流程设计。在理论和实践领域，站在服务对象角度进行需求分析的研究尚属空白，针对社会保险经办机构问题的描述缺乏从服务对象角度的数据支持。本研究历时近一年时间，进行了广泛的调研，直接收集了社会保险服务对象对当前经办服务的意见，分析社会保险经办机构的服务设施、服务流程设置、工作人员业务能力、工作人员服务态度、信息公开程度、对社会保险经办机构服务综合满意度的影响，并收集了他们对于社保政策和经办服务的需求与期望，为后续经办机构改革的方向和举措提供了数据支持。

2.1 调研方法

2.1.1 调研过程与质量控制

调研分为两个阶段。

第一阶段调研开始于 2014 年年中，主要目的是了解与经办机构进行过直接接触的人员对经办服务的满意度。该调研全部在社保经办大厅通过问卷调查的方式获取信息，收集了参保人员关于服务设施、服务流程设置、工作人员业务能力、工作人员服务态度、信息公开程度等因素的满意度，并对上述因素对社会保险经办机构服务综合满意度的影响进行了分析研究（问卷详见本书附件1）。

第二阶段调研开始于 2014 年年底，这是在前一轮调研的基础上，为了从多视角完成对社会保险经办机构及体系的研究而进行的补充调研。调研从不同职业群体的角度出发，主要补充了并不直接在社保经办机构办理业务人员的感受与需求，并了解了他们对社会保险制度及服务的期望。同时在其中选择了部分受访者进行面对面深度访谈，访谈对象主要包括各群体的代表、面临养老保险并轨的机关事业单位工作人员和街道、乡镇的老年人。他们不一定会到社保大厅具体办理业务，但他们是可能遇到社会风险的普通国民，是实实在在的服务对象。

表 2 - 1 是两个阶段研究的过程。

表 2 - 1　　　　　　　　　　　　　研究过程

	第一阶段	第二阶段
调研时间	2014 年中	2014 年底
调研对象	直接在社会保险经办机构办理业务的人员	非直接接触社会保险经办机构的八类人员
调研方法	问卷调查（社保经办大厅）	问卷调查、面对面访谈
调研目的	对社保经办机构的服务满意度及影响因素	不同人群对社保经办机构及体系的需求

本研究主要利用抽样调查的方法进行基础数据的搜集，具体步骤包括：确定抽样调查的目的与总体设计、确定抽样框以及抽样技术、确定样本容量及分布、抽样调查执行准备工作、抽样调查实施、数据分析。

调研采用方便抽样的方式进行抽样，同时辅以深度访谈的定性方式，综合了定量与定性两种方式的研究，使研究结论在精确定量的基础上，又不失定性理解。为保证调查样本的随机性和客观性，调查中采用每隔 5 分钟进行人员采样、多人同行时只选择一人接受调查访问的方式。考虑到研究的工作量和时间压力，本研究共聘用了 200 名访问员协助发放和收集问卷并进行质量监控，以确保调查结果准确、真实。

本次调查使用 pad 进行数据搜集，保证了数据搜集的及时性、有效性并易于对数据进行处理和查错。同时采用多渠道监督和复核程序确保问卷数据的准确性。调研过程中具体采用以下六项措施进行质量控制，以消除或减少非抽样误差：

1. 试访问。在正式访问开始前，随机抽取 30 名受访者进行试访问，以及时发现和纠正问卷设计中的不足，使问卷更为合理和完善，同时总结访问的技巧和方法。

2. 访问员培训与模拟访问。招募的访问员都接受过基础的调研培训，本次调研专门对他们进行了与社会保险经办相关的培训，并进行模拟访问。

3. 即时解答。本书作者在现场或者通过通信方式解答访问过程中的问题。

4. 陪访与现场督导。作者和经验丰富的现场督导员进行陪访，负责协调和访问指导等工作。

5. 问卷复核。问卷收回后按照 50% 的录音回访和 30% 电话回访的复核比例随机抽取每个访问员的问卷，按照受访者留下的电话抽样进行电话复核。

6. 查错。使用经过编程的具有自动逻辑查错功能的录入系统软件，在录入过程中去除不合格问卷。

调研采用 Epidata3.1 进行双录并建立数据库，使用 SPSS17.0 软件进行样本的描述性统计与交叉分析，通过多元回归的方法建立满意度模型对数据进行因果分析，探索指标体系中各个因子对总体满意度的影响。

2.1.2　问卷设计原则

1. 目的性原则。在问卷设计中，题目设计与调查主题即社会保险经办服务对象的满意度或期望密切关联，力求重点突出，并将主题分别描述为具体的选项以供被调查者回答。

2. 可接受性原则。由于被调查者是随机截访的，对是否参加调查有绝对的自由，题目设计努力使被调查者接受，并在问卷开场白中明确告知调查目的、意义及结果的重要性。

3. 顺序性原则。在设计问卷时，考虑到问题的逻辑次序，尽可能条理清楚以提高问卷访问的效率。

4. 简明性原则。调查的内容、时间、设计形式均简明扼要，问卷回答时间控制在 30 分钟左右。

2.2　第一阶段：社会保险经办机构服务满意度调研

2.2.1　抽样框及实施过程

在本次抽样调查中，首先对国内 32 个省会城市及直辖市进行随机抽样，选取了长春、北京、上海、福州、贵阳、武汉、乌鲁木齐等 10 个城市；随后，从每个城市的社保经办机构中随机抽取 5 个进行抽样，确定了 50 个社保经办机构，最终经过抽样调查选定的社会保险经办机构覆盖国内东中西三个地区。表 2 - 2 是选定的所有机构。

表 2 - 2　　　　　　抽样调查选定的社会保险经办机构

所在城市	社保经办机构名称	
北京市	海淀区社会保险基金管理中心	平谷区社会保险基金管理中心
	西城区社会保险基金管理中心	丰台区社会保险基金管理中心
	朝阳区社会保险基金管理中心	
长春市	长春市社会保险咨询服务中心	德惠市社会保险局
	九台市社会保险局	榆树市社会保险局
	长春市人力资源和社会保障局	
成都市	成都市社会保险事业管理局	成华区就业、社保、医保服务中心
	锦江区社会保险事业管理局	武侯区社会保险事业管理局
	双流县人力资源和社会保障局	
福州市	福州经济技术开发区社会劳动保险管理中心	连江县城乡居民社会养老保险管理中心
	福州市社会劳动保险管理中心	闽侯县社会劳动保险公司
	马尾区社会劳动保险管理中心	
贵阳市	白云区社会保险收付管理中心	贵阳市社会保险收付管理中心
	开阳县人力资源和社会保障局	南明区人力资源和社会保障局
	云岩区社会保险事业局	观山湖区社保中心

续表

所在城市	社保经办机构名称	
上海市	浦东区社会保险事业管理中心	奉贤区社会保险事业管理中心
	杨浦区社会保险事业管理中心	黄浦区社会保险事业管理中心
	崇明县社会保险事业管理中心	
深圳市	深圳市社会保险基金管理局福田分局	深圳市社会保险基金管理局南山分局
	深圳市社会保险基金管理局盐田分局	深圳市社会保险基金管理局
	深圳市社会保险基金管理局罗湖分局	
石家庄市	长安区社会保障服务中心	灵寿县社会保险事业管理局
	裕华区社会劳动保险事业管理局	石家庄市社会保险局
	矿区社会保险事业管理局	
乌鲁木齐市	乌市新市区社会保险管理分局	乌市水磨沟区社会保险管理分局
	乌市建工师社会保障管理分局	乌市沙依巴克区社会保险管理分局
	乌市米东区人力资源和社会保障局	
武汉市	武汉市东西湖区社会保险基金结算中心	武汉市汉江社会保险管理处
	武汉市江岸社会保险管理处	武汉市新洲区养老保险管理办公室

为了更清晰精准地了解社会经办机构服务对象与服务水平相关的满意度，并考虑到在社保经办机构服务大厅截访的背景，将调查对象界定为2014年度与社保经办机构有过业务接触的人员。具体而言需同时满足如下两个条件：

1. 2014 年度与被评价的社保经办机构有过业务接触（咨询或办理业务）；

2. 非社保经办机构内部工作人员。

本轮调研的问卷设计过程经历了"确定指标体系—试访问—问卷信度和效度检验—最终问卷确认"四个步骤。

步骤一：指标体系设计。在阅读了近 10 年内有关社保经办机构的研究文献之后，初步将经办机构服务流程、经办机构信息公开、工作人员业务能力、工作人员服务态度、大厅服务设施 5 个部分作为一级评价指标，并围绕这些维度进行细化设计，在具体的问题设计中尽量避免会导致被调查者主观感受性答案的描述，将问题行为化、可衡量化。例如，试图调查服务对象对等待时间的满意度，会在问卷中首先询问本次业务办理等待的时长是多长时间，将被调查者的不同感受统一到一个尺度上来。

步骤二：试访问。问卷设计完成后在北京平谷社会保险基金管理中心选取了 30 名服务对象进行了试访问。

步骤三：根据试访问的结果，对本问卷进行了信度和效度的检验。表 2 - 3 反映出问卷信度检验 Cronbach's Alpha 值为 0.886；效度检验结果显示，KMO 检验系数为 0.893，巴特利特球体检验的 P 值 = 0.000，说明问卷有结构效度。

表 2 - 3　　　　　　　　　试访问后的问卷信度、效度检验

	系数值	检验结果
问卷信度检验标准 （Alpha 信度系数）	0.7 - 0.8	表明项目系数需要修订
	0.8 - 0.9	表明项目信度可以接受，不需要修订
	0.9 +	说明信度非常好，不需要修订，都可保留
问卷效度检验标准	KMO 检验系数	KMO 检验系数 > 0.5
	巴特利特球体检验	P 值 < 0.05，说明问卷有结构效度

步骤四：通过信度和效度检验后，针对试访问结果对原问卷的部分文字进行了修订，将难于理解或回答的题目进行了重新设计以及对问卷的具体语言进行了新一轮的调整和修饰后，加入访问时应注意的有关事项，完成了最终问卷设计。

2.2.2　样本情况

本调研的问卷收集时间为 2014 年 7 月 10 日至 2014 年 7 月 30 日，在全国随机抽取了 10 个城市、50 个社保经办机构开展问卷发放与搜集。每个城市发放 135 份左右样本，共计回收 1350 份样本，有效样本为 1320 份，问卷的有效率为 97.8%。样本在年龄、性别、文化程度、职业、收入水平、户籍和地区分布方面均具备一定的代表性。

2.2.2.1　年龄

从表 2 - 4 可以看出，样本的年龄基本呈正态分布，并有左偏的趋势，基本符合参保人群总体年龄的分布态势，抽样具有代表性。

表 2 - 4　　　　　　　　　　调研对象的年龄分布

年龄段	人数	百分比（%）
18 周岁以下	1	0.08
18 ~ 25 周岁	274	20.76
26 ~ 35 周岁	523	39.62
36 ~ 45 周岁	299	22.65
46 ~ 55 周岁	162	12.27
56 ~ 65 周岁	49	3.71
65 周岁以上	12	0.91

2.2.2.2　性别

从性别的分布来看，男性有 555 人，占 42.05%，女性有 765 人，占 57.95%，男女比例差异不大，抽样具有代表性。

2.2.2.3　文化程度

从文化程度来看，中专、技校及以上学历的人数占到总样本的 90% 左右。其中，本科学历样本占总样本比例最大，达到 57.73%，其次是高中学历，占 20.76%。研究生及以上学历和小学及以下学历人群比例较小，仅占 2.73%，基本呈正态分布态势。同时，低学历样本较少，减少了由于不理解访问员问题导致结果失真的概率，问卷调查结果比较真实。

2.2.2.4　职业

从表 2 - 5 可以看出，样本的职业分布符合当前经办业务主要以企业职工为主体的特征，同时覆盖其他群体，较为多元化，但也反映出其他职业人员未能广泛覆盖的缺陷，为第二轮调研提供了方向。

表 2 - 5　　　　　　　　　　调研对象职业分布

职业	人数	百分比（%）
工人	131	9.92
公司职员	791	59.92
公务员	26	1.97

职业	人数	百分比（%）
事业单位人员	110	8.33
学生	28	2.12
城镇无业居民	77	5.83
退休人员	38	2.88
参保单位经办人员	119	9.02

2.2.2.5 收入水平

从表 2-6 可以看出，月薪在 2000～5000 元的人群占总样本的 70% 左右。而这个区间也基本是社会平均工资的大致区间，符合普遍认知。

表 2-6 调研对象月收入水平分布

月收入水平	人数	百分比（%）
1000 元以下	44	3.33
1000～2000 元	113	8.56
2001～3000 元	370	28.03
3001～5000 元	548	41.52
5001～10000 元	168	12.73
10000 元以上	23	1.74
拒答	54	4.09

2.2.2.6 户籍

从户籍的角度来看，大部分调研对象属于本地城镇户口，占总样本的 64.24%，外地农业户口占总样本的 13.03%，外地城镇户口占总样本的 12.58%。本地户口人群与外地户口人群和城市与农村户口人群的比例都大致为 3:1。

2.2.2.7 样本地区分布

由于本次调查主要采取定额抽样的方法，每个城市各发放 135 份问卷，各个城市的样本分布比较均匀。表 2 - 7 是每个城市的样本分布。

表 2 - 7　　　　　　　样本分布——以社保经办机构为单位

北京市	133
北京市海淀区社会保险基金管理中心	28
北京市平谷区社会保险基金管理中心	27
北京市西城区社会保险基金管理中心	25
朝阳区社会保险基金管理中心	26
丰台区社会保险基金管理中心	27
长春市	138
长春市社会保险咨询服务中心	38
德惠市社会保险局	29
九台市社会保险局	29
长春市人力资源和社会保障局	18
榆树市社会保险局	24
成都市	124
成都市社会保险事业管理局	27
成华区就业、社保、医保服务中心	24
锦江区社会保险事业管理局	22
双流县人力资源和社会保障局	26
武侯区社会保险事业管理局	25
福州市	133
福州经济技术开发区社会劳动保险管理中心	15
福州市社会劳动保险管理中心	37
连江县城乡居民社会养老保险管理中心	34
马尾区社会劳动保险管理中心	30
闽侯县社会劳动保险公司	17
贵阳市	115
白云区社会保险收付管理中心	40
贵阳市社会保险收付管理中心	12
开阳县人力资源和社会保障局	32
云岩区社会保险事业局	31
观山湖区社保中心	40
南明区人力资源和社会保障局	12

续表

上海市	141
浦东区社会保险事业管理中心	22
崇明县社会保险事业管理中心	27
奉贤区社会保险事业管理中心	27
黄浦区社会保险事业管理中心	39
杨浦区社会保险事业管理中心	26
深圳市	130
深圳市社会保险基金管理局福田分局	40
深圳市社会保险基金管理局罗湖分局	35
深圳市社会保险基金管理局南山分局	26
深圳市社会保险基金管理局	4
深圳市社会保险基金管理局盐田分局	25
石家庄市	137
长安区社会保障服务中心	27
矿区社会保险事业管理局	32
灵寿县社会保险事业管理局	24
石家庄市社会保险局	23
裕华区社会劳动保险事业管理局	31
乌鲁木齐市	135
乌市米东区人力资源和社会保障局	28
乌市沙依巴克区社会保险管理分局	26
乌市水磨沟区社会保险管理分局	27
乌市建工师社会保障管理分局	54
乌市新市区社会保险管理分局	28
武汉市	134
武汉市东西湖区社会保险基金结算中心	27
武汉市江岸社会保险管理处	25
武汉市汉江社会保险管理处	27
武汉市新洲区养老保险管理办公室	55

2.2.3　调研结果

为便于统计分析与比较研究，所有的评估指标均转换为满意度分值，该分值以 5 分计，即 5 分为非常满意，4 分为比较满意，3 分为一般，2 分为比较不满意，1 分为不满意。

2.2.3.1　总体服务满意度尚可，部分维度的服务效果得到普遍性认可

在经办大厅业务办理过程中，针对服务流程、信息公开、工作人员能力、工作人员服务态度以及大厅设施五个维度的满意度均超过 3 分，总体满意度为 3.93，接近"比较满意"的水平。表 2 - 8 是四个评估指标的满意度分值。

表 2 - 8　　　　　　社会保险经办机构评估指标及满意度结果

评估指标	满意度分值
经办服务流程满意度	3.88
信息公开满意度	3.93
工作人员业务能力满意度	4.01
工作人员服务态度满意度	3.97
服务设施满意度	3.87

在不同城市和群体中，受访者普遍感到满意的社保服务主要集中在如下几个方面：

① 全国有 80.23% 的受访者认为在社保经办大厅查询政策和办理流程非常准确，完全能够指导工作。同时有 77.82% 和 71.45% 的受访者认为在网站和通过电话咨询社保经办有关政策结果也非常准确。

② 高达 78.41% 的受访者认为社保待遇及时给付，从不延期；而经历过延期超过一个月的仅占 0.68%。

③ 77.50% 的受访者认为一旦出现争议，处理渠道比较通畅。

从表 2 - 9 可以看到，在针对不同户籍身份的受访者所做的调查结果数据表明，不同户籍身份者对各维度的满意度差别不大，且本地农村户口人员

的满意度最高,这表明目前的城乡公共服务均等化和异地转移工作的推动初见成效。

表 2-9   不同户籍人群满意度调研结果

户籍状况	服务流程满意度	经办机构信息公开满意度	工作人员业务能力满意度	工作人员服务态度满意度	大厅服务设施满意度
本地城镇户口	3.87	3.95	4.04	4.00	3.88
本地农村户口	4.03	4.02	4.04	4.14	3.95
外地城镇户口	3.75	3.82	3.89	3.80	3.87
外地农村户口	3.81	3.90	3.91	3.87	3.80

2.2.3.2 城市间服务水平差异较大

图 2-1 的数据分析结果显示,不同城市的参保对象对于服务流程、信息公开、工作人员能力、工作人员服务态度以及大厅设施的满意度存在相当大的差异。

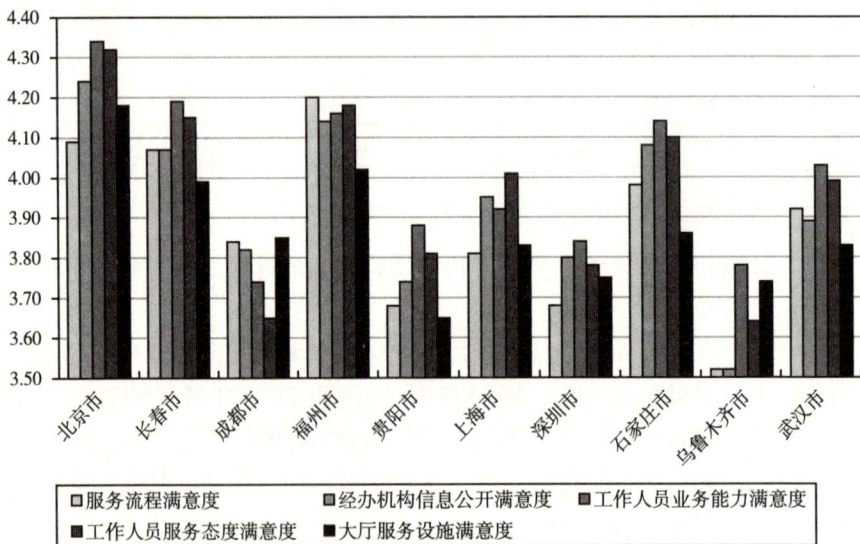

图 2-1 调研城市总体满意度对比

　　就服务流程满意度而言，福州市满意度最高，为 4.2 分，乌鲁木齐最低，为 3.52 分；从经办机构信息公开满意度来看，北京市满意度最高，为 4.24 分，乌鲁木齐市最低，为 3.52 分；工作人员业务能力满意度的整体水平比其他指标高，北京市最高，达到 4.34，成都市最低，为 3.74；从工作人员服务态度来看，北京市最高，为 4.32，乌鲁木齐市最低，为 3.64；从大厅服务设施满意度来看，地域间的差别较小，其中北京市最高，为 4.18，贵阳市最低，为 3.65。这种满意度的差异可能是各地的服务流程、标准以及对工作人员的要求不统一造成的。以下具体的单项数据能够进一步阐述这一问题。

一、不同城市的业务办理等待时间

　　针对图 2-2 分析可知，成都市 5 分钟以内的办理时间占 81.45%，而乌鲁木齐 20 分钟以上的办理时间却占到 40.74%，由此可以看出不同城市的业务办理等待时间参差不齐，这表明不同城市之间的服务流程、标准以及最终的质量存在差异，进而导致服务满意度的差异。

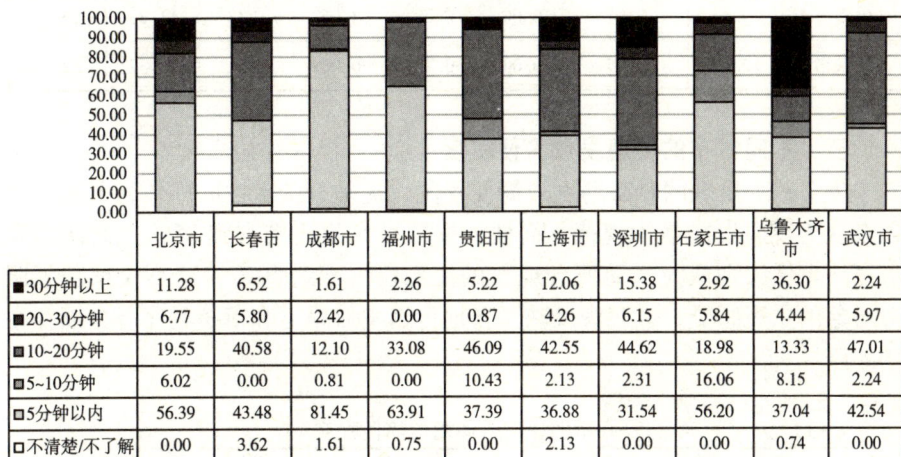

	北京市	长春市	成都市	福州市	贵阳市	上海市	深圳市	石家庄市	乌鲁木齐市	武汉市
■30分钟以上	11.28	6.52	1.61	2.26	5.22	12.06	15.38	2.92	36.30	2.24
■20~30分钟	6.77	5.80	2.42	0.00	0.87	4.26	6.15	5.84	4.44	5.97
▨10~20分钟	19.55	40.58	12.10	33.08	46.09	42.55	44.62	18.98	13.33	47.01
▨5~10分钟	6.02	0.00	0.81	0.00	10.43	2.13	2.31	16.06	8.15	2.24
□5分钟以内	56.39	43.48	81.45	63.91	37.39	36.88	31.54	56.20	37.04	42.54
□不清楚/不了解	0.00	3.62	1.61	0.75	0.00	2.13	0.00	0.00	0.74	0.00

图 2-2　不同城市参保者业务办理时间百分比

二、不同城市的业务办理复杂程度

　　办理一项业务需要的签字数量可以佐证业务流程的优化程度。从表 2-10 可以看出，上海市及武汉市所需签字数量在 2 个及以下的比例占到 78% 左右，而乌鲁木齐签字数量在 6 个以上的比例占到 50% 左右，由此分析可知，业务流程在城市间差异很大。

表 2 - 10　　　　　　　　不同城市业务办理所需签字数量

城市	其他（%）	不清楚/不了解（%）	6 个（%）	5 个（%）	4 个（%）	3 个（%）	2 个（%）	1 个（%）
北京市	15.79	4.51	1.50	1.50	5.26	17.29	19.55	34.59
长春市	1.45	6.52	0.72	0.72	6.52	10.87	35.51	37.68
成都市	53.23	9.68	0.00	0.81	0.81	6.45	11.29	17.74
福州市	16.54	1.50	0.75	0.75	3.01	6.02	24.06	47.37
贵阳市	9.57	1.74	0.00	0.00	0.87	9.57	57.39	20.87
上海市	8.51	7.80	0.00	0.00	2.13	2.84	18.44	60.28
深圳市	10.00	6.15	0.00	3.08	6.15	9.23	30.00	35.38
石家庄市	36.50	0.73	0.00	0.73	1.46	4.38	29.20	27.01
乌鲁木齐市	49.63	7.41	0.00	0.00	2.96	1.48	11.85	26.67
武汉市	12.69	0.75	0.00	0.75	0.00	8.21	25.37	52.24

三、不同城市的待遇发放简便程度

表 2 - 11 反映的是待遇发放简便程度，这是一个定性的评估，上海的参保者认为待遇发放最为规范、简便，按规操作的比例占到 85%，而深圳和石家庄参保人则认为"简便合规"的比例仅占不到 60%，这不仅反映了服务对象的主观感受，也客观反映了各地待遇发放渠道和审核程序等方面存在的差距。

表 2 - 11　　　　　　　　不同城市待遇发放简便程度

城市	其他（%）	不清楚/不适用（%）	待遇发放渠道不方便（%）	审核程序复杂，等待时间长（%）	按规程操作，非常简便（%）
北京市	0.75	24.06	3.01	9.77	62.41
长春市	0.72	6.52	3.62	14.49	74.64
成都市	0.81	31.45	0.81	8.06	58.87
福州市	1.50	16.54	3.01	3.01	75.94

续表

城市	其他（%）	不清楚/不适用（%）	待遇发放渠道不方便（%）	审核程序复杂，等待时间长（%）	按规程操作，非常简便（%）
贵阳市	0.87	15.65	0.87	9.57	73.04
上海市	0.00	8.51	0.00	6.38	85.11
深圳市	2.31	23.85	3.08	12.31	58.46
石家庄市	18.25	18.25	2.92	0.73	59.85
乌鲁木齐市	5.93	11.11	0.74	8.15	74.07
武汉市	2.24	8.21	2.24	14.93	72.39

四、不同城市的工作人员工作能力和服务态度

表 2-12 反映的是参保人员在办理业务的过程中向工作人员咨询得到的反馈是否清晰准确，避免后续程序的错误或繁琐，能够反映经办人员的工作能力和责任心。受访者向工作人员咨询业务信息的情况，认为结果准确的各城市均超过 80%，总体反映出经办机构人员的能力与态度均较好，也能够看出我国社保经办机构的努力。但城市间的能力差异仍然普遍存在，长春社保经办服务人员的准确度能够达到 97.1% 左右，而乌鲁木齐和成都均未达到 85%。

表 2-12　　　　不同城市受访者对工作人员咨询结果的评价

城市	不清楚/不了解（%）	从来没做过咨询（%）	非常不准确（%）	不太准确，会有错误或过时信息，导致重复性工作（%）	准确，却不是一次性告知（%）	非常准确，且一次性告知全部信息（%）
北京市	0.00	0.00	1.50	6.77	30.83	60.90
长春市	0.72	0.00	0.00	2.17	16.67	80.43
成都市	4.84	1.61	0.81	8.87	41.13	42.74
福州市	0.75	0.00	0.00	5.26	22.56	71.43
贵阳市	0.00	0.87	0.00	5.22	46.96	46.96
上海市	4.26	0.00	0.00	1.42	26.95	67.38
深圳市	0.00	0.77	0.00	4.62	50.77	43.85
石家庄市	0.73	0.00	0.00	5.11	41.61	52.55
乌鲁木齐市	1.48	1.48	2.22	11.11	21.48	62.22
武汉市	2.99	0.00	0.00	1.49	41.04	54.48

五、不同城市的大厅服务设施

不同城市对服务设施需求的差异比较大。表 2 - 13 反映的是不同城市对服务设施不满意的原因。北京、福州、深圳、乌鲁木齐、武汉的受访者认为大厅服务最需要改进的地方是环境拥挤嘈杂；长春、贵阳的受访者认为社保服务大厅最需要改进的地方是等待座位较少；而成都、上海、石家庄的受访者认为服务大厅最需要改进的地方是增加饮用水。

表 2 - 13　　　　不同城市对服务设施不满意的主要原因（多选）

城市	说不清/不清楚（%）	窗口划分不合理（%）	存在安全隐患（%）	交通不便（%）	拥挤嘈杂（%）	无政策宣传材料（%）	不提供饮用水（%）	等待的座位较少（%）	其他（%）
北京市	6.02	8.27	2.26	19.55	24.06	4.51	14.29	15.79	47.37
长春市	8.70	8.70	1.45	10.14	10.14	10.14	39.13	52.17	2.90
成都市	41.94	10.48	2.42	6.45	11.29	8.06	18.55	6.45	12.90
福州市	7.52	7.52	0.00	24.81	25.56	12.03	13.53	43.61	13.53
贵阳市	11.30	25.22	0.87	9.57	47.83	22.61	24.35	51.30	5.22
上海市	21.28	7.80	0.00	9.22	12.77	3.55	34.04	27.66	12.06
深圳市	10.00	15.38	0.00	20.77	39.23	33.08	15.38	25.38	13.85
石家庄市	5.11	20.44	0.00	13.87	21.90	16.79	43.80	36.50	14.60
乌鲁木齐市	6.67	8.89	0.74	9.63	17.78	14.81	17.04	11.11	45.19
武汉市	5.97	23.13	2.24	5.97	29.10	19.40	22.39	20.15	26.12

调研过程中在受访者对于服务设施反馈的基础上进一步进行了实地研究。在对服务对象进行调查的同时，也对各社会保险经办机构的办公地点进行了观察，搜集了 50 份社保经办机构的图片资料和窗口服务信息。

办公场所共分为独立的办事大厅和与其他办事大厅共用两种模式。在调研涉及的 50 家社保经办机构中，只有贵阳市观山湖区社保中心、乌鲁木齐市新市区社会保险管理分局、乌鲁木齐市沙依巴克区社会保险管理分局、武汉市东西湖区社会保险基金结算中心与其他办事大厅共用，其他的 46 家经办机构均有自己独立的办事大厅。

不同城市社保经办大厅的窗口数量有比较大的差异，从表 2 - 14 的分析可以看出，尽管窗口设置与当地服务人数相关，人员最为拥挤的社保中心也主要集中在大中城市，但受访者反映业务办理等待时间过长的深圳和上海，也确实存在着服务窗口不足的问题。

表 2 - 14　　　　　　　　　　社保经办机构窗口数量

所在城市	社保经办机构	窗口数量	平均窗口数量
北京市	北京市海淀区社会保险基金管理中心	39	39
	北京市平谷区社会保险基金管理中心	50	
	北京市西城区社会保险基金管理中心	46	
	朝阳区社会保险基金管理中心	10	
	丰台区社会保险基金管理中心	33	
长春市	长春市社会保险咨询服务中心	32	14
	德惠市社会保险局	14	
	九台市社会保险局	18	
	长春市人力资源和社会保障局	12	
	榆树市社会保险局	7	
成都市	成都市社会保险事业管理局	9	20
	成华区就业、社保、医保服务中心	20	
	锦江区社会保险事业管理局	28	
	双流县人力资源和社会保障局	26	
	武侯区社会保险事业管理局	3	
福州市	福州经济技术开发区社会劳动保险管理中心	8	8
	连江县城乡居民社会养老保险管理中心	3	
	福州市社会劳动保险管理中心	40	
	马尾区社会劳动保险管理中心	6	
	闽侯县社会劳动保险公司	9	
贵阳市	白云区社会保险收付管理中心	12	10
	贵阳市社会保险收付管理中心	11	
	开阳县社会保险收付管理中心	9	
	云岩区人力资源和社保局	10	
	观山湖区社保中心	7	
	南明区人力资源和社会保障局	8	

续表

所在城市	社保经办机构	窗口数量	平均窗口数量
上海市	浦东区社会保险事业管理中心	20	15
	崇明县社会保险事业管理中心	12	
	奉贤区社会保险事业管理中心	14	
	黄浦区社会保险事业管理中心	23	
	杨浦区社会保险事业管理中心	15	
深圳市	深圳市社会保险基金管理局福田分局	2	12
	深圳市社会保险基金管理局罗湖分局	21	
	深圳市社会保险基金管理局南山分局	12	
	深圳市社会保险基金管理局	10	
	深圳市社会保险基金管理局盐田分局	15	
石家庄市	长安区社会保障服务中心	4	4
	矿区社会保险事业管理局	4	
	灵寿县社会保险事业管理局	7	
	石家庄市社会保险局	8	
	裕华区社会劳动保险事业管理局	2	
乌鲁木齐市	乌市新市区社会保险管理分局	28	24
	乌市米东区人力资源和社会保障局	13	
	乌市水磨沟区社会保险管理分局	18	
	乌市沙依巴克区社会保障管理分局	24	
	乌市建工师社会保障管理分局	28	
武汉市	武汉市东西湖区社会保险基金结算中心	6	10
	武汉市江岸社会保险管理处	10	
	武汉市汉江社会保险管理处	17	
	武汉市新洲区养老保险管理办公室	10	

　　从表 2 - 14 可知，北京市的平均窗口数量最高，有 39 个，而石家庄市的平均窗口数量最低，仅有 4 个，城市间差异较大。再结合服务的人数，深圳的平均 12 个和上海平均 15 个就略显紧张了。

　　绝大多数社保经办机构都在服务大厅放置宣传资料，但各地及各经办大厅摆放的资料差异显著。表 2 - 15 是对每个社保经办机构的宣传资料的描述。

表 2 - 15　　　　　　　　社保经办机构提供宣传资料情况

所在城市	社保经办机构名称	有/无宣传资料	备　注
北京市	北京市海淀区社会保险基金管理中心	有	社会保险登记业务指南9——参保职工信息变更 学生儿童大病医疗保险参保缴费告知书
	北京市平谷区社会保险基金管理中心	有	北京市社会保险经办百事通 学生儿童大病医疗保险参保缴费告知书
	北京市西城区社会保险基金管理中心	有	北京市社会保险经办百事通 企业职工享受养老保险待遇须知
	朝阳区社会保险基金管理中心	有	北京市社会保险经办百事通和残疾人教育就业社会保障政策指南
	丰台区社会保险基金管理中心	有	社会保障卡须知
长春市	长春市社会保险咨询服务中心	无	
	德惠市社会保险局	无	
	九台市社会保险局	无	
	长春市人力资源和社会保障局	无	
	榆树市社会保险局	无	
成都市	成都市社会保险事业管理局	有	·成都市政务微博服务群众办事大厅政策咨询、审批办件、问题投诉、信息资讯、成都服务
	成华区就业、社保、医保服务中心	有	成华区就业、社保、医保服务中心投诉流程 成都市成华区社会保险事业管理局社会保险申报办理 社会保险相关问题解答
	锦江区社会保险事业管理局	有	城镇职工社会保险企业征集业务办理指南 城镇职工社会保险个人（含无雇工的个体工商户）征集业务办理指南
	双流县人力资源和社会保障局	有	双流县政务微博服务群众政策咨询、审批办件、问题投诉、信息资讯、双流服务
	武侯区社会保险事业管理局	有	武侯区社会保险基金征集业务 武侯区劳动与社会保障局劳动监察投诉举报受理须知

所在城市	社保经办机构名称	有/无宣传资料	备　注
福州市	福州经济技术开发区社会劳动保险管理中心	有	社会保险知识问答 社保个人账户网上查询指南
	连江县城乡居民社会养老保险管理中心	有	连江县城乡居民社会养老保险服务指南 企业单位办理参保提供材料 城乡居民社会养老保险待遇续发（双重参保被暂停）办事须知
	福州市社会劳动保险管理中心	有	福州市社会劳动保险管理中心政务公开栏
	马尾区社会劳动保险管理中心	有	马尾区社会劳动保险管理中心服务展板
	闽侯县社会劳动保险公司	有	关系科补缴窗口办事须知
贵阳市	白云区社会保险收付管理中心	有	人力资源与社会保障窗口单位纪律要求
	贵阳市社会保险收付管理中心	有	贵阳市社会保险收付管理中心文件
	开阳县人力资源和社会保障局	有	2014年灵活就业人员（个人）社会保险缴费标准 2014年灵活就业人员（个人）养老保险缴费标准
	云岩区社会保险事业局	有	云岩区社会保险事业展板（法规、政策）
	观山湖区社保中心	有	2013年度灵活就业人员缴纳社会保险费标准
	南明区人力资源和社会保障局	有	2014年灵活就业人员（个人）社会保险缴费标准
上海市	浦东区社会保险事业管理中心	有	劳动保障办事告知 社会保险业务办事提示
	崇明县社会保险事业管理中心	有	劳动保障办事告知 社会保险自助经办平台网上办事
	奉贤区社会保险事业管理中心	有	劳动保障办事告知 A平安志愿者服务手册
	黄浦区社会保险事业管理中心	有	劳动保障办事告知
	杨浦区社会保险事业管理中心	有	劳动保障办事告知

续表

所在城市	社保经办机构名称	有/无宣传资料	备　注
深圳市	深圳市社会保险基金管理局福田分局	有	深圳市劳动能力鉴定办事指南 社会保险宣传资料 宝安社保分局业务指引系列等
	深圳市社会保险基金管理局罗湖分局	有	深圳市社会保险个人缴费业务问题解答 深圳经济特区欠薪保障费征收指引 深圳市企业退休人员社会化管理服务等
	深圳市社会保险基金管理局南山分局	有	深圳市在校大学生参与住院医疗保险须知 社保参保证明可自行打印 不用排队可自助办理社保业务
	深圳市社会保险基金管理局	有	失业保险征收、偿付标准及失业保险金申领、停领须知 深圳市社会医疗保险宣传资料 如何申请按月领取养老保险待遇等
	深圳市社会保险基金管理局盐田分局	有	医疗保险宣传册 深圳市失业保险问答 深圳市工伤保险参保人实用手册 企业网上申报的问答题 小心以社保名义诈骗打击不法行骗行为等
石家庄市	长安区社会保障服务中心	有	工伤保险业务指南（七）用人单位和职工的权利和义务
	矿区社会保险事业管理局	有	工伤保险条例 工伤保险知识问答
	灵寿县社会保险事业管理局	有	事业单位、民间非营利组织工伤保险办事指南
	石家庄市社会保险局	有	社会保险费申报缴纳管理规定
	裕华区社会劳动保险事业管理局	有	社会保障卡使用说明

所在城市	社保经办机构名称	有/无宣传资料	备　　注
乌鲁木齐市	乌市新市区社会保险管理分局	有	工伤保险待遇申领须知 参保人员异地就医须知 城镇企业养老保险丧葬费、抚恤金业务办理须知；基本养老保险关系、医疗保险关系转移业务办理须知
	乌市米东区人力资源和社会保障局	有	城镇居民基本医疗保险参保须知 基本养老保险关系、医疗保险关系转移业务办理须知 乌鲁木齐市社会保险宣传资料
	乌市水磨沟区社会保险管理分局	有	乌鲁木齐市社会保险宣传资料
	乌市沙依巴克区社会保障管理分局	有	基本养老保险关系、医疗保险关系转移业务办理须知
	乌市建工师社会保障管理分局	有	单位参加社会保险须知 致大中专院校学生的一封信
武汉市	武汉市东西湖区社会保险基金结算中心	有	东西湖区社会保险办事指南
	武汉市江岸社会保险管理处	有	武汉市社会保障卡使用手册
	武汉市汉江社会保险管理处	有	武汉市社会保障卡办事指南
	武汉市新洲区养老保险管理办公室	有	东西湖区社会保险办事指南

服务大厅摆放的资料与当地业务的特征和需求有关，具备一定的指导和帮助作用。但也有较多的社保中心资料还存在着摆放有一定随意性、资料的更新不够及时或描述不够清晰的问题。

2.2.3.3　不同户籍人群的个别经办服务标准不统一

虽然不同户籍人群在整体满意度上趋于一致，但有个别项目仍然存在差异。

本地户籍居民认为争议解决较为迅速和渠道畅通的比例明显高于外地户籍居民。90.32%的本地城镇户籍居民认为一旦发生争议，解决的渠道畅通，

60.00%的本地农村户籍居民也认为争议解救渠道畅通，而100%的外地城镇和农村户籍人员均认为渠道不顺畅；100%的外地城镇户籍人员和50%的外地农村户籍人员认为争议解决速度较慢。这反映了户籍差异在经办流程特别是争议处理流程中的影响较大。

在被询问所办理业务能否在一个地点办理完毕时，本地城镇户口人员给予肯定答复的比例高于本地农村户籍、外地城镇户籍以及外地农村户籍的人员比例。在办理业务的签字数量上也同样呈现了外地户籍人员办理相对复杂的规律。

2.2.3.4　办理不同业务的复杂程度不同

在受访者办理业务过程中，对被征地农民养老保险服务流程的满意程度相对最高，达到4.00分，即"比较满意"的程度，城乡居民养老保险、生育保险、失业保险、职工医疗保险、工伤保险、职工养老保险、新农保以及城乡居民医疗保险的满意程度尚可，均超过3.7分，满意程度最低的是土地承包经营权流转农民养老保险，得分仅为3.20分。土地承包经营权流转农民养老保险的服务对象在办理时间、手续复杂程度和咨询效果等方面均较差。

一、不同业务的等待时间存在较大差异

从表2-16可以看出，被征地农民养老保险办理速度最快，70%左右均能在5分钟以内办完，而土地承包经营权流转农民养老保险能在5分钟办完的仅占40%左右。

表2-16　　　　　　所办理业务能够在5分钟内办结的比例

办理业务类型	5分钟以内能够办理完的比例（%）
职工养老保险	49.64
城乡居民养老保险	56.30
农村养老保险	45.66
城乡居民医疗保险	47.33
工伤保险	51.17
被征地农民养老保险	69.23
土地承包经营权流转农民养老保险	40.00
职工医疗保险	50.00
失业保险	50.14
生育保险	53.71

二、不同业务办理区域的集中程度不同

从表 2 - 17 可以看出，73% 的失业保险业务能在一个大厅办完，而土地承包经营权流转农民养老保险仅有 20% 能在一个厅内办完，有 40% 则需要在 3 个及以上的地方办理。

表 2 - 17　　　　　　　不同险种业务办理区域情况

办理业务类型	在一个大厅能将事情办完（%）	在两个地方能够办完（%）	在三个及以上的地方能够办完（%）	不清楚/不了解（%）
职工养老保险	69.78	23.5	5.84	0.88
城乡居民养老保险	65.55	26.89	7.56	0.00
新型农村养老保险	67.08	24.07	7.43	1.42
城乡居民医疗保险	68.32	22.52	8.4	0.76
工伤保险	71.78	21.49	5.56	1.17
被征地农民养老保险	69.23	23.08	7.69	0.00
土地承包经营权流转农民养老保险	20.00	40.00	40.00	0.00
职工医疗保险	71.32	21.71	5.81	1.16
失业保险	73.00	19.86	6.00	1.14
生育保险	70.90	20.51	7.42	1.17

三、不同业务的待遇发放简便程度

从表 2 - 18 可知，被征地农民养老保险按规操作进行待遇发放的比例达到 85% 左右，而土地承包经营权流转按规操作发放待遇的比例仅占 60%。

表 2 - 18　　　　　　　不同业务待遇发放的简便程度

办理业务类型	按规程操作，非常简便（%）	审核程序复杂，等待时间较长（%）	待遇发放的渠道不方便（%）	其他（%）
职工养老保险	72.12	9.05	1.90	16.93
城乡居民养老保险	67.23	14.29	5.04	13.44
新型农村养老保险	67.79	9.20	2.48	20.53
城乡居民医疗保险	63.36	12.21	2.67	21.76
工伤保险	68.27	10.67	1.46	19.60

续表

办理业务类型	按规程操作，非常简便（%）	审核程序复杂，等待时间较长（%）	待遇发放的渠道不方便（%）	其他（%）
被征地农民养老保险	84.62	7.69	7.69	0.00
土地承包经营权流转农民养老保险	60.00	40.00	0.00	0.00
职工医疗保险	72.09	8.53	1.81	17.57
失业保险	70.29	9.71	1.71	18.29
生育保险	66.99	10.74	1.76	20.51

四、不同业务的咨询效果

表 2 – 19　　　　　　　　不同业务网站查询效果

办理业务类型	非常准确，完全能够指导工作（%）	会有一些错误和过时的信息（%）	基本查不到想要的信息（%）	说不清/不使用（%）
职工养老保险	77.23	15.84	2.97	2.23
城乡居民养老保险	75.38	21.54	3.08	0.00
新型农村养老保险	78.90	15.32	3.47	1.45
城乡居民医疗保险	69.80	22.82	4.03	2.01
工伤保险	76.34	16.70	2.78	2.39
被征地农民养老保险	40.00	40.00	20.00	0.00
土地承包经营权流转农民养老保险	100.00	0.00	0.00	0.00
职工医疗保险	78.40	15.80	2.20	2.20
失业保险	77.09	17.33	2.39	1.79
生育保险	75.06	17.66	2.60	2.86

　　在办理被征地农民养老保险的受访人员中，表示能够在网站上查询到准确信息的仅占40%。

表 2 - 20　　　　　　　　　不同业务电话咨询效果

办理业务类型	非常准确，完全能够指导工作（%）	会有一些错误和过时的信息（%）	基本查不到想要的信息（%）	电话很少打得通（%）	说不清/不使用（%）
职工养老保险	76.12	9.55	1.79	8.66	2.69
城乡居民养老保险	69.35	17.74	1.61	6.45	1.61
新型农村养老保险	68.65	10.89	3.96	14.19	1.65
城乡居民医疗保险	65.87	14.29	5.56	11.90	1.59
工伤保险	69.73	9.93	3.63	13.56	1.45
被征地农民养老保险	75.00	25.00	0.00	0.00	0.00
土地承包经营权流转农民养老保险	33.33	66.67	0.00	0.00	0.00
职工医疗保险	73.71	7.51	2.58	12.44	2.11
失业保险	70.82	9.48	2.99	14.21	1.00
生育保险	70.21	10.33	3.04	13.98	0.91

只有 33.33% 办理土地承包经营权流转农民养老保险的人员能够通过电话查询到准确的制度流程信息。各险种均有一定比例打不通电话的情况。

从表 2 - 19 和表 2 - 20 综合分析可知，不同的险种在现场咨询的效果差异不大，但通过网站和电话咨询的效果却有明显的区别。在新媒体充分发展的大环境下，也有一些经办机构开始探索以微博或微信公众号等方式传达信息，但互动方面做得还差强人意。

2.3　第二阶段：不同群体对社会保险需求的调研

2.3.1　研究对象

本次调研建立在第一阶段调研的基础之上，针对社保经办机构的绝大多数服务对象并不一定在社保经办大厅办理业务、对经办服务的满意度也并不仅限于服务大厅中心服务的情况，选取武汉、西安、上海三座城市的公司职员、农民工、事业单位职工、公务员、高校学生、灵活就业人员、普通农民八类典型人群，通过在社保经办大厅以外的场所进行拦截调查的方式收集信息。同时，为了更加有针对性地调查他们对社会保险的需求和期望，选取的受访者是至少使用过一种保险的参保者。

本次调查的目的是了解城乡居民对整个社会保险体系的满意度、需求与期望。针对八类典型人群分别展开调查（问卷详见附件2）。其中，公司职员、事业单位职工、公务员三类人群涉及医疗保险、养老保险、失业保险、生育保险、工伤保险五种社会保险的满意度与需求；灵活就业人员涉及医疗、养老、失业保险的满意度与需求；城镇退休职工涉及医疗保险、养老保险的满意度与需求；对高校学生只调查医疗保险的满意度与需求；对普通农民调查新型农村养老保险和新型农村合作医疗保险的满意度与需求；对农民工这类特殊群体则了解其能够参加的所有社会保险的满意度与需求。表 2 - 21 是针对不同人群进行的社会保险调查种类。

表 2－21　　　　　　　不同人群的社会保险调查种类

	公司职员	农民工	事业单位职工	公务员	高校学生	灵活就业人员	城镇退休职工	普通农民
医疗保险	√	√	√	√	√	√	√	
养老保险	√	√	√	√		√	√	
失业保险	√	√	√	√		√		
生育保险	√	√	√	√				
工伤保险	√	√	√	√				
新农合		√						√
新农保		√						√

为了获得有针对性的研究对象，实地采访地点主要包括定点医院及不同群体的经常活动地。表 2 - 22 是每类人群的采访地点。

表 2－22　　　　　　　　每类人群的采访地点

	公司职员	农民工	灵活就业人员	事业单位员工	公务员	高校学生	城镇退休人员	普通农民
采访地点	定点医院、写字楼、公司附近	定点医院、工地	定点医院、社保大厅或社保所的灵活就业人员窗口	定点医院、事业单位门口	定点医院、政府部门单位门口	大学	定点医院、小区、公园、广场、商场、超市	定点医院、交通便利的村子

2.3.2　样本情况

本次调查共完成 1233 个有效样本，包括 238 位公司职员、231 位农民工、140 位事业单位职工、73 位公务员、151 名高校学生、97 位灵活就业人员、155 位城镇退休职工和 148 位普通农民。

其中，武汉完成 407 个样本，西安 401 个样本，上海 425 个样本，每座城市样本量均在 400 个以上。

表 2 – 23 是社会保险需求问卷调查的样本分布。

表 2 – 23			社会保险需求问卷调查样本量分布					单位：个
	公司职员	农民工	事业单位职工	公务员	高校学生	灵活就业人员	城镇退休职工	普通农民	汇总
武汉	62	59	50	52	52	33	52	47	407
西安	87	85	35	10	50	32	51	51	401
上海	89	87	55	11	49	32	52	50	425
汇总	238	231	140	73	151	97	155	148	1233

同时，从中选取了 23 位人员进行了深度访谈，其中，公司职员和高校学生各 4 位，农民工、公务员、普通农民各 3 位，事业单位职工、灵活就业人员和城镇退休职工各 2 名（访谈记录摘要详见附件 3）。表 2 – 24 是访谈的样本与分布情况。

表 2 – 24			社会保险需求深度访谈样本量分布					单位：个
	公司职员	农民工	事业单位职工	公务员	高校学生	灵活就业人员	城镇退休职工	普通农民	汇总
样本量	4	3	2	3	4	2	2	3	23

2.3.3　调研结果

问卷与深度访谈的结果显示，不同群体的国民在社会保险的满意度与需求上存在共性，同时也因职业特征不同而有所差别。

2.3.3.1　各群体的普遍需求

一、降低社会保险费缴纳比例

各类群体对社会保险费缴纳比例满意度较低，他们普遍认为社会保险的缴纳比例过高，对生活造成一定的影响。所有保险中，又以养老保险的缴费数额最大，构成了一定的生活负担。

在各类群体中，由于并没有单位帮助他们承担相应部分，缴纳高费率、高额度的养老及医疗保险对灵活就业人员的生活造成的影响尤为明显。根据调查，超过35%的灵活就业人员表示因缴纳养老保险对生活造成较大负担。

二、希望各项社保政策更加合理清晰明朗

社会保险政策的不确定性是造成城乡居民对社会保险缺乏足够信任的重要因素。特别是对养老保险政策的顾虑较多，因现在养老缺口大，延长退休年龄政策基本已成定局，部分参保者担心年老时领不到养老金，或认为缴纳社保的收益不及储蓄、投资或商业保险的收益。在深度访谈中有受访者明确表示，如果可以自主选择，不会选择养老保险，因为政策变化太快。

部分受访者认为失业保险不能给真正需要帮助的人带来福音，而与之相对应的是3000亿元的失业保险结余无处安置。

对医疗保险的关注焦点更多地与费用报销相关，受访者对包括起付线和封顶线设置的合理性、报销比例和病种、药品种类的范围及价格等在内的诸多因素均有所不满。以城镇退休职工为例，半数以上的城镇退休职工认为医保报销的起付线是不合理的，认为封顶线不合理的人数也接近40%。超过20%的退休职工认为医保报销范围不能满足需求，同时认为报销比例不能满足需求的人数占到约25%。增加医保报销数额、扩大医保报销范围是调研中反映出来的共性需求。

社保的异地转移、申领失业保险的办理过程、工伤认定的标准等也是受访者提到较多的问题，他们认为这些手续要么繁琐，要么标准不一，都使参保者难以较好地享受到社会保险带来的益处。对社会保险政策的合理性和可预期性是影响服务对象满意度的主要因素。

三、受访者希望加强宣传力度

社保政策的宣传工作不尽如人意，多数居民对社保政策了解甚少。根据调查，约70%的城镇退休职工和灵活就业人员、近60%的公司职员、50%左右的事业单位职工和公务员，均表示对社保政策不太了解。可见，政府对社保的宣传工作非常欠缺，很多对社会保险服务体系的不满意来自于对于政策缺乏深入了解的以讹传讹。

2.3.3.2　不同群体对社会保险的需求

一、公司职员群体的社会保险需求分析

公司职员对医疗保险、养老保险的参保意愿比较强，不愿意参加的比例分别只有4.82%和7.27%；相比之下，他们不愿意参加工伤保险、生育保险、失业保险的比例均在15%左右。购买商业保险的人数比例达到24%，高于其他群体。

虽然公司职员愿意参加医疗保险、养老保险作为保障，但是他们对目前的部分政策及服务又存在不满，希望能够在制度上予以优化。

从表2-25可以看出，公司职员对医疗保险的最大需求是希望降低起付线，超过30%的公司职员认为医保报销的起付线不合理，另外，还希望能够提高封顶线、扩大报销范围。

表2-25　　　　　　　公司职员对医疗保险各项指标的评价　　　　　单位:%

评价的百分比	非常合理	比较合理	一般	不太合理	很不合理	不清楚
医保保险起付线	2.38	26.19	37.30	21.43	8.73	3.97
医保报销封顶线	0.79	31.75	37.30	15.87	4.76	9.52
医保报销范围	6.35	46.83	34.13	8.73	3.17	0.79
医保报销比例	3.17	42.06	38.10	11.90	3.17	1.59
异地看病报销方便程度	0.00	0.00	16.67	16.67	50.01	16.67
医保政策宣传工作	16.67	38.16	31.14	6.58	4.82	2.63
查询个人账户信息的方便程度	24.56	46.49	11.40	4.39	4.39	8.77
医保卡支付结算的方便程度	43.33	51.67	5.00	0.00	0.00	0.00
定点医院医疗设施	11.11	64.29	17.46	6.35	0.79	0.00
定点医院医务人员技术水平	0.00	11.90	55.56	26.98	5.56	0.00
定点医院药品种类	15.08	50.79	24.60	6.35	3.18	0.00
定点医院转诊便利度	10.32	38.10	27.78	7.94	2.37	13.49

16.36%的公司职员认为目前的养老保险不能满足需求，并且目前的缴

纳数额给生活造成一定负担。另外，养老保险政策的不确定性也使得公司职员心有疑虑，他们担心养老保险账户亏空使得老无所"取"，而且基本确定的延迟退休年龄使公司职员对养老保险的未来更加不信任。

16 名表示不愿再参加养老保险的公司职员表述的原因主要集中在 5 个方面（如表 2 - 26 所示）。

表 2 - 26　　　　　不愿意参加养老保险的公司职员原因分析

原　因	比例（%）
养老保险缴费太高，影响现在生活	43.75
养老保险账户亏空大，担心未来享受不到	68.75
希望把钱做商业投资	31.25
做不到连续缴纳 15 年	50.00
退休后回老家，现在的跨区域政策对自己不利	25.00

公司职员中不愿意参加工伤保险的比例达到 15.60%，主要是因为他们认为他们的工作中一般不会发生工伤，没有必要参保，而且即使发生工伤也应该由企业或国家承担。约 25% 的公司职员认为难以方便地查询到工伤保险相关的政策信息。根据深度访谈获得的资料，工伤保险政策信息可能不只是简单的查询不到，而是政策标准不甚明晰，尤其是工伤的鉴定、劳动能力的鉴定等难以形成统一的标准。

表 2 - 27　　　　　公司职员对工伤保险的综合评价　　　　　单位:%

对工伤保险的评价	非常符合	比较符合	一般	不太符合	很不符合	不清楚
工伤保险认定核准等办理过程简便	18.75	43.75	25.00	12.50	0.00	0.00
工伤待遇能足额发放	50.00	31.25	12.50	6.25	0.00	0.00
劳动能力鉴定情况能符合实际	12.50	25.00	43.75	12.50	0.00	0.00
能方便查询到相关政策信息	0.00	43.75	12.50	25.00	0.00	18.75

表 2 - 27 是公司职员对工伤保险的评价。公司职员希望经办机构能够普及相关知识、清晰界定工伤的鉴定标准（如上下班路上发生的伤害）、减少认定流程、快速办理、发生工伤后及时赔付。

14.71% 的公司职员表示不愿意参加生育保险，其原因是不再要孩子、需要报销的时候没报成、报销金额少、报销麻烦等因素。17.64% 的公司职员认为生育保险认定核准等办理过程不简便。认为生育保险待遇不能够足额发放、申领过程中无法方便查询政策的比例均达到 11.76%，另有 8.82% 的公司职员表示生育保险金不能满足需求。

公司职员中近 13% 的人不愿意参加失业保险：一是领取机会少，公司职员多是主动离职，但是主动离职却领取不到失业金；二是失业保险待遇不能满足需求，失业金较低且领取时间短；三是不清楚失业鉴定流程及标准，不知道怎样鉴定失业及如何领取失业金。38.47% 的公司职员认为失业保险待遇不能满足需求。37.5% 的公司职员认为社保转移手续不方便。28.30% 的公司职员表示社保机构办事等待时间过长，办事程序不够快捷。总体而言，公司职员对社保政策的满意度尚可，不满意之处集中在服务流程层面。

二、事业单位职工群体的社会保险需求分析

从表 2 - 28 和表 2 - 29 可以看出，事业单位职工中愿意参加医疗保险和工伤保险的人较多。37.21% 的事业单位职工认为医疗保险报销的起付线不合理，认为封顶线也不合理的比例达到 19.76%，10% 的事业单位职工表示不能方便地查询到个人医保账户信息。个人账户查询不方便的原因包括：余额等信息要到医院才能查询而不能在网上查询，查到的就诊信息不详细、查询出错等，还有不少人表示根本就不知道如何查询。

表 2 - 28　　　　事业单位职工对医疗保险各项指标的评价

指标	非常合理（%）	比较合理（%）	一般（%）	不太合理（%）	很不合理（%）	不清楚（%）
医保保险起付线	3.49	29.07	30.23	29.07	8.14	0.00
医保报销封顶线	1.16	33.72	36.05	13.95	5.81	9.30
医保报销范围	5.81	51.17	34.88	3.49	3.49	1.16
医保报销比例	6.98	36.05	43.02	9.30	1.16	3.49
医保政策宣传工作	8.57	32.86	45.00	5.71	3.57	4.29
查询个人账户信息的方便程度	16.43	41.43	24.29	5.71	4.29	7.86
定点医院医疗设施	20.93	68.60	6.98	3.49	0.00	0.00
定点医院医务人员技术水平	15.12	69.77	13.95	1.16	0.00	0.00
定点医院药品种类	12.79	59.30	17.44	6.98	1.16	0.00
定点医院转诊便利度	2.32	41.86	23.26	8.14	6.98	17.44

整体上，事业单位职工希望医疗保险能有以下改观：简化程序、增加报销额度、设置专门的医保窗口、减少缴纳年限、增加药品种类、加强药价监督、扩大定点范围、提高大病报销比例、消除地域及户籍限制、方便异地报销，也有不少人希望能够全民享受全额医保。

从工伤保险角度，16.67%的事业单位职工认为工伤的核定程序不方便，而工伤认定的政策标准不清晰也是工伤保险的硬伤。

表 2 – 29　　　　　　　　受访者对工伤保险的评价　　　　　　　　单位：%

对工伤保险的评价	非常符合	比较符合	一般	不太符合	很不符合	不清楚
工伤保险认定核准等办理过程简便	8.33	66.67	8.33	16.67	0.00	0.00
工伤待遇能足额发放	16.67	16.67	58.33	0.00	8.33	0.00
劳动能力鉴定情况能符合实际	41.67	58.33	0.00	0.00	0.00	0.00
能方便查询到相关政策信息	0.00	58.33	33.33	8.33	0.00	0.00

事业单位职工中，有近20%的受访者不愿意参加生育保险，一部分人是因为已经超过生育年龄或是已经生过，不需要或不会再用到。超过10%的人不愿意参加失业保险，因为事业单位职工认为自己一般不会失业，而如果真的失业，失业保险也不能给生活带来长久的帮助。近10%的事业单位职工不愿意参加养老保险，更多是因为不信任，他们认为养老保险账户亏空未来可能无法享受到养老保险金。他们对医疗保险、工伤保险的参保意愿较大。

总体而言，事业单位职工还存在一些由单位承担社会风险的习惯性思维，他们对于社会保险体系的不满，既有制度层面的，也有服务层面的。

三、公务员群体的社会保险需求分析

表 2 – 30 反映的是公务员对医疗保险的看法，超过 20% 的受访公务员认为医保报销起付线不合理，认为封顶线不合理的人员比例超过 10%。同时，他们希望可以实现更方便的转诊。

公务员中最不愿意参加的保险是工伤保险（占 12.5%）。

公务员群体对于医疗保险的关注度较高，希望能够有更有益于参保人的制度设计和服务。

表2-30　　　　　　　　　公务员群体对医疗保险的评价　　　　　　　单位:%

指标	非常合理	比较合理	一般	不太合理	很不合理	不清楚
医保保险起付线	6.82	43.18	22.73	18.18	4.55	4.55
医保报销封顶线	4.55	45.45	34.09	11.36	0.00	4.55
医保报销范围	11.36	61.36	25.00	2.27	0.00	0.00
医保报销比例	15.91	45.45	29.55	4.55	2.27	2.27
医保政策宣传工作	10.96	56.16	24.66	5.48	0.00	2.74
查询个人账户信息的方便程度	17.81	56.16	16.44	6.85	0.00	2.74
定点医院医疗设施	25.00	63.64	11.36	0.00	0.00	0.00
定点医院医务人员技术水平	18.18	65.91	15.91	0.00	0.00	0.00
定点医院药品种类	11.36	56.82	29.55	2.27	0.00	0.00
定点医院转诊便利度	9.09	34.09	43.18	4.55	0.00	9.09

四、灵活就业人员群体的社会保险需求分析

灵活就业人员是除公司职员外又一主动购买商业保险的重要群体,主动购买的比例达到20%。作为比较特殊的参保群体,因没有固定工作单位,只能自己缴纳社会保险,无疑增加了生活负担。35.10%的灵活就业人员表示缴纳养老保险对生活造成较大的负担,而认为因缴纳医疗保险造成较大生活负担的比例也约占到10%。由于养老保险缴纳数额远高于医疗保险数额,而且15%的人认为养老保险无法满足未来养老需求,因此,超过12%的灵活就业人员不愿意参加养老保险,表2-31是灵活就业人员不愿参加养老保险的主要原因。

表2-31　　　　　　灵活就业人员不愿参加养老保险的原因

原　因	比例（％）
养老保险缴费太高,影响现在生活	60.00
养老保险账户亏空大,担心未来享受不到	60.00
希望将钱用作商业投资	10.00
做不到连续缴纳15年	40.00
已经交够15年,不想再交	10.00

　　从表 2 - 32 可以看出，虽然医疗保险的意愿参保比例高于养老保险，但有 36.59% 的灵活就业人员认为医保报销的起付线不合理，认为封顶线不合理的比例也超过 30%。29.27% 的受访者认为医保报销比例不能满足需求，认为医保报销范围不能满足需求的比例接近 15%。同时，灵活就业人员希望定点医院的转诊能更方便，并增加药品的报销种类。

表 2 - 32	灵活就业人员对医疗保险的评价				单位:%	
指标	非常合理	比较合理	一般	不太合理	很不合理	不清楚
医保保险起付线	0.00	31.71	29.27	34.15	2.44	2.44
医保报销封顶线	0.00	24.39	36.59	26.83	4.88	7.32
医保报销范围	0.00	36.59	48.78	9.76	4.88	0.00
医保报销比例	12.20	29.27	29.27	24.39	4.88	0.00
医保政策宣传工作	15.12	31.39	36.04	8.14	6.98	2.33
查询个人账户信息的方便程度	12.79	45.35	13.95	9.30	2.33	16.28
定点医院医疗设施	9.76	48.78	31.71	9.76	0.00	0.00
定点医院医务人员技术水平	6.00	51.22	39.02	1.88	0.00	1.88
定点医院药品种类	7.32	48.78	31.71	7.32	4.87	0.00
定点医院转诊便利度	9.76	56.10	7.32	9.76	2.43	14.63

　　另外，对于失业保险，75% 的灵活就业人员认为待遇不能满足需求。

　　总体而言，灵活就业群体对社会保险制度的满意度较差，在调研中了解到，有相当多的灵活就业人员自愿放弃缴纳各项社会保险。

五、城镇退休职工群体的社会保险需求分析

　　城镇退休职工中目前是切实享受到医疗保险、养老保险的最大群体。由于真正享受到了社会保险带来的好处，他们认为社会保险的参保是有益决策。有 16.66% 的城镇退休职工表示养老保险只能在低层次上满足养老需求，而认为能够较高程度满足养老需求的比例仅为 27.09%。退休职工希望国家加强对药品价格的监管力度，提高养老金的发放数额，同时各行业各类人群能够得到同等对待，关注"空巢老人"的养老问题，明确居家养老的模式，解决养老服务的问题。

　　从表 2 - 33 可以看出，52.89% 的城镇退休职工认为医保报销的起付线不合理，认为封顶线不合理的人数也达到 36.54%。25% 的退休职工认为医

保报销比例不能满足需求，认为报销范围不能满足需求的人数和认为定点医院转诊不够方便的都超过20%。受访者希望异地看病报销更加方便，同时希望医保政策需要在以下方面做出改进：加强（药品）监管、增加报销额度、全国联保、减少报销手续，让社会各阶层无论是机关事业单位退休还是企业退休，抑或是城镇和农村老人享受同等待遇。

表2－33　　　　　　城镇退休职工对医疗保险的评价　　　　　单位:%

指标	非常合理	比较合理	一般	不太合理	很不合理	不清楚
医保保险起付线	1.92	16.35	26.92	34.62	18.27	1.92
医保报销封顶线	1.92	20.19	23.08	28.85	7.69	18.27
医保报销范围	1.92	34.62	38.46	13.46	7.69	3.85
医保报销比例	4.81	35.58	32.69	18.27	6.73	1.92
医保政策宣传工作	5.56	21.43	44.44	9.52	4.76	14.29
查询个人账户信息的方便程度	5.56	36.51	16.67	3.17	2.38	35.71
医保卡支付结算的方便程度	23.00	58.00	16.00	2.00	0.00	1.00
定点医院医疗设施	2.84	78.85	17.31	1.00	0.00	0.00
定点医院医务人员技术水平	8.65	55.77	32.69	2.00	0.89	0.00
定点医院药品种类	5.99	42.31	39.20	12.50	0.00	0.00
定点医院转诊便利度	2.88	38.46	22.12	17.31	2.88	16.35

　　总体而言，城镇退休职工对于社保政策和服务都提出了非常具体的意见，作为政策和服务的享受者，他们的意见应该得到重视，成为改进的方向。

六、高校学生群体的社会保险需求分析

　　目前，高校学生参加的保险主要是医疗保险。从表2－34可以看出，20%左右的高校学生认为目前医保报销的起付线设置不合理，认为封顶线设置不合理的人数接近10%。约12%的高校学生认为医保报销范围不能满足需求，认为医保报销比例不能满足需求的比例也接近13%。高校学生中超过10%的人认为定点医院的药品种类不能满足需求，希望增加定点医院的药品种类。高校学生认为医保应该增加感冒、鼻炎、胃病、阑尾炎等常见病，以及白血病、乙肝、艾滋病、癌症等大病的报销。除医疗保险外，不少高校学生认为自己同样需要失业保险、人身及意外险等。

表 2 - 34　　　　　　　　**高校学生对医疗保险的评价**　　　　　单位:%

指标	非常合理	比较合理	一般	不太合理	很不合理	不清楚
医保保险起付线	4.00	34.00	27.33	17.33	2.67	14.67
医保报销封顶线	2.00	36.00	23.33	5.33	4.00	29.33
医保报销范围	10.60	35.10	28.48	7.95	3.97	13.91
医保报销比例	12.58	31.13	29.14	7.95	4.64	14.57
医保卡支付结算的方便程度	27.45	56.87	11.76	0.00	0.00	3.92
定点医院医疗设施	18.07	57.83	15.66	2.00	2.67	3.77
定点医院医务人员技术水平	14.46	48.19	24.10	6.02	3.46	3.77
定点医院药品种类	15.66	49.40	22.89	8.43	2.62	1.00
定点医院转诊便利度	19.28	38.55	20.48	4.82	4.82	12.05

高校学生对于医保起付线、封顶线报销范围和比例等有相当多人并不关注,药品种类和相关服务便利程度是他们更关注的问题。

七、农民工群体的社会保险需求分析

农民工由于其特殊身份,可能会在老家参加了新农合、新农保后,又因进城务工参加了基本医疗、养老保险。因此,部分农民工会面临双重保险的情况,有17%的人表示能够重复领取。但是也存在6.52%的农民工表示不愿意继续参加基本医疗保险,他们不愿意参加医疗保险的原因包括:政策变化快、有病就吃药用不到医保、医保报销麻烦以及工资较低等。超过10%的农民工表示因缴纳医疗保险费用对其生活造成了一定的负担。

从表2-35可以看出,约10%的农民工认为医保报销的起付线、封顶线设置得不合理,接近9%的农民工认为政府对医保政策的宣传不到位,他们无法方便地查询到个人账户信息。农民工中有7.70%的人认为定点医院的转诊便利度不能满足需求,可见对农民工而言,他们更需要方便快捷的转诊,这与他们进城务工的特殊身份存在密切联系。

表 2 - 35 　　　　　　　　农民工对医疗保险的评价 　　　　　　单位:%

指标	非常合理	比较合理	一般	不太合理	很不合理	不清楚
医保保险起付线	3.08	72.31	10.77	7.69	4.62	1.54
医保报销封顶线	1.54	73.84	12.31	7.69	3.08	1.54
医保报销范围	9.23	66.15	15.38	4.62	0.00	4.62
医保报销比例	3.08	73.85	15.38	3.08	4.62	0.00
医保政策宣传工作	23.91	55.44	10.87	2.17	6.52	1.09
查询个人账户信息的方便程度	15.22	63.04	3.26	4.35	4.35	9.78
医保卡支付结算的方便程度	28.33	68.34	3.33	0.00	0.00	0.00
定点医院医疗设施	3.08	84.62	7.69	1.53	0.00	3.08
定点医院医务人员技术水平	0.00	86.15	9.23	1.53	0.00	3.08
定点医院药品种类	10.77	70.77	13.85	4.61	0.00	0.00
定点医院转诊便利度	46.15	30.77	9.23	6.15	1.55	6.15

农民工认为医保政策亟须改善的方面还有：能够方便挂号、增加定点报销医院、增加医保报销额度、丰富报销范围和药品种类、规范可报销药品的价格、减少个人缴纳费用、全国联网通用报销以及和城镇职工享受同等待遇。

有近 4% 的农民工不愿再参加养老保险。超过 15% 的人表示养老保险不能很好地满足未来养老需求，而目前每月缴纳的养老保险又给近 13% 的农民工带来不小的生活负担。

从表 2 - 36 可以看出，农民工对工伤保险的参保意愿较强，评价较高，但是工伤保险报销的手续繁杂，认定核准过程复杂，对其造成一定困扰。

表 2 - 36 　　　　　　　　农民工对工伤保险的评价 　　　　　　单位:%

对工伤保险的评价	非常符合	比较符合	一般	不太符合	很不符合	不清楚
工伤保险认定核准等办理过程简便	11.11	73.33	8.89	2.00	4.67	0.00
工伤待遇能足额发放	8.89	66.67	20.00	4.44	0.00	0.00
劳动能力鉴定情况能符合实际	4.44	60.00	33.33	2.33	0.00	0.00
能方便查询到相关政策信息	44.44	42.22	10.11	0.00	0.00	3.33

相比之下，农民工对生育保险、失业保险的关注度并不高。他们更关注医疗保险和工伤保险，而且他们的需求更多地集中在服务层面。

八、普通农民群体的社会保险需求分析

农村已经实行新农合、新农保两项基本保险，20%的受访农民认为新农保并不能满足养老需求。30.41%的农民不愿参加新农合，而不愿意参加新农保的农民更是高达73.65%，但已经享受退休待遇的农民满意度尚可，这可能反映了农民群体对于未来的收益并不明确。另外，农民希望能和城市居民享受同等待遇。

从表2-37的反馈看新型农村合作医疗保险每年的缴费数额在一定程度上超过了普通农民能够承受的范围，接近30%的农民表示难以承受新农合缴费数额，给生活造成一定负担。同时，约20%的农民认为新农合的起付线和封顶线不合理，认为新农合报销比例、报销范围不能满足需求的比例分别是16%和15%。农民需要在定点医院看病时能够更加方便的转诊，并且提供更丰富的药品种类。此外，新农合的报销范围和比例无法在较高程度上满足多半农民的需求。

表 2-37　　　　　　普通农民对新型农村合作医疗保险的评价　　　　　单位:%

指标	非常合理	比较合理	一般	不太合理	很不合理	不清楚
新农合起付线	2.27	37.12	31.82	11.36	12.12	5.30
新农合报销封顶线	3.82	40.46	25.19	10.69	6.87	12.98
新农合报销范围	9.16	41.22	27.48	9.92	5.34	6.87
新农合报销比例	9.30	36.43	33.33	10.85	5.43	4.65
定点医院医疗设施	17.07	43.90	34.15	4.88	0.00	0.00
定点医院医务人员技术水平	9.76	48.78	31.71	7.32	2.43	0.00
定点医院药品种类	4.88	43.90	39.02	9.76	0.00	2.44
定点医院转诊便利度	7.32	31.71	36.59	14.63	2.43	7.32

普通农民群体更关注短期风险能否得到保障，同时他们是对缴费数额非常敏感的群体。

九、各类人群购买商业保险的意愿

商业保险体现了各类人群对于社会保险满足需求的预期，从表2-38可以看出，公司职员与灵活就业人员有较高的购买商业保险的意愿，这一方面

反映了他们的经济投入走向，另一方面更反映出他们对社会保险政策的隐忧。

表 2 - 38   各类人群购买商业保险的意愿

群体	商业保险的购买意愿（%）
公司职员	23.95
灵活就业人员	19.59
事业单位职工	15
公务员	8.23
农民工	7.79
城镇退休职工	5.82

十、各群体人员对于经办配套服务的期望

各群体普遍反映对社保政策缺乏了解，各类人群获取社保政策相关信息的方式虽不尽相同，但是电视是日常获取信息的最主要来源，其次是微信、微博等公众平台和短信等，农民还会通过村里广播或是宣传栏获得信息。

表 2 - 39 是会到社保经办大厅办理业务的各类人群对于经办服务态度、能力、流程等提出的意见。

表 2 - 39   不同群体对经办配套服务不满意的原因   单位：%

群体	等待时间长	办事程序不简便快捷	工作人员业务能力不强	工作人员服务态度不好	对社保政策不了解
公司职员	28.3	24.3	20.75	18.86	58.82
事业单位职工	37.5	12.5	25	19.75	51.43
农民工	13.5	6.25	9.38	3.13	78.4
灵活就业人员	26.32	29.9	28.94	21	68.04
城镇退休职工	37.93	10.35	13.79	13.8	73.55

2.3.3.3 机关及事业单位人员对养老并轨的态度

调查显示，56.25%的机关事业单位工作人员赞同养老保险改革，主要的原因包括四个方面：

一是养老保险并轨制度使得国家养老保障政策更公开透明化，公民养老

更有保障，也更加安稳省心。

二是多缴多得和长缴多得等政策均有效地促进了社会公平，有助于建设文明和谐的现代化社会，并减少了社会不稳定因素。

三是此项改革增加了机关事业单位人员队伍的流动性，使得优秀的年轻人能够在企业与体制内之间流动。

四是此项制度有助于政府体制的改革，使得公务人员工作更高效。

调查数据显示，21.88%的持反对意见的工作人员担心工资薪酬及待遇会受到影响，反对的原因主要集中在以下三点：

一是他们认为实际工资会减少且需要个人承担医药费用，负担加大。

二是他们认为延长退休年龄这项政策不合理。

三是机关事业单位工作人员担心退休后享受不到原有的养老金待遇。

养老保险改革的支持者体现了一定的认识高度，而反对者更多的是从自身利益的角度进行考虑的。

第 3 章

我国社会保险经办机构的组织运行现状

——基于社会保险经办机构的视角

3.1 调研背景、目的及对象

改革的路径以服务对象的需求为目标，同时应该以现状为起点。社保经办机构作为运行社会保险事业的行政部门，承载着向社会提供公共服务的重要职能，其运行效率直接影响着全国十几亿人口的物质和心理保障，加之随着社会不断发展，国民对社会保险的要求随之提高，社保经办机构的责任越来越重。为了更好地满足国民对社会保险经办的要求，本次调查深入国内不同地区的社保经办机构对现状开展调研，调研的内容包括组织架构、业务管理、人员管理、效能运行能力、信息化建设等，从管理机制和运营能力两大维度收集和透视全国社保经办机构的组织和运行情况，试图发现内部运行现状与服务水平的内在联系，为后续改进的路径和阶段性目标研究提供依据（访谈提纲和问卷详见附件 4、附件 5）。

考虑到全国经济发展水平、社会文化发展程度等地区差异，调查在东、中、西部中各选取一个省市或地区作为样本案例，最终确定 A、B、C 三个目标地区的 13 家社保经办机构负责人为调查对象。

为了确保一手资料的可靠性，选取的 13 家社保经办机构均直接向国民提供社会保险服务，深度访谈的对象全部邀请各地区有代表性的社保经办机构中具备丰富工作经验、对社保经办机构运行状况了解得比较透彻的主要负责人，从而获得了更为珍贵的一手资料。

3.2　调研方法

本次社保经办机构运行现状调查主要通过深度访谈和问卷调查的方法开展。首先通过文献研读确定深度访谈的提纲和问卷，并在赴 C 地区进行调研的过程中不断修订和定稿，并在此基础上形成了一份针对社保经办机构的问卷，为深度挖掘更多的一手资料进行了准备。

根据调研目的和初期文献研究的成果，社会保险经办机构运行现状研究模型由三级指标体系构成。其中，一级指标包括管理机制和运营能力两大指标。表 3 - 1 是运行现状的研究模型。

表 3 - 1　　　　　　　社会保险经办机构运行现状研究模型

一级指标	二级指标	三级指标
管理机制	组织架构	组织名称和标识
		组织关系
		基金征缴方式
		基金征收体制
		基金统筹层次
		归口管理
	业务管理	对外服务流程
		人员培训
	人员管理	人员配置
		机构绩效考核
运营能力	硬件设施	数据中心建设
		办公场所
		电子政务建设
		对外服务流程设置
	业务产出水平	参保人数和基金收支
		缴费比例

3.3　调研结果

3.3.1　管理机制

管理机制主要指社保经办机构内部的管理模式，包含组织架构、业务管理、人员管理三个二级指标。

3.3.1.1　组织架构情况

组织架构是整个系统运行的保障，是通过界定横向与纵向团队的责任、权力及协调分工的方式共同完成战略目标的机制。完善的组织架构可以提高组织的运行效率、达成运行效果，是最基础也最重要的一环。通过对直接提供服务受访机构的调研，可以看出当前我国省市地区级社保经办机构的组织架构呈现出一些典型的特点。

一、总体管理模式一致

目前各社保经办机构均采取双重管理的矩阵制组织结构模式，业务上由各级人力资源和社会保障管理机构垂直管理，一直延伸到街道和乡镇，人员上由各级地方政府横向管理。这种管理模式兼顾了专业性与可操作性的结合，但也存在着相当高的协调成本。所有受访的社保经办机构反映的共性问题是：人员编制数量和运行经费都要依赖于地方政府及财政，普遍面临着人员配置与业务量不相匹配的尴尬，即上级分派任务后，下级经办机构没有足够的人员配备，不能及时随着业务增加而增设人员，无法实现经办人员与参保人员的动态配比，导致业务量过多、工作压力大，影响了整个机构的运行效率。目前各经办机构均依靠内部调整或地方政府给予支持来缓解此问题。

二、组织名称和标示不统一

全国没有统一的社保经办机构名称，在调研涉及的三个地区，A市的社保经办机构名称是社会保险事业管理中心，下设社保中心、人力资源和社会保障局及医疗保险局，而C地区所在省份的社保机构名称为社会保险管理局和社会保险基金管理中心。在针对服务对象进行调研的50家经办机构中，更是出现了社会保险基金管理中心、人力资源和社会保障局、社会保险咨询服务中心、社会保险事业管理局、社会保险（分）局，就业、社保、医保服务中心、社会劳动保险管理中心、社会劳动保险公司、社会保险收付管理中心、社保中心、社会保险事业管理中心、社会保险基金管理局（××分局）、社会保障服务中心、社会保障基金结算中心、社会保险管理处、养老保险管理办公室等 17 种不同的称谓。有些省市内部，社保经办机构的名称是统一的，而多数省市即使是内部的称谓也存在差异。这种差异导致了社保经办机构缺乏统一的品牌形象，也反映出内部管理关系的不一致性。

三、内部分设部门和职责界定差异较大

从调研情况来看，A 市将养老、工伤、生育的管理及五险的征收工作归口由社保中心负责，医疗管理工作由医疗保险局负责，失业保险的管理由人保局负责；B 省则是将养老管理职责归口养老保险局，医疗、生育和工伤保险工作归口于医疗保险局，失业保险归口于失业保险科。由于各地五险的业务整合模式完全不同，与之对应的管理机构职责也存在很大差异。仅调研的三个地区就形成了三类不同的组织管理模式，即：以 A 市为代表的、自成体系、业务整合程度高的组织管理模式，以 B 省为代表的、按职能划分、垂直管理的组织管理模式和以 C 地区所在省份为代表的、按功能或险种划分、垂直管理的组织管理模式。这种设置不利于统一管理各险种，也加大了跨省转移的难度。

四、社保经办机构上下级职能相对明确，外部合作协调关系不够顺畅

受访机构均表示社保系统内部上下级之间职能分工明确，合作顺畅。A市社保经办机构受访者认为机构上下级之间职能清晰，上级单位经常对下级单位开展指导，业务指导多通过电子政务系统体现；B 省社保经办机构上下级分工同样明确，在管理上主要是上级设定方针、确立目标、下发任务、统筹安排、完全按照统一的标准流程指导下级开展日常工作，而下级单位执行任务和方针并完成计划与目标，上下级单位之间没有业务交叉；C 地区的受访机构也表示上下级之间沟通顺畅，下级单位能够密切配合上级单位的工作。

在和其他政府部门的合作关系中，所有受访者均表示，没有常规的信息数据共享机制会给工作造成不便，协调并不顺畅。A 市社保机构经常与其他部门开展合作，交通局、公安局、卫生局和民政局等部门也会经常来索取相关数据，在工作中建立了一些协调机制，但共享机制并不健全；B 省社保机构表示以前与其他部门的合作中经常出现核定不一致的问题，经过十多年的

磨合，尽管制度上并没有很好的共享机制，但通过常年的合作形成了一套约定俗成的做法，社保经办机构平时和地税局、卫生局、财政局、公安局、民政局等打交道较多，安检局和交通局等单位也会到社保系统中了解数据，值得一提的是，B省的省会城市社保机构与公安局已共享户籍信息这一举措使合作的协调性大大增加；C地区同样表示，与民政、税务、公安在共享信息方面不是很顺畅，一般要靠非常规的工作机制如发函通知来完成，有时候还要依赖工作人员的责任心和主动性才能推动，和民政部门在养老金待遇的核定、低保人员的认定等方面有时候会出现数据核定不一致的问题，信息并不顺畅，给工作造成了一定的不便甚至存在疏漏的风险。

3.3.1.2 业务管理情况

一、各地基金的征缴方式在形式上基本统一

文献显示，在经历了五险分立经办模式之后，各省市逐步推行职工社会保险的五险合一、一票征缴的整合经办模式。截至2012年年底，全国有12个省市建立了"五险合一"的管理体制，19个省市将医疗保险、工伤保险和生育保险业务进行了整合。本次针对社会保险经办机构的调研表明，各地区的基金征缴基本整合，各险待遇均是核发分开。受访的三个地区各险种均是征支两条线，即在同一个账户征缴划拨五险，上交到社保基金管理中心后，按照"五险"类别分别划拨。但在实际操作中，由于部分群体例如农民工群体对于社保需求的特殊性，仍然有小范围的特殊操作。

二、各地区基金征收体制存在差异

全国社保经办机构的征收体制包括自收自支和其他机构代征两种模式，无论哪种征收体制都采取了银行代为收取，通过银行账户进行管理的形式。从表3-2可以看出，在深入调研的三地中，A市属于自收自支，征收率在99.9%以上；B省为地税代征，也有小部分自收自支，同时，新农保和城乡居民保险由财政代收；C地区也是自收自支，由银行代收代扣。B省之所以采用地税局征收的模式，主要是考虑到自身征收能力有限，而地税局征缴各项税款积累了很多经验，征缴能力很强。

表 3 - 2 A、B、C 三地的基金征收体制

地区	征收体制
A 市	自收自支
B 省	地税代征、自征（小部分）、财政代征
C 地区	自收自支

三、基金统筹层次不一

各地区统筹层次有差异，从表 3 - 3 可以看出，A 市的五险全部由市级统筹；B 省的养老保险基金统筹在省级、市级都有，但是在实际中全部偏向于市、州统筹，省里只是做账，不收只付，根据缺口拨款，B 省目前的地区差异不是很大，一般地区不会有剩余，因此省级很难起到统筹调剂的作用，其他四险都在市州级统筹；C 地区所在省份则是养老保险省级统筹，医疗、工伤、生育、失业四险的基金由州、地区、市一级统筹，新农保和城镇居民保险在县级统筹。

表 3 - 3 各地区基金统筹层次

地区	养老保险	医疗保险	失业保险	生育保险	工伤保险
A 市	市级	市级	市级	市级	市级
B 省	省级、市级	市级	市级	市级	市级
C 地区	省级	市级	市级	市级	市级

四、新农合与城镇居民保险归口管理不统一

B 省和 C 地区所在省份的新农合都归口于卫生部门，而城镇居民保险由社保经办机构负责，这两大机构因为没有实现信息数据共享，导致重复吸纳参保人，有部分人员按照卫生部"农村户籍可上新农合"的规定和人社部门的"在城市居住若干年即可上城镇居民医疗保险"的规定重复缴纳，根据不同政策的差异选择通过哪个险种报销，而且由卫生部门管理的新农合与人社部门管理的城镇居民医疗保险都有扩面的任务，尽可能吸纳参保人，导致重复参保率较高，有可能带来社保资源浪费的问题。

五、对外服务承诺和流程模式非标准化

三地受访经办机构的服务流程都根据各自的情况在总体政策指导下进行设计，各具特色、各有优势却缺乏统一性。三地的服务特色包括一次性告知

制度、宣传架、导服和咨询服务以及基层上门服务等。

各地市县的社保经办机构的业务流程由各省统一部署，但各地区会在此指导下推出自己的业务办理流程，基本要求服务承诺和工作标准一致。

3.3.1.3　人员管理情况

一、培训体系建设

总体而言，目前社保经办机构的人员培训均存在一定的不足。机关事业改革后，经办量大幅增加，覆盖面不断扩大，业务更加复杂，经办人员的能力直接关系到办理业务的质量和效率，这对工作人员的业务素质提出更高的要求。同时，现在社保经办机构吸纳了很多新人，虽然队伍比较年轻化且学历也较高，但是由于对业务不熟悉，对培训的需求增大，在工作压力之下，培训仍未得到应有的重视，且普遍缺乏针对培训效果的评估。

二、人员配置情况

人员配备不足的问题是调研中发现的最严重和最普遍的问题。目前社保经办机构提倡业务下沉，而业务下沉必然增加对基层工作人员的数量需求，同时社保覆盖面的扩大使得社保管理机构的人员也面临着较大的缺口。目前各地主要采用公益性岗位来解决工作量的问题，但是公益性岗位三年一换，聘请的人员只工作三年，培训成本高，人员流动大，他们对业务的了解远远达不到业务要求的水准。如何进行人员配置才能达到资源的最佳使用效果，是受访各经办机构都在困惑的问题。

调查结果显示，A市的经办机构中，业务人员的比例相对较大，以面向参保者的数量而言，人员配置相对充足，但A市的社保经办系统向下延伸到街道（乡镇），从原来的"一站式服务"到现在的"一窗式服务"，即要求一个经办人员办理所有相关业务，对人员要求较高，目前的人员业务素质尚不能满足要求。同时，基层协理员的经办能力不足，可能与协理员工资较低难以吸纳人才相关。例如，虽然为协理员缴纳了四险，但是没有生育险和公积金，且工作量很大，工作时间远远不止八小时，周末要值班并经常入户，工作压力较大，基层协理员的工作积极性并不高。

B省社保经办机构的人事编制少，在编人员老龄化严重。以省会城市的某区为例，他们需要面向上百万参保人员提供经办服务，其经办人员配置相对不足。其他地区也面临着同样的情况，该省另一城市的养老保险局在原来统筹范围比较小时，平均每个工作人员管理2000人左右，现在仅养老保险的参保者就呈几何级数激增至 100 多万人，而加上县里的社保经办机构也只有 400 多人，仅一个险种就服务近 3000 个参保者。有限的人员配备管理难以支持巨大的工作负荷。B 省社保经办机构因为编制问题出现人员的断层，很多业务难以完全下沉也是人员配备的瓶颈造成的。为消化内部正式工作人员，省养老保险局约 10 年没有编制名额招纳年轻员工，现有工作人员年龄都集中在 50 岁上下，导致工作人员能力的不足，严重影响了办公效率。

C 地区目前同样人员编制不足，但工作标准持续提高，要求将社会保险的触角延伸到社区、乡镇，甚至延伸到村。从 2012 年他们开始推进城镇居民的养老保险，此间系统更新、软件置换、全程电子化以及一些政策的调整，都依靠工作人员加班加点完成，从未增加过工作人员，工作压力非常大。某社区的街道社保站 24 个人中只有一个有事业编制，其他 23 个都是公益性岗位，管辖 13 个社区和 1 个村。他们曾明确提出过经办人员工作负荷比例数字，但因为各种原因并没有真正实现。

三、绩效管理情况

目前受访的社保经办机构基本引入了绩效考核制度，A 市采用内部 360 度的评估方式，B 省绩效考核采用目标任务考核和作风建设等，而 C 地区采用自上而下的结果考核，但总体而言尚得不到应有的重视，不能起到引领目标达成的绩效管理作用。目前各地主要是通过设定目标任务进行考核，但在计划下达过程中，较少进行科学化的战略目标分解，也没有引入服务对象的评价。

总体来说，我国社保经办机构的管理机制中，组织结构能够有效运行却难以支撑更长远的战略目标，与架构相匹配的人员、绩效管理和培养体系均无法有效保障任务的达成。

3.3.2　运营能力

3.3.2.1　硬件设施

一、数据中心建设

社会保险经办机构承载着向十几亿国民提供社会保险公共服务的重要职责，其工作非常复杂、专业且数量庞大，只有充分利用信息化技术建立统一、权威、完整的社会保险信息数据库才能够确保经办工作的准确高效。目前全国的信息化系统建设已有不错的成效。文献显示，我国的社会保险经办信息化程度不断提高，"十五"期间，全国共确定了十二个电子政务的重点项目，这其中就包括与社会保险经办息息相关的"金保工程"。"金保工程"经过十多年的发展，初步完成了一期的建设，促进了我国社会保险信息化的发展。到 2013 年 9 月底，我国共有 30 个省份实现了国家（即人力资源和社会保障部）、省、市三级的网络贯通，有 80% 的地级以上城市建立了统一的数据中心，将近 2700 个县（市、区、旗）实现了通过信息系统办理城乡居民保险的业务，全国街道乡镇（社会保障事务所或其他基层社会保险经办机构）的平均联网率达到了 92%，从技术层面上大力推进了服务向乡镇、社区乃至街道和行政村延伸，是服务终端下沉的强有力保证。已有 12 个省份、256 个县市和 44 个地市加入到养老保险和医疗保险关系转移系统中。

但在调研的具体过程中，此方面仍然暴露出很多的问题。

首先，社会保险信息系统与外部相关单位未能实现数据的共享。对于目前没有实现共享，受访者认为可能有如下几个原因：一是数据安全性和数据管理难度的问题，即共享后会增加很多管理成本，并且面临的安全风险更大；二是政府经费不足的问题，各单位联通信息系统的成本非常高，政府很难在近期提供足够的资金；三是各单位系统口径不一，难于整合。各地的社保系统跟随全国系统不断进行优化，相对比较完善，但由于与民政、公安等系统完全独立设计开发，从功能到界面均不一致，跨部门的数据很难整合。他们普遍认为如果中央能下大力气将各单位的信息系统都整合成一张网络，将非常有利于开展各项民生服务工作，而如果人社部能够将全国的社保信息系统整合，力求尽快实现全国社保信息的互通，也将会消除人员流动障碍，促进人员的自由流动。

其次，在社保内部系统同样存在着问题：一是上下级的信息网络没有完全联通。比如 B 省需要数据时必须到州、市一级的数据中心拷贝，严重影响了工作的效率。二是基层使用数据信息时比较被动，这也主要是出于数据安全的考虑，限制了基层使用信息的权限，但是基层是离百姓最近、直接服务于民的一线机构，过多地限制基层的数据权限不利于高效地开展工作。三是基层信息化建设薄弱。目前 B 省、C 地区等地的数据基本上只是延伸到乡镇、社区，村里还没有信息化，甚至没有电脑等设备，随着网络化的普及和民众素质的不断提高，基层的信息化建设也显得越来越迫切了。如果能将整个信息系统深入到村一级，将更能做好基层服务工作。四是部分地区存在历史遗留问题，如调研中显示某些市和地区存在数据残缺、申报错误、过期数据等问题，这些问题没有解决之前，系统化和信息化之路将困难重重。

二、办公场所情况

在调研中，A 市和 B 省均反映办公场所紧张。例如，隶属于 A 市的某区办公场所虽然是单位独立的，但实际使用起来还是有些紧张，因为会议室、机房等不能作为业务办理场所，办公区内柜面空间局促，走廊狭窄，只能供一个人通过。另外，由于参保的人数越来越多，业务越来越精细，档案资料也随之增多，资料归集空间是非常紧张的，营业场所也较为促狭。表 3-4 是 A 市的办公场地及硬件设施状况。

表 3-4　A 市社会保险事业管理中心某分中心办公场地及其他硬件设施

B3.1 单位面积（m²）

各功能区面积	经办服务大厅	档案管理区	办公区	附属用房
	981	270	620	

A3.2 硬件设施

	※勾选	设置/提供	未设置/不提供
经办服务大厅	受理服务区	√	
	接待洽谈区	√	
	等候休息区	√	
	自助服务区	√	
	综合服务区	√	
	咨询区	√	
	其他（请注明）		
服务设施	排队叫号系统	√	
	无障碍设施	√	
	宣传设施	√	
	接待设施	√	
	其他（请注明）		

资料来源：问卷调查数据，由 A 市社会保险事业管理中心 B 分中心提供。

B 省某市社保经办机构原来的办公场所是租的，并没有独立的办公场所，后来政府加大投入，改善了很多，已经建成独立的办公大楼，但与国家要求的"地级市不少于 5000 平方米，县级市不少于 3000 平方米"的标准仍有很大差距。省会城市的某区人社局场地及相应的硬件设施数据显示，办公场所越来越难以满足业务需求。表 3 - 5 是 B 省某区办公场地及硬件设施状况。

表 3 - 5　　B 省某区人力资源和社会保障局办公场地及其他硬件设施

B3.1 单位面积（m²）

各功能区面积	经办服务大厅	档案管理区	办公区	附属用房
	140	70	160	

A3.2 硬件设施

	※勾选	设置/提供	未设置/不提供
经办服务大厅	受理服务区	√	
	接待洽谈区		
	等候休息区	√	
	自助服务区	√	
	综合服务区		
	咨询区		
	其他（请注明）		
服务设施	排队叫号系统		
	无障碍设施		
	宣传设施	√	
	接待设施		
	其他（请注明）		

资料来源：问卷调查数据，由 B 省某区人力资源和社会保障局提供。

C 地区则反映基层社保办事处的硬件配置非常有限，有的地区没有刷卡机，因而只能保留现金征收社保费用的形式，风险很大，有些村没有电脑。在一些村落分散的地区，交通工具难以落实，这些都严重制约了社保经办机构业务办理的效率。

三、电子政务建设

各地的电子政务建设进度不一，差异较大。

A 市的一票征收系统和一卡通支付系统正在筹建中，目前已经实现了医疗领域的一卡通，参保人可到指定医院、药房直接划卡上的钱，退休人员乘车和体检免费，但不能取现。社保卡不归社保机构管理，而是由市政府下设的卡中心进行专项管理。

B 省社保经办机构还没有全部启动社保卡，启动的地区推行进度不一。目前社保卡已经实现的功能有缴费、终端上的查询、储蓄、支付等。

C 地区网上政策查询较为方便，网上申报功能尚未完善。社保卡已经在推广使用，统一汇到省里制卡，由社保局发放，还会和公安部信息进行比对。社保卡的功能包括待遇支付、储蓄、异地结算，未来的划拨，社保保险费的征缴也将通过社保卡办理。目前可以部分实现通过银行批量划转，待遇支付也是逐步在实现。社保卡目前可以在地区范围内实现异地结算，且带有金融功能。

不同地区的社保卡发放数据和持有率有比较大的差异。

3.3.2.2　业务产出水平

一、参保人数和基金收支情况

此部分数据相对敏感且统计口径并不统一，受访机构并未提供完整的数据，因此只能呈现部分相对准确的数据作为参考。

A 市某区基金征缴率超过99.9%，养老金社会化发放率达到100%。

B 省省会城市市区养老金社会化发放率达到100%。

C 地区基金征缴率100%，养老金社会化发放率达到100%。

以上数据可见，目前社保经办机构的基金征缴率和养老金社会化发放率均实现全覆盖，参保人数不断上升，而相当多基金收支数据缺失也说明在数据统计与管理方面存在一些缺陷。

二、缴费比例情况

五险的费率都是由各省或直辖市根据各自的实际情况评估设立的，一般不大变动，但会根据各地的情况做适当的调整。

总体而言，我国社会保险经办机构的运营能力经受了考验，在支撑的参保人数、基金征缴率和社保卡发放方面成果显著，但为国民提供有效服务的信息系统、办公场地等有很多需要改进之处。

第 4 章

调研数据分析及我国社会保险经办机构的现状特征

4.1 服务满意度数据分析

4.1.1 评估指标描述统计

表 4-1 评估指标描述统计

指　　　标	均值	标准差	排名
对流程设置的满意度	3.88	0.800	4
对信息公开的满意度	3.93	0.770	3
对工作人员业务能力的满意度	4.01	0.716	1
对服务设施的满意度	3.87	0.710	5
对工作人员服务态度的满意度	3.97	0.829	2
对等候时间的满意度	3.86	0.935	6
对经办机构的总体满意度	3.91	0.688	—

根据表 4-1 所示，可以看出总体上对服务机构的满意度为 3.91，分值居中，而且整体的标准差也比较小，说明被调查者的满意度差异并不是特别大。各项分指标的满意度基本处于 3.86~4.01 的区间内，差异也比较小。总体上反映出不同人群对于经办机构的满意度趋于一致。对各变量进行相关分析，得到如下相关系数表。

表 4 - 2　　　　　　　　　　　　　评估指标间相关系数

指标	等待时间	流程设置	信息公开	工作人员业务能力	工作人员服务态度	服务设施	经办机构
等待时间	1	0.61***	0.50***	0.49***	0.48***	0.46***	0.51***
流程设置		1	0.66***	0.63***	0.60***	0.53***	0.64***
信息公开			1	0.66***	0.60***	0.56***	0.65***
工作人员业务能力				1	0.70***	0.57***	0.68***
工作人员服务态度					1	0.57***	0.63***
服务设施						1	0.64***
经办机构							1

　　从表 4 - 2 可以看出所有指标与对经办机构的整体满意度之间的相关系数都是显著的，说明这几项指标可以与经办机构整体满意度建立多元回归模型。其中，除等待时间与经办机构满意度相关程度相对较小外，其他因素的相关程度都较高，这说明想要提高经办机构的服务满意度需要全方位进行能力提升。

　　同时，所有指标间的相关系数也较为显著，所有变量之间的相关程度可以说明指标间的满意度并非独立，而是相辅相成的。这与人的感性因素相关，服务对象更关注整体的而不是单个维度上的感受，可能对某一指标的不满就会带来整体满意度的全面下降。

4.1.2　多元回归建立满意度模型

　　为了分析各指标对总体满意度得分的影响，可以构建多元回归模型进行分析。

　　将总体满意度得分作为因变量，将业务办理等待时间（x_0）、服务流程（x_1）、信息公开（x_2）、服务态度（x_3）、业务能力（x_4）、服务设施（x_5）作为自变量。

　　构建方程如下：

$$y = \mu_0 x_0 + \mu_1 x_1 + \mu_2 x_2 + \mu_3 x_3 + \mu_4 x_4 + \mu_5 x_5 \qquad (1)$$

其中，x_i 为影响因素变量，μ_i 为系数变量。

运用 SPSS17.0 中的向后剔除方法对(1)式进行计量分析，结果为：每次剔除方差分析中使 F 值最小的自变量，回归模型的判定系数也在逐渐上升。最后模型的判定条件 P 值均小于 0.05，拟合度良好。

根据(1)式的多元线性回归结果，可得方程式：

$$y = 0.05x_0 + 0.166x_1 + 0.163x_2 + 0.235x_3 + 0.102x_4 + 0.245x_5 \qquad (2)$$

表 4－3 各指标影响性排名

指标	权重	P 值	影响性排名
等待时间	0.050	0.026	6
服务流程	0.166	0.000	3
信息公开	0.163	0.000	4
业务能力	0.235	0.000	2
服务态度	0.102	0.000	5
服务设施	0.245	0.000	1

由表 4－3 可以看出，被调查的服务对象对于服务设施、经办人员的业务能力、服务流程以及信息公开几个因素的敏感程度最高，对满意度的影响较大。而对服务态度和等待时间的敏感程度相对较低。进一步观察这些因素可以看出，经办人员的业务能力、服务流程以及信息公开几个因素直接影响经办的结果，对服务设施中的不满意也有相当一部分集中在窗口划分、拥挤嘈杂和缺乏政策宣传材料等与经办结果直接相关的因素，因此是否能够简洁高效地成功办理业务是服务对象较为关注的。相对而言，服务对象对等待的时间和经办人员的态度等与经办结果不是非常密切的因素容忍程度较高。

表 4－4 多元回归模型拟合效果

R^2	调整 R^2	F	P
0.617	0.615	344.155	0.000

从表 4－4 的值看来，F 值显著，方程成立。根据调整 R^2 来看，该方程拟合程度较好，可以较好地解释经办机构的满意度的影响因素。

4.2 服务需求与期望数据分析

此部分旨在通过服务对象对于社会保险需求与期望的调查结果进行分析，进而得到社保经办以及制度设计上需要进行改善的方向。

4.2.1 描述统计分析

4.2.1.1 医疗保险

根据不同群体间关于医疗保险提出的共性问题，整理出表4-5。其中，问卷中5分表示非常满意，1分表示非常不满意。

表4-5　　　　　　　　　医疗保险各群体的描述统计表

		医保报销起付线	医保报销封顶线	医保报销范围	医保报销比例	定点医院医疗设施	定点医院医务人员技术水平	定点医院药品种类	定点医院转诊便利度
公司职员	均值	2.92	3.09	3.45	3.31	3.79	2.74	3.68	3.53
	标准差	0.98	0.88	0.86	0.85	0.75	0.74	0.92	0.92
事业单位	均值	2.91	3.12	3.53	3.40	4.07	3.99	3.69	3.30
	标准差	1.02	0.91	0.81	0.81	0.65	0.58	0.81	0.99
公务员	均值	3.31	3.45	3.82	3.70	4.14	4.02	3.77	3.52
	标准差	1.02	0.77	0.65	0.88	0.59	0.59	0.67	0.75
灵活就业	均值	2.93	2.87	3.17	3.20	3.59	3.63	3.46	3.71
	标准差	0.88	0.87	0.80	1.09	0.80	0.63	0.92	0.92
城镇退休职工	均值	2.48	2.75	3.10	3.14	3.84	3.69	3.42	3.25
	标准差	1.04	1.01	0.95	1.00	0.46	0.69	0.79	0.94
高校学生	均值	3.23	3.38	3.47	3.46	3.90	3.67	3.68	3.71
	标准差	0.93	0.89	0.98	1.03	0.82	0.93	0.93	1.04
农民工	均值	3.63	3.64	3.84	3.68	3.92	3.87	3.88	4.21
	标准差	0.86	0.78	0.65	0.79	0.41	0.38	0.65	0.98

　　根据上表分析，可知总体而言，各群体的服务对象对定点医院药品种类和医疗设施普遍比较满意，尤其是事业单位和公务员群体，均达到 4 分以上。但是整体上对医疗保险起付线和封顶线满意度较低，尤其是享受医疗保险待遇的主体：城镇退休职工，满意度仅为 2.48。从不同群体的整体满意度来看，可以发现公务员、高校学生以及农民工的满意度较高，这主要是因为公务员与高校学生的医疗保险的覆盖面较广、报销比例较高，而且高校学生都有校医院，看病难度相较其他群体较低，且高校学生群体生病的概率小于其他群体。值得注意的是农民工群体，他们对各个指标的满意度都处于较高的水平，而且标准差也较小，说明群体间的差异也较小，这主要是因为农民工群体被纳入到社会保险体系的时间不长，与之前医疗保险费用都由个人承担相比，保障水平有明显的提高，超出心理预期。而城镇退休职工、灵活就业人员以及公司职员对于医疗保险整体的满意度相对较低，他们的不满意主要与医疗保险的待遇保障水平以及转诊的便利程度等相关。

4.2.2.2　工伤保险

表 4 - 6　　　　　　　　　　工伤保险各群体的描述统计表

		工伤保险认定核准等办理过程简便	工伤待遇能足额发放	劳动能力鉴定情况能符合实际	能方便查询到相关政策信息
公司职工	均值	3.69	4.25	3.19	3.23
	标准差	0.92	0.90	0.88	0.89
事业单位	均值	3.67	3.33	4.42	3.50
	标准差	0.85	1.03	0.49	0.65
农民工	均值	3.84	3.80	3.67	4.36
	标准差	0.82	0.65	0.60	0.66

　　根据表 4 - 6 可以看出，涉及工伤保险的三个群体中：公司职工对于工伤待遇能够足额发放比较满意，而对劳动能力鉴定满意度较低，事业单位认为劳动能力鉴定情况能符合实际，但是工伤待遇能否足额发放在事业单位群体里的评价存在较大的分歧，这与事业单位较少出现工伤问题有关，被访者的回答多是出于猜测。农民工群体认为能方便查询到工伤保险相关政策信息，但是劳动能力鉴定方面不太符合实际。两个涉及工伤相对较多的群体都

对劳动能力鉴定诟病较多，说明工伤保险在对劳动能力的鉴定方面的标准需要更为明确具体且更加贴合实际。

4.2.2 群体差异分析

不同的群体对于社会保险需求的重点不同，其中差异最大的是所有群体均涉及和关注的医疗保险。

表4-7 　　　　　　　　　医疗保险群体间方差分析表

		SS	df	MS	F	Sig.
医疗设施	组间	358.001	6	59.667	18.219	0.000
	组内	2665.763	814	3.275		
	汇总	3023.764	820			
医务人员技术水平	组间	362.280	6	60.380	19.275	0.000
	组内	2546.715	813	3.132		
	汇总	2908.995	819			
药品种类	组间	327.452	6	54.575	17.695	0.000
	组内	2501.350	811	3.084		
	汇总	2828.802	817			
转诊便利度	组间	298.098	6	49.683	14.953	0.000
	组内	2648.144	797	3.323		
	汇总	2946.243	803			
使用医保卡进行支付结算方便程度	组间	725.234	6	120.872	32.448	0.000
	组内	3009.875	808	3.725		
	汇总	3735.109	814			
医保报销范围	组间	285.125	6	47.521	17.762	0.000
	组内	2175.113	813	2.675		
	汇总	2460.238	819			
医保报销比例	组间	258.847	6	43.141	16.162	0.000
	组内	2167.433	812	2.669		
	汇总	2426.281	818			

续表

		SS	df	MS	F	Sig.
医保报销起付线	组间	209.748	6	34.958	14.808	0.000
	组内	1907.462	808	2.361		
	汇总	2117.210	814			
医保报销封顶线	组间	211.865	6	35.311	13.533	0.000
	组内	2089.971	801	2.609		
	汇总	2301.837	807			
个人账户信息查询方便程度	组间	158.852	5	31.770	12.961	0.000
	组内	1880.020	767	2.451		
	汇总	2038.872	772			
基本医保政策的宣传工作	组间	56.103	5	11.221	6.624	0.000
	组内	1299.320	767	1.694		
	汇总	1355.423	772			

根据表 4 - 7 可知，医疗设施、医务人员技术水平、药品种类、转诊便利度、使用医保卡进行支付结算方便程度、医保报销比例、医保报销起付线、医保报销封顶线、个人账户信息查询方便程度以及基本医保政策的宣传工作均存在群体间的显著差异。接下来对各个群体进行两两比较，以期发现具体的差异群体。

从表 4 - 8 分析可以看出，医疗保险涉及的几乎所有指标，公司职工与其他群体都有显著差异，结合医疗保险的描述统计分析表可知，公司职工对医疗保险的各个指标的满意度均较低。灵活就业人员主要与高校学生和公司职工群体存在显著差异。事业单位职工主要在医保报销范围、起付线、封顶线、比例的满意度方面与高校学生有显著差异。公务员群体与其他群体的差异较小，基本都不显著。高校学生在许多指标上与其他群体也存在显著差异。农民工群体主要在医疗设施、医务人员技术水平以及医保结算简便程度上的满意度均显著高于城镇退休职工，而在医保报销范围与医保结算简便程度的满意度方面显著高于高校学生。这些差异说明医疗保险的群体制度差异较为明显，不同群体的需求差异较大。

养老保险与工伤保险等的群体差异不显著，这说明国民在面对年老和工伤的社会风险而产生的需求是共性的，与职业和身份特征无关。

表4-8　医疗保险群体差异两两比较表

		公司职员	农民工	事业单位职工	公务员	高校学生	灵活就业人员	城镇退休职工
医疗设施	公司职员	—						
	农民工	0.000***	—					
	事业单位职工	0.000***	0.903	—				
	公务员	0.000***	0.987	1.000	—			
	高校学生	0.000***	1.000	0.836	0.977	—		
	灵活就业人员	0.000***	0.985	0.084	0.297	0.983	—	
	城镇退休职工	0.001**	0.000***	0.084	0.382	0.000***	0.000***	—
医务人员技术水平	公司职员	—						
	农民工	0.000***	—					
	事业单位职工	0.000***	0.906	—				
	公务员	0.000***	0.993	1.000	—			
	高校学生	0.000***	1.000	0.462	0.872	—		
	灵活就业人员	0.000***	0.977	0.070	0.304	0.999	—	
	城镇退休职工	0.000***	0.001**	0.163	0.468	0.000***	0.000***	—

续表

		公司职员	农民工	事业单位职工	公务员	高校学生	灵活就业人员	城镇退休职工
药品种类	公司职员	—						
	农民工	0.000***	—					
	事业单位职工	0.000***	1.000	—				
	公务员	0.000***	1.000	1.000	—			
	高校学生	0.000***	1.000	0.997	1.000	—		
	灵活就业人员	0.000***	0.826	0.286	0.551	0.975	—	
	城镇退休职工	0.000***	0.078	0.310	0.708	0.005**	0.000***	—
转诊便利度	公司职员	—						
	农民工	0.000***	—					
	事业单位职工	0.000***	0.704	—				
	公务员	0.000***	1.000	1.000	—			
	高校学生	0.000***	0.976	1.000	1.000	—		
	灵活就业人员	0.000***	0.440	1.000	0.977	0.999	—	
	城镇退休职工	0.000***	1.000	0.153	0.997	0.604	0.097	—

续表

		公司职员	农民工	事业单位职工	公务员	高校学生	灵活就业人员	城镇退休职工
使用医保卡进行支付结算方便程度	公司职员	—						
	农民工	0.000***	—					
	事业单位职工	0.000***	0.942	—				
	公务员	0.000***	0.928	1.000	—			
	高校学生	0.000***	0.045*	0.000***	0.001	—		
	灵活就业人员	0.000***	1.000	0.469	0.504	0.737	—	
	城镇退休职工	0.000***	0.002**	0.231	0.882	0.000***	0.000***	—
医保报销范围	公司职员	—						
	农民工	0.000***	—					
	事业单位职工	0.000***	1.000	—				
	公务员	0.000***	0.998	1.000	—			
	高校学生	0.035*	0.000***	0.001**	0.178	—		
	灵活就业人员	0.000***	0.799	0.173	0.148	0.000***	—	
	城镇退休职工	0.000***	0.511	0.939	1.000	0.086	0.001**	—

续表

		公司职员	农民工	事业单位职工	公务员	高校学生	灵活就业人员	城镇退休职工
医保报销比例	公司职员	—						
	农民工	0.000***	—					
	事业单位职工	0.000***	1.000	—				
	公务员	0.000***	1.000	1.000	—			
	高校学生	0.309	0.000***	0.000***	0.073	—		
	灵活就业人员	0.000***	0.751	0.623	0.468	0.000***	—	
	城镇退休职工	0.000***	0.320	0.197	0.983	0.434	0.001**	—
医保报销起付线	公司职员	—						
	农民工	0.000***	—					
	事业单位职工	0.000***	1.000	—				
	公务员	0.001**	1.000	1.000	—			
	高校学生	0.998	0.004**	0.000***	0.014*	—		
	灵活就业人员	0.000***	0.307	0.691	0.647	0.000***	—	
	城镇退休职工	0.000***	1.000	0.995	1.000	0.000***	0.048*	—

续表

		公司职员	农民工	事业单位职工	公务员	高校学生	灵活就业人员	城镇退休职工
医保报销封顶线	公司职员	—						
	农民工	0.000***	—					
	事业单位职工	0.000***	1.000	—				
	公务员	0.000***	1.000	1.000	—			
	高校学生	0.000***	0.709	0.027*	0.928	—		
	灵活就业人员	0.000***	0.095	0.520	0.166	0.000***	—	
	城镇退休职工	0.000***	1.000	1.000	1.000	0.142	0.135	—

注：*** 表示 p 值小于 0.001；** 表示 p 值小于 0.01；* 表示 p 值小于 0.05。

4.2.3　已获得的数据给社会保险经办机构评估的启示

社会保险经办服务对象的满意度与流程设置、信息公开、工作人员的业务能力、工作人员的态度、服务设施、等候时间均直接相关，等候时间可以纳入流程设置维度之中，根据计算的各指标影响性权重与排名，将原来各维度比例一致的模型进行调整，进一步形成更精准的服务对象满意度评估模型（见表4-9），作为对社会保险经办机构评价指标和绩效改进的着力点。

表4-9　　　　　　　　　　调整后的满意度评估模型

指标	权重
服务流程	25%
信息公开	15%
工作人员业务能力	25%
工作人员服务态度	10%
服务设施	25%

尽管一次调研的数据并不能作为评价的标准，但在调研中反映出来的一些数据可以作为未来评估的参考值，包括：

1. 单笔业务办结时间不超过5分钟；
2. 单笔业务所需签字数量不超过2个；
3. 单笔业务在1个窗口或办公地点办结；
4. 业务咨询电话接通率达到90%。

4.3　我国社会保险经办机构的现状

将我国社会保险经办机构的基本情况与调研结果相综合，可以大致看出20年来我国社会保险服务管理上的成就与不足，并可以从内部运营的角度管窥其背后的驱动因素。

4.3.1　我国社会保险经办机构取得的成绩

20 年来，在我国社会保险改革不断发展深化和有效推进的进程中，社会保险经办机构功不可没。通过社保经办机构的服务管理，支撑和保障了社会保险制度系统的顺畅运行，很大程度上满足了服务对象在社会保险上的需求，在国民遇到相关社会风险时给予了及时和到位的保障。

一、推动了社会保险制度全覆盖，扩面效果良好

通过社会保险经办机构的切实努力，目前养老保险和医疗保险在制度上已经覆盖到全体国民，确保公民在遇到年老和疾病状况时能够得到及时的经济补偿以应对社会风险。其他险种在制度上也基本覆盖了存在相应风险的人群。

在制度覆盖的基础之上，各地区的社会保障管理经办机构都在着力进行社会保险扩面工作。各险种的参保人数逐年增加，养老金社会发放率在受访各地均达到 100%，基金征缴率超过了 99.9%。

在人均负荷比不断加大的压力下，社会保险经办机构在扩面工作上仍然可圈可点，将越来越多的国民纳入到社会保障安全网之下。

二、保证社会保险待遇和及时足额给付

社会保险对于国民的真正意义在于遇到困难时切实的物质援助，而社保经办机构深刻地认识到人们的这个核心需求并以社保待遇的及时足额发放作为最重要的服务目标。

这项工作的成果在服务对象满意度调研中展现得淋漓尽致，78.41% 的受访者认为社会保险待遇总是及时给付从不延期，真正经历过待遇延期超过一个月的受访者仅占 0.68%。

社会保险经办机构的这项成绩有效缓解了国民遇到社会风险时的经济困难，同时也在心理上给予国民更强的信心和安全感。

三、彰显社会公平正义

我国的社会保险制度从企业职工逐步扩展到全体国民，在经办机构的流程设计中，城乡、地区、身份角色的差异逐步缩小，充分反映了平等公正的价值观。

东中西部的受访机构均表示实现了养老保险的省内统筹和省内的异地医疗，并开始小范围地在全国进行异地就医的尝试。

这种努力反映在服务对象对此的满意度上。在受访的参保者中，不同职业身份的参保者认为医疗定点医院转诊不便利的均低于 20%。从社保经办服务整体满意度来看，不同户籍人群的差异不大，本地农村户籍参保者的满意度相对最高，这些均表明了目前的城乡均等化和异地转移工作的推动已初见成效，社会的公平性正在逐步得以体现。

四、服务水平逐步提升

在本次调研之前，无论出于媒体的报道还是人们的想象，均认为服务对象对于社会保险经办服务本身的满意度应该非常低，但这次针对服务对象满意度调研的结果显示，在经办大厅内具体服务的层面，国民的总体满意度达到 3.93 分（5 分制），高于"一般"而接近"比较满意"的标准。

在调研涉及的 10 个城市受访者中，表示能够在 5 分钟之内办结业务的达到 48.68%，超过 85% 的业务能够在 20 分钟内办结；35.98% 的业务只需要参保人签字一次即可办结，62.25% 的业务需要的签字数量不超过两个；69.48% 的受访者认为待遇发放上经办机构能够按规程操作，领取非常简便。

不同职业群体的人员对医疗保险的药品种类、医疗设施等普遍比较满意，尤其是事业单位和公务员群体均达到 4 分以上。

受访者中认为在社保经办大厅、通过网站及电话咨询经办结果非常准确的均超过了 70%，58.29% 的受访者表示不但查询结果准确，而且经办机构能够一次性告知全部信息，这与经办机构反馈的信息相一致。77.5% 的受访者表示争议处理渠道比较畅通。

调研的部分地区甚至会考虑到某些参保对象的个性化需求并在制度上加以区别对待。

4.3.2　我国社会保险经办机构所取得成绩的内部驱动因素

社保经办机构是社会保险制度体系的执行部门，是达成目标的基本保障。

我国的社会保险经办机构满足服务对象需求的水平提升，与各级经办机构的组织与流程建设持续优化、能力不断提高有着密切的关系。我国社会保险经办机构的内在驱动力表现在几个方面。

一、服务导向理念的形成，是社会保险经办机构所取得成绩的根本驱动力

理念决定了制度和流程的走向。我国社会保险经办机构已普遍建立了以服务对象为核心的理念，致力于研究和践行如何提升服务对象的业务办理便利感和满意度。

这种理念不仅体现在宣传口径上，也落实在具体的行动中。在所调研的50 家经办机构大厅中，有90% 提供了面向参保者的宣传资料，很多办理流程规范可以从中得到清晰的指引。受访的社会保险经办机构均在积极推行"一次性告知"、大厅引导员、网站和电话咨询服务等制度，得到了参保者的认可。

二、组织结构有效支撑了统筹管理、服务下沉的基本原则

统筹管理、服务下沉是保障国民能够公平和最大限度地接受良好的社会保险经办服务的基本原则。

当前的各级社会保险经办机构克服了人员编制与经费的各种限制和困难，不断将服务功能下沉到最基层的国民中间。受访的东中西部社保经办机构都已将服务触角延伸到了城镇的社区街道和农村的乡镇，这些基层的经办机构对于社会保险的宣传、扩面、资格初审和手续办理、信息及时反馈、现场服务等起到了重要的作用，基本初步实现了社会保险经办基本服务职能下沉。不断扩大的基层劳动保障服务机构基本实现了国民社会保障服务的均等化和便利化。

三、规范化管理的业务管理模式保障了服务能力的增强

标准化和规范化的流程管理有助于提高效率。受访的经办机构都实现了基金征缴端的整合、各险待遇核发分开、征支两条线的业务模式。在基金筹集和待遇发放的管理上初步做到标准化，同时在信息系统的权限分配和使用上均偏于严谨、保守、规范，减少了运营中的管理风险，在提升效率的同时也减少了后续的问题。

四、信息化建设使提供海量服务成为可能

只有信息化的发展，利用计算机的处理速度才能够应对十几亿基数的海量服务需求。

随着"金保工程"的推进，受访的社会保险经办机构均已建立省级的数据中心，各级经办机构都已使用信息系统进行业务经办工作，能够实现社会保险体系省内数据查询和共享，各地社保卡已初步实现待遇支付、储蓄、查询等功能，为经办业务的便捷、高效创造了条件。在针对服务对象的调研中，公司职员、城镇退休职工、高校学生及农民工群体认为医保卡支付结算的方便程度"非常合理"和"比较合理"的比例分别达到95%、81%、84.32%和96.67%。

五、内部管理水平的不断提高是提升工作人员能力与态度的机制保证

在针对服务对象的调研中，受访者对于工作人员业务能力和服务态度的满意度分别达到4.01和3.97，达到"基本满意"的程度。这个成绩与组织内部管理的关系最大。从受访机构提供的材料可以看出，各级社保经办机构的垂直条线职责清晰，管理关系明确，合作顺畅，上级单位负责为下级单位设定工作目标、派发任务、工作指导并进行跟踪考核，确保上下步骤一致地实现目标。

受访的社会保险经办机构在人员培训、绩效管理、人员选拔与配置上的关注程度均较以往有所提高，各级经办机构均不断强化工作人员的工作能力和责任意识，内部管理的成效初步显现。

4.3.3　我国社会保险经办服务中存在的问题

尽管我国社会保险经办服务取得了长足的进展，但仍然存在着很多需要改进之处，满足服务对象需求的能力尚有待提高。

一、制度中存在着诸多无法满足国民需求的设计

尽管本研究主要着力于服务体系的改善，但调研中收集到最多的意见仍然集中在制度层面，通过数据的相关性分析也可以得出结论：抛开制度因素单纯提升服务水平是很难满足服务对象需求的。社会保险制度设计是为国民提供的社会保险"产品"，产品和服务永远互相依存，相辅相成。

各类群体普遍认为社会保险的缴纳比例过高，希望能够降低社会保险费用的缴纳比例。这个普遍的期望并不完全是缴纳费用和比例的问题，而且与国民对于社会保险体系的信任程度相关，很多人计算"投入产出比"从而得出"社会保险不划算"的结论，这是该不满产生的原因。

关于医疗保险，从表4-10可以看出，受访者普遍希望能够调整医疗保险起付线和封顶线，并可以实现全国范围内的异地报销。不同群体对于医疗保险需求的差异显著，表明不同群体之间的制度设计存在差异并且并不公平。

表 4-10　　不同群体对起付线、封顶线、报销范围不满意的比例比较

群体	起付线过高 (%)	封顶线过低 (%)	报销范围不合理 (%)	报销比例不合理 (%)
公司职员	29.16	20.63	11.90	15.07
事业单位职工	37.21	19.76	6.98	10.46
公务员	22.73	11.36	2.27	6.82
灵活就业人员	36.59	31.71	14.64	29.27
城镇退休职工	52.89	36.54	21.15	25.00
高校学生	20.00	9.33	11.92	12.59
农民工	12.31	10.77	4.62	7.70
普通农民	23.48	17.56	15.26	16.28

资料来源：调研结果。

从表 4-11 可以看出，在社会保险主体之一的公司职员中，有高达 66.68% 的受访者认为异地看病报销不方便。

表 4-11　　不同群体对异地看病报销便利程度的看法

群体	认为异地看病报销不方便的比例（%）
公司职员	66.68
事业单位职工	33.30
城镇退休职工	33.30
农民工	16.70

资料来源：调研结果。

对养老保险的诟病主要集中在账目不透明、政策变化大造成对未来的不确定性和隐忧。同时，很多老年人提出，在当前"空巢"现象越发严重的形势下，除养老金之外，居家的医疗护理和服务成为更为迫切的需求。

工伤保险、生育保险、失业保险的缴费金额较低，出现此方面风险的概率远低于养老保险和医疗保险，参保者对此敏感度不高，但也提出了手续繁杂、报销比例低等问题，特别是服务对象对于失业保险的保障作用普遍认可度不高。

当然，资源是稀缺的而人的需求不断提高，服务对象提出的各种问题并不意味着都需要立刻改变，但了解其需求与期望才能够深入分析，为决策提供依据。

二、社会保险体系并未在公平与个性化之间寻找到平衡点

尽管城乡和地域之间的社会保险制度和服务流程的差异在缩小，社会保险服务均等化水平正在提高，然而，城乡之间、不同身份之间仍然存在着服务不均等的状况，而其中更需要关注的是，"编制"这个藩篱一直存在于职业角色的社会保险服务中间。编制是一种行政资源，其身份与阶层象征的形象和利益分配的影响作用长期以来并没有根本变化。目前事业单位养老保险改革已成定局，绝大多数事业单位开始缴纳社会保险，但仍然实施的是备受争议的"双轨制"。编制内外的差异是公平性的巨大障碍。

与之相对应的是，很多应该体现差别的制度却缺乏对不同群体需求的分析，反而用统一的制度进行服务。例如一些特殊行业（如矿山）的农民工对于工伤保险的需求较高，而很多人在家乡参加了新农保，同时也鲜有生育保险的需求，强制性"五险合一"的缴纳方式反而使他们的满意度降低。

三、部分业务流程相对复杂，标准不统一

29.9%的灵活就业人员、24.3%的公司职员、12.5%的事业单位职工和10.35%的城镇退休职工认为自己对经办机构不满意的原因主要是办事程序不简便快捷。

在10个城市50家社保经办机构的调研中，发现城市之间的服务流程、服务水平均存在较大差异。

土地承包经营权流转农民的养老保险、新型农村养老保险、城乡居民医疗保险以及职工养老保险在业务办理过程中等待时间较长。

在办理土地承包经营权流转农民养老保险的受访人中，不能够在一个大厅内将业务办理完毕和认为审核程序复杂等待时间长的分别占40%和80%。同时，办理城乡居民养老保险、新型农村养老保险和生育保险的受访人中分别有14.9%、12.21%和10.74%表示审核程序复杂、等待时间长，7.69%的被征地农民表示待遇发放的渠道不方便。

这些流程上的问题给服务对象业务办理增加了难度，影响了服务感受。

同时，需要多个部门协同办理的业务受流程的影响则更加严重，部分业务跨部门流程不清晰，无"一站式办理"的牵头责任部门。

新农合和城镇居民保险业务在某些地区出现交叉，导致参保人认识模糊以及重复参保等问题出现，造成资源的浪费。

涉及多部门协作的事务，如民政部门为居民办理低保时需要查询社会保

险缴纳情况，或办理社保待遇领取时需要公安局相关数据，缺乏明确的流程，经常依靠非常规的数据索取方式或服务对象自己在多部门间协调处理。有些信息滞后或失真，需依赖社区、街道和乡镇的基层社会保险经办人员收集或向其他部门发函获得，而其他部门需收集特定人员的社会保险信息时同样存在困难或迟滞，存在内控风险。这些都降低了服务对象的满意度，同时也给工作造成不便甚至风险。

四、社会保险政策的透明化和宣传力度不够

尽管当前社会保险经办机构对于服务对象的询问能够给予较为及时准确的回复，但主要是被动的方式，主动对社会保险政策制度流程的宣传非常欠缺。73.55%的城镇退休职工和68.04%的灵活就业人员、58.82%的公司职员和51.43%的公务员及事业单位职工均表示对社会保险政策不了解，他们认为社会保险政策不确定、不清晰。相当多的参保者担心年老时领不到养老金，加之延迟退休年龄和养老并轨的改革在不同利益群体的反对声中尘埃落定，使得调研中对于社会保险政策的各种"阴谋论"猜测也较多，整体上反映出国民对于社会保险体系缺乏信任。

五、服务水平亟须提高

部分服务配套设施不健全，各经办机构窗口数量、办公场所的标准均不统一，窗口划分不合理、交通不便、等待的座位少、拥挤嘈杂、不提供饮用水和宣传材料等都是造成受访服务对象对经办机构不满意的原因。个别地区仍然存在工作人员态度和能力影响服务质量的情况。

4.3.4　我国社会保险经办机构服务满意度不足的内部驱动因素

一、业务与管理非标准化

各地社保经办机构在管理和业务流程上缺乏标准化，名称、标识、服务设施、组织结构设置差异非常大，人员能力和态度迥然不同，致使提供的服务质量与水平参差不齐，相当多地区业务程序繁琐，服务对象满意度低。

二、人员编制紧张，工作压力大

社会保险经办机构人员紧张，工作负荷比高，难以达到日益提高的工作量和工作质量的要求。为了满足不断增长的业务需求，在基层经办机构大量聘用"编制外"人员，这些人员通常是通过政府的"公益性岗位"解决的，这种岗位的工资、待遇相对较低，人员不稳定，而另一方面，经办人员队伍的编制更加难以控制。

三、跨部门合作协调关系不顺畅

人力资源和社会保障、民政、公安、交通、税务等相关部门信息系统口径不一，且因"数据安全性"和"数据管理难度"等问题，造成数据隔离，严重影响服务对象的满意度、工作效率甚至造成管理风险。

四、内部信息系统推进速度较慢

信息网络尚未完全联通，基层信息化建设较为薄弱，西部地区有些街道和村未配备电脑和其他相应设备。

各地区信息化推进进度不一，社保卡的相当多功能尚未实现。

业务授权思路偏于保守，工作人员信息使用时比较被动，相当多业务未能下沉到基层，很多基层机构只承担了宣传和基本资料收集的工作。

第二部分　从哪里来

第 5 章

我国社会保险经办机构的发展历程及研究综述

5.1 我国社会保险经办机构发展历程回顾

我国的社保经办机构可以追溯到明清时期的备荒机构和由政府设立的面向鳏寡孤独群体的"养济院"、"育婴堂"等。民国时期是社会保障制度化与非制度化的分水岭。在北洋政府时期，实行的是中央、省、县三级社会保障管理体制，主要的经办机构是内务局，这一时期的社会保障还主要集中于救济和慈善事项。到了南京国民政府时期，《劳工局组织法》出台，规定了在劳工局设置行政处，行使劳动保险职责，这是我国首次将劳动保险列为政府职责，由国民政府的实业部劳工司掌管劳动保险、工人失业及伤害救济、调解劳资纠纷等事务[①]。

我国的社会保险经办机构作为现代意义上国家社会保险制度的具体落地和执行机构，是在新中国成立之后伴随着现代社会保险制度而出现的。我国的社会保险经办管理体制的沿革可以从 20 世纪的 50 年代初期开始计算，至今已超过 60 年。随着我国社会保险事业的不断发展，社会保险经办机构的职能越来越清晰，影响和贡献也越来越大。应该说，我国社会保险经办机构发展的几个进程，与我国社会保险制度发展的节奏是相适应和匹配的。我国社会保险经办机构的发展，从 1951 年《中华人民共和国劳动保险条例》出台后雏形出现，直至今天，大致经历了六个阶段。

第一个阶段是 1951 到 1968 年的经办业务初创阶段。1949 年新中国成

---

① 钱振伟. 覆盖城乡居民社会保障管理体制研究［D］. 西南财经大学博士论文，2010.

立后，在政务院设立了劳动部和内务部，负责社会保障的管理工作，这为我国社会保险的统一经办管理奠定了基础。1951年，政务院颁布实施了《中华人民共和国劳动保险条例》（简称《劳动保险条例》），面向企业的社会保险业务由此开始展开。随后，政务院先后出台了有关规定，明确了当时的企业职工及其供养的直系亲属的社会保险待遇管理由劳动部和中华全国总工会负责，农村社会保障制度的组织实施由高级农业生产合作社承担①，而国家机关工作人员的社会保险事务由民政部统一归口管理。此时的经办管理不断着眼于覆盖面的扩大，并开始普遍建立了企业保险机构。随着当时我国社会保险制度的逐渐改进和不断完善，在企业劳动保险的范畴内，形成了以劳动部为我国企业社会保险的最高监督机构、中华全国总工会是我国企业社会保险的最高领导机关、企业各级基层工会为企业的具体劳动保险管理和经办机构的管理模式。社会保险资金存放于中国人民银行。这个阶段可以称为我国社会保险经办机构的初创阶段，也是计划经济条件之下的工会管理阶段。

第二个阶段是1969到1977年的经办业务停滞阶段。在我国社会保险的发展历史上，1966年至1976年的10年文化大革命期间，整个社会保险工作趋于停滞。1969年2月，财政部在一项名为《关于国营企业财务工作中几项制度的改革意见》的文件中规定国营企业的劳动保险金一律停办，相关支出都在营业外开支②，这意味着我国社会保险统筹工作的停止，所有的相关事项都转为企业自行办理，成为了某种意义上的"企业保险"。民政部这一专职机构在1969年被撤销，其职能被分散到多个机构，如国务院政工组、卫生部、财政部以及公安部。以前由民政部归口管理的国家工作人员社会保险与福利的工作也同样被移交到多个部门分别管理。

该阶段的社会保险发展停滞，社会保险各级管理机构被撤销，成为由企业自行管理与经办的企业自管阶段。

第三个阶段是1978到1981年的经办业务与机构重建阶段。在结束了10年内乱后，社会保险制度逐步恢复，1978年我国重新设立民政部，使劳动保障的主管部门得以恢复，同年颁布并实施《国务院关于工人退休、退职的暂行办法》，对工人的退休条件、待遇支付标准等做了详细规定，这标志着社会保险制度进入重新发展的阶段，社会保险经办机构的再度出现成为现

---

① 阮凤英. 社会保障通论［M］. 山东：山东大学出版社，2004.
② 岳宗福. 新中国60年社会保障行政管理体制的变迁［J］. 安徽史学，2009（9）.

实的要求。1979 年 7 月，国家劳动总局设置了保险福利司，各地也相应在劳动部门设立保险福利处。[①] 1980 年，以民政部的政府机关人事局和国务院军转干安置工作小组办公室为基础成立国家人事局，同时民政部也有三个司局负责与社会保障相关的事务。除了中央层面的机构恢复，地方层面也在此阶段着手进行探索，1979 年，深圳市政府成立深圳市公费医疗办公室，负责管理全市的公费医疗事务，并对企业的劳保医疗工作进行业务指导，这就是深圳市医疗保险机构的前身。该机构当时由市卫生局和市财政局双重领导，办公室设在卫生局。在 1978 至 1981 年间，尽管社会保险的具体管理经办仍然以企业自管为主体，但社会保险事务中央主管部门的重建和地方经办部门的零散出现，标志着社会保险经办管理体系初步具备了基础。

　　第四个阶段从 1982 年至 1991 年，这 10 年是我国社会保险经办机构摸索前进的阶段。1982 年 5 月，根据第五届全国人大常委会第 22 次会议决议，国家劳动总局、国家人事局、国家编委以及国务院科技干部局合并，正式成立劳动人事部[②]，明确规定了社会保险工作的管理归口属于劳动人事部，归口后的劳动人事部设立保险福利司，专门负责此项工作。随着 1984 年部分地区企业职工养老保险社会统筹改革试点工作的开展，我国的社会保险改革拉开了序幕，这也在某种程度上促成了真正现代意义的社会保险经办机构的出现与发展。1986 年，国务院陆续审议通过了《国营企业劳动合同制暂行规定》、《国营企业招用工人暂行规定》、《国营企业辞退违纪职工暂行规定》、《国营企业行业保险暂行规定》，要求各省市政府根据相关文件通知的精神，加强劳动人事部门的组织建设，建立社会保险经办的专门机构[③]。在地方层面，社会保险经办机构建设继续进行不断的探索，1982 年 1 月，深圳市劳动局成立了合同制职工保险科，这是深圳市养老保险机构的前身。1983 年，深圳市在劳动局合同制职工保险科的基础上，成立了一家副处级单位——深圳市劳动局社会劳动保险公司，1988 年 2 月该公司更名为深圳市社会劳动保险公司，并升格为正处级单位，实行事业单位企业化管理，其职责是统一管理全市企业职工养老保险业务。1990 年，深圳市社会

①　岳宗福. 新中国 60 年社会保障行政管理体制的变迁 [J]. 安徽史学，2009 (9).
②　岳宗福. 新中国 60 年社会保障行政管理体制的变迁 [J]. 安徽史学，2009 (9).
③　王明海. 适应新形势需要不断强化对社会保险关系的认识 [J]. 劳动保障世界，2003 (1).

劳动保险公司进一步增设工伤保险业务。1991 年，该公司被撤销，成立社会保险局，同时撤销公费医疗办公室，成立医疗保险局。在 1986 年和 1987 年两年间，各省、市（地）、县（区）的三级社会保险经办机构在本级的劳动人事部门之下纷纷设立，主要负责政策的执行、事务的承办、服务与基金的管理等职能，这标志着我国现代社会保险经办机构开始出现。

在这一阶段，社会保险经办机构的职能做了进一步的调整：原劳动部负责企业职工的社会保险工作，原国家人事部负责机关事业单位工作人员的社会保险工作，原民政部负责农村社会保险工作，原卫生部负责公费医疗管理工作，国务院医疗保险制度改革领导小组负责医疗保险改革。总体上，社会保险相关经办机构转变为由五部委监管、"××社会劳动保险公司"具体经办，社会统筹和企业自管相结合的多部门管理运营模式。

第五个阶段是 1991 到 1997 年的体系初成阶段。该阶段，养老保险统筹改革在全国广泛铺开。1991 年，国务院颁布的《关于企业职工养老保险制度改革的决定》对于社会保险经办机构的性质、职能和经费来源进行了初步的明确："劳动部门所属的社会保险管理机构，是非营利性的事业单位，经办基本养老保险和企业补充保险的具体业务，并受养老保险基金委员会的委托，管理养老保险基金"，"社会保险管理机构可以从养老保险基金中提取一定的管理服务费用，管理费用主要用于支付必要的行政和业务经费"① 等。

1993 年 11 月 14 日通过的《中共中央关于建立社会主义市场经济体制若干问题的决定》第 28 条明确规定要建立统一的社会保险管理机构，强调行政管理与基金的经营分开，并规定"社会保险基金经办机构，在保证基金正常支付和安全性、流动性的前提下，可依法把社会保险基金主要用于购买国家债券，确保社会保险基金的保值增值。"②

1993 年，第八届全国人大第一次会议批准了国务院机构的改革方案，随后明确了企业职工的养老保险、医疗保险、失业保险和工伤保险由劳动部进行管理，机关和事业单位人员的保险福利由人事部进行管理，公费医疗相关事宜由卫生部进行管理，农村社会保险以及社会救济和社会优抚由民政部

---

① 徐延君. 社会保险法"给力"社保经办 [J]. 中国社会保障，2010（12）.
② 牛根颖. 30 年来我国劳动就业、收入分配和社会保障体制与格局的重大变化 [J]. 经济研究参考，2008（9）.

负责管理①。

1994 年，《中华人民共和国劳动法》颁布，首次通过立法的形式明确社会保险经办机构对社会保险基金进行管理的定位和职能，该法规定："社会保险基金经办机构按照法律规定收支、管理和运营社会保险基金，并负有使基金保值增值的责任。社会保险基金经办机构和社会保险基金监督机构的设立和职能由法律规定。"② 以此为标志，我国与政治经济环境相适应的劳动和社会保障管理体制初步建立了。

1994 年，社会保险事业管理局成立，隶属于劳动部，负责对各地的社会保险经办管理工作进行指导。1997 年，《社会保险业务管理程序》由劳动部印发颁布，成为第一个社会保险经办机构的操作规程，随后基本医疗保险、基本养老保险、工伤保险等经办操作规程又陆续颁布。在这个阶段，尽管相当多的社会保险经办管理服务职能仍然由企业承担，但社会保险经办机构的管理体制已经逐步正规化与法制化。

第六个阶段是从 1998 年至今，与我国社会保险事业快速发展相一致，社会保险经办机构也进入了归口管理的快速发展阶段。

1998 年，随着国务院大部制改革的推行，原劳动部基础上组建的劳动和社会保障部将社会保险经办服务统一归口管理，理顺了我国社会保险的管理体制，为建立统一的社会保险制度和经办管理体系奠定了基础，这一阶段结束了多部门管理的状况。1998 年《国务院关于实行企业职工基本养老保险省级统筹和行业统筹移交地方管理有关问题的通知》中明确提出：对社会保险经办机构实行省级垂直管理③。1999 年起，国务院颁布的《失业保险条例》、《社会保险费征缴暂行条例》、《工伤保险条例》等法规也规定了社会保险经办机构的一些职责，养老保险金开始通过各类商业银行的服务网点进行社会化发放。同一年规定，为了避免社会保险基金被挤占和挪用，各级社会保险经办机构的费用不再从社保基金中提取列支，而改由本级财政预算进行拨付。2000 年，社会保险事业管理中心正式成立，成为社会保险经办机构的统一归口管理的中央级机构。至此，我国中央、省、市（地区）、县（区）四级的社会保险经办机构的组织结构框架基本形成。

---

① 岳宗福. 新中国 60 年社会保障行政管理体制的变迁 [J]. 安徽史学, 2009 (9).
② 中华人民共和国劳动法 [M]. 北京：中国法制出版社, 2014.
③ 岳宗福. 新中国 60 年社会保障行政管理体制的变迁 [J]. 安徽史学, 2009 (9).

此后，随着各项社会保险制度的发展，以及服务型政府理念的不断深入，五项保险的经办工作全面铺开，我国的社会保险经办机构的职能也在不断转变和优化，从单纯的管理向管理与服务并重转变，工作覆盖面也不断扩大，支撑的基层平台越来越广泛。2010年10月颁布的《中华人民共和国社会保险法》中有36处提及了社会保险经办，其中还有专门的章节对社会保险经办业务作了明确规定，社会保险经办工作基本实现了有法可依。

在这个阶段，社会保险经办机构开始实现快速发展、归口管理，但是依然存在"人力资源和社会保障部主管社会保险，卫生部主管农村新型合作医疗（部分地区转交给人力资源和社会保障部）"的特殊局面，应该说，社会保险经办机构还不能称为完全意义上的归口管理。

总体来说，我国社会保险经办机构的发展历史与我国社会保险体系以及经济政治发展的历程密切相关，"唯一不变的就是变化"，为了与未来的社会保险战略相匹配，社会保险经办机构还需要在相当长的时间内经历更为彻底的变革。

5.2　我国社会保险经办机构的研究综述

我国的很多专家学者都曾从各个角度对社会保险经办机构进行研究，这些研究的成果是我国社会保险体系发展沿革的另一个维度的投射。对研究过程进行梳理和综述，有助于理解我国社会保险经办机构的现状，也是下一步改革方向与措施的重要借鉴。

5.2.1　关于我国社会保障管理体制的研究

社会保障管理体制是指国家为实施社会保障管理而建立的从中央到地方的社会保障管理机构以及管理内容、管理方式的总称。关于社会保障管理体制，国内外专家学者的讨论非常热烈，根据中国期刊网以"社会保障体制"为主题词的检索，每年都有近200篇相关论文，研究争议主要集中于管理模式的选择、政府应当承担的责任与中央和地方的权责划分。

长期以来，我国社会保障由多个部门分散管理，目前绝大多数社会保险由人社部主管，农村合作医疗由卫生部主管，最低生活保障由民政部主管。

老龄委、文广新局、残联等其他部门也在社会保障范畴内有所参与。多部门分管导致政策不统一且成本高，同时给参保人员人为制造了混乱和服务差异，多部门管理的格局已经成为限制社会保障事业发展的一个重要原因。

针对这一问题，绝大部分学者主张由分散管理转为集散结合的社会保障管理体制，但具体对于如何"集散"，不同学者也有不同的见解。孙久鹏（1996）提出实行积累式筹资模式，将有较多管理共性的养老、医疗、住房公积金及生育等集中化管理，建立统一的社会保障管理机构，而将与就业促进、工伤预防密切相关的、不实行积累筹资的失业保险和工伤保险另外集中起来。他认为这种模式可以较好地解决社会保障管理统一性与独立性的关系，同时有利于实现充分就业。郭雪剑（2006）认为我国应该学习发达国家政府间社保管理权限的划分经验，按保障类别实行权责划分，养老保险由中央统一集中管理，失业保险和医疗保险由省级政府发挥主导作用，社会救济和公共卫生需求由地方承担更多责任。叶响裙（2013）认为应当建立统一的社会保障行政管理机构，她认为所有劳动者在基本社会保障资金筹集和给付标准上应是大体统一的，从而实现基本公共服务的均等化。

5.2.2　关于社会保障管理中政府应承担责任的研究

在公共服务领域，政府和市场的界限一直是讨论的焦点。对于社会保障，专家学者们普遍认为政府应当介入，但对于政府介入的程度，意见并不统一。

梁丽萍（2006）认为在国家强制实施并负责的前提下，社会保障社会化是市场经济的必然要求和结果，她提出我国的社会保障应该由政策主导尽快过渡到法制主导。刘波（2012）则认为社会保障具有很强的公共产品属性，和其他社会化主体相比，政府承担风险的能力最强，运行成本最低，且可以通过立法保证必要的强制性，因此应当以政府管理为主。郭荣军（2012）在分析了政府介入社会保障的必要性和回顾国内外社会保障发展中政府责任变迁的基础上，也认为未来应当坚持政府在社会保障中的主体性地位，同时政府也应当积极推动社会保障的社会化。蔡海清（2014）认为社会化值得探索，但应该明确底线，社会保险经办工作还应该由社会保险经办机构主导并且主要事务由社会保险经办机构承担。

5.2.3 关于中央和地方权责划分的研究

关于中央和地方的权责划分问题，从 2000 年开始就有专家学者进行讨论，杨方方（2005）提出应当以立法的形式规范中央和地方的责任划分，法规、规章难以产生足够的约束。另外，比较有代表性的研究是林志芬（2014）对中央和地方在社会保障中的事、责和财力划分进行的研究，她认为基本养老保险事关重大，应由中央负责；医疗、失业和工伤保险因管理琐碎、出现概率大，应由地方管理；生育保险由于面窄也可以放在地方政府；社会救助也应当在地方，但由于地区间差异较大，需要中央政府进行总体调控。

5.2.4 关于我国社会保险经办机构改革顶层设计的研究

随着经济和社会的发展，对社会保障事业的要求也越来越高，而我国目前的社会保险制度和经办机构服务水平还处在比较低的发展层次。为了提高社会保险水平和经办机构服务能力，专家学者普遍认为最重要的是从国家层面做好高屋建瓴的顶层设计。郑功成等（2011）明确地提出顶层设计的原则是"决策体制、监督体制与实施机制分离"①。郑秉文（2012）提出制度碎片化是影响社会保障改革和管理的重大因素，顶层设计是改革的首要任务。宋士云等（2012）在对我国社会保障管理体制的变迁进行研究的基础上，提出明确社会保障的实施机制、监督机制和决策机制对于完善社会保障管理体制极为重要。杨燕绥（2012）建议尽快将《社会保障法》或者《社会保障立法纲要》在全国人大立项，她认为《社会保险法》无法取代《社会保障法》的地位和作用。

我国在社会保险顶层设计方面的欠缺，主要体现在以下两点。第一，法制建设欠缺。郭静（2011）认为社会保险经办机构履行职责需要法律的授权和支持；与各类法律主体产生的大量复杂、特殊的关系需要法律规范。何莉（2011）提出基层社会保险经办机构没有行政执法权，缺乏强制手段，扩面、征缴难度很大，服务能力受到严重制约。郑学温（2013）认为除

---

① 郑功成. 中国社会保障改革与发展战略［M］. 北京：人民出版社，2011.

《社会保险法》以外，需要进一步完善社会保险的法律体系，还应将法律落实到更具体的操作层面上。第二，统筹层次偏低。多数专家学者普遍认为应当提高统筹层次，主要是基于社会保险经费的考虑，一旦经费得不到保证，社会保险工作效果就会大打折扣，不利于完成我国社会保险事业的工作目标。尤其是对养老保险，郑秉文（2013）认为未来改革的出路是养老保险制度要提高统筹层次。与此相反，牛文海（2014）认为提高统筹层次不利于服务型政府的建设。

5.2.5　关于我国社会保险经办机构当前存在主要问题的研究

发现问题是解决问题的基础。对于我国社会保险经办机构存在问题的研究，很大部分来自于经办机构从业人员在工作中的探索。当前存在的主要问题集中在机构设置、人力资源、经费保障三个方面。

一、机构设置

第一，机构名称不统一。多数研究地方社会保险经办机构设置的文献都提出了这一问题。如杨燕绥（2010）以湖北省为例具体描述了 2008 年以前机构名称不统一的问题。杨飞（2014）在对基层社会保险经办机构能力建设的研究中举例指出："江西省萍乡市医疗保险经办机构的名称是萍乡市医疗保险管理处，机构规格为副处级，而鹰潭市医疗保险经办机构则是城镇职工医疗保险办公室，规格为正科级。"① 机构名称和级别不统一，不仅降低了经办机构的辨识度和在群众中的影响力，还影响了部分社会保险经办机构的工作积极性和经办的工作效率。他建议统一同级经办机构的名称和级别，如在各地级市，社会保险经办机构的名称统一为医疗保险事业管理局、社会保险事业管理局，机构的规格也进行统一。

第二，机构设置过于分散。江龙祥（2011）认为只有统一才能规范，提出在全国范围内建立一个统一的社会保险经办机构，每个省、市和县（区）原则上只设置一个社会保险经办机构。黄秋梅（2013）认为分散管理不仅会导致社会分配不公平，还会阻碍人才的合理流动。牛文海（2014）给出了具体数据证明我国的社会保险经办机构存在着数量过多、过于分散的状况。他建议社会保险经办系统以"成立全国社会保险管理总局为牵头，

---

① 杨飞. 基层社保经办机构能力建设的问题与对策［J］. 环境与生活，2014（16）.

实行垂直管理，建立专业化的管理队伍"①。

第三，缺乏基层平台建设。这方面的研究主要集中在农村的社会保险经办服务体系，如王伟（2012）提出，大部分村居经办机构还没有实现网络贯通，也缺乏办公经费，基本挂靠在村委会，甚至是村委会代为办理，工作缺乏积极性，效率低下。他认为将基层平台延伸到街道、社区、乡镇和村落已势在必行。

二、人力资源

人力资源方面的研究大多是在能力建设问题分析中涉及的，单独对经办机构人力资源进行研究的文献较少。人力资源涉及的问题主要包括人员数量、人员素质和人员服务意识三个方面。

第一，人员配备不足，工作负荷比高。郑秉文（2013）指出，无论是城镇还是乡村，社保经办人员数量不足都是一个普遍现象。经过 20 多年的发展，我国社会保险覆盖面大幅扩大，但与此不相称的是工作人员数量增长较少。根据统计数据，全国经办人员数量与各个险种参保人次相对应的人均负荷比从 2000 年的 1∶2757 增加到 2012 年的 1∶9692②。对于乡村社保工作人员，王伟（2013）认为村居协理员在基层工作开展中发挥着很重要的作用，但目前缺乏专业人员配备，妨碍了信息系统向村居延伸。

第二，工作人员专业化水平不足。李惠宁（2007）认为目前经办机构在人才选拔、职称评定、能力测评等方面普遍存在重学历、轻能力的现象，工作人员本身对政策的理解就不到位。陈娟（2009）提出我国社会保险经办机构在人事管理上出现的官僚体制造成了机构重叠、服务意识薄弱等问题，急需建立一个新的管理模式改变服务僵化的现状，认为社会保险经办的人事制度应该涵盖操作、管理和监督三个层面，并给出了操作层具体的绩效评价指标，包括经办成本、工作量以及服务质量。罗小旻（2014）专门对社会保险经办机构员工培训进行了研究，总结了培训目前存在的几个问题：欠缺规划、缺乏针对性以及评估制度不完善。

对于经办机构工作人员的专业能力提升，学者们提出了很多有价值的实施建议。李惠宁（2007）提出应当尽快建立社保专业职称晋升制度，激励员

① 牛文海．基层社保经办机构亟需深化改革［J］．经济师，2014（3）．
② 郑秉文．中国养老金发展报告 2013：社保经办服务体系改革［M］．经济管理出版社，2013．

工个人自觉提高技能。杨飞（2014）提出经办人员的培训应与社会保险经办组织战略的近期安排和长期规划相适应，培训结果要同职业资质、考核、薪酬联系起来，以调动员工学习的积极性。牛文海（2014）建议在事业单位分类中将社会保险经办机构工作人员过渡为参照公务员管理，编制由上级经办机构和同级机构编制管理机关核定，与传统的机构编制管理机关完全脱钩。

第三，工作人员服务意识不强。这是由我国行政事业单位的定位造成的，有一定历史原因，目前各级政府均在努力转型，加强服务型政府的建设。蒋明红（2013）提出要通过增强服务意识，提高服务能力，用人的主观能动性来推动社会保险经办机构的工作。运用绩效管理与考核工具是促进技能提升的重要手段，王石（2007）提出了社会保险经办业务规程的绩效评价指标：经办成本、工作量、服务效率及服务质量。封铁英（2013）通过实证研究提出影响经办机构服务能力的关键因素依次为内部管理、人力资源、机构建设、财力资源和文化资源。

三、经费保障

对于社会保险经办机构而言，工作经费能否得到保障是影响工作效果的一个重要因素。郑秉文（2013）提出经办机构行政费用的属地化管理是导致制度和政策碎片化的根源之一。牛文海（2014）提出虽然我国大部分地区实现了省级统筹，但各基层单位的人员经费还是基本来自地方财政，社会保险经办机构的利益和工作目标常常需要让步于地方经济利益。

对于如何保障社会保险经办机构的经费，专家学者主要有两方面的建议。一是使用外包服务。如王伟（2013）提出运用现代化管理和政府购买服务的方式，降低行政成本；同时，借鉴各地区成功经验，建立奖励制度，如每参保一人奖励一定的补贴费用。二是对经办机构的经费通过制度进行规范，如牛文海（2014）认为通过提高统筹层次来保障经费是不可取的，建议将社会保险经办的经费支出视为制度运行成本，纳入社会保险基金支出中，作为一项成本来对待，以避免地方利益对经办机构经费的影响。

5.2.6　关于我国社会保险经办机构改革经办流程的研究

我国目前的社会保险经办流程在不断地优化，但是分散式的管理仍然给经办增加了许多不便。因此，对于如何简化经办流程的讨论，主要观点就是改革分散式的管理模式。如何恒（2012）提出对于"五险合一"的社会保险业务管理体制应当采用"一票征收"和"一站式"服务流程来进行整合，提出对业务经办窗口实行外包管理和监督措施；还应当改变层级科室模式，实现组织结构的扁平化。

一、基金征缴

关于基金的征缴，郑学温（2013）认为社会保险费征收渠道不一导致了基金征缴成本增加、执法主体不明确、"重税轻费"和征缴"死角"现象、基金征缴计划与实际相差大以及信息系统运作不畅几大问题。吴振亚（2013）也认为社会保险费征缴主体和方式的不统一，使社会保险管理和征缴管理相脱节，使参保人权益受损；相应的，他提出了建立统一的组织机构、确定统一的征缴主体、制定统一的服务标准等三条建议。

二、内部控制

1972 年，美国准则委员会（ASB）所做的《审计准则公告》对内部控制提出了以下定义：内部控制是在一定的环境下，为了提高经营效率、充分有效地获得和使用各种资源，达到既定管理目标，而在单位内部实施的各种制约和调节的组织、计划、程序和方法[①]。我国目前关于经办机构内控的研究主要采取的是会计、审计的视角，针对的是社保基金的安全性。战胜（2011）提出单位负责人对内部控制的重要性和作用缺乏足够认识，导致财会人员无权参与单位的重要决策。王德强（2013）总结了社会保险经办机构内控制度遇到的几个问题，如内控意识薄弱、制度不健全、制度执行欠缺刚性、缺乏内控监督预警和评价机制等。

杨珍妮（2012）提出社保经办机构存在的人为风险、外部欺诈风险、信息系统风险以及事项识别和风险评估不规范带来的风险，进而从完善社会保险经办机构业务流程、加强内部工作人员风险管理、加强监督外部欺诈行为风险管理、基本社会保险业务实施标准化管理、加强信息系统和数据安全性管理这 5 个方面对社会保险经办机构风险管理提出了建议，为社会保险经办机构防范风险提供了良好的理论基础。

5.2.7　关于我国社会保险经办机构改革信息化管理的研究

对于社会保险经办机构而言，传统的手工管理已经难以满足业务发展的

---

① 陈立红. 美国财务报告内部控制的发展及启示［J］. 财会通讯，2004（23）.

要求，由于我国社保经办机构信息化建设起步较晚，信息化水平较低，严重制约了社保工作的开展。学者们对经办机构档案管理信息化的研究主要集中在档案管理信息化的现状、必要性和信息化可能存在的风险这几个方面。黄寅桓（2011）指出当前社保经办档案管理的信息化缺乏专业人员，资料保密性也存在风险，同时存储档案的专用计算机容易因机器故障甚至是人为破坏导致资料丢失，因而本身也存在很大风险。何恒（2012）指出，经办机构的信息系统目前可以与定点的医疗机构、药店等相关机构进行信息交换，但与银行、财政、税务等相关部门并未联网。业务专网还未进入社区和乡镇，大量的参保人员仍需到市、区（县）级经办机构办理。何莉（2012）总结了我国社保信息系统严重滞后的现状，如目前仍未开发全国或全省统一的业务信息系统，没有实现联网运行和信息共享，只能依靠基层经办人员分别建立数据库或分类管理和核算，这也导致了无法及时发现和无法杜绝重复参保的现象。

何恒（2012）在对档案管理信息化问题进行分析的基础上，还提出了一个多层次国家社保信息库数据平台的概念。图 5 - 1 的这个多层次信息平台的构想基本符合我国社保经办机构对于信息化的要求，但前提是需要国家对这个信息平台提供强大的技术支持和安全保障，同时需要培训一批专业的

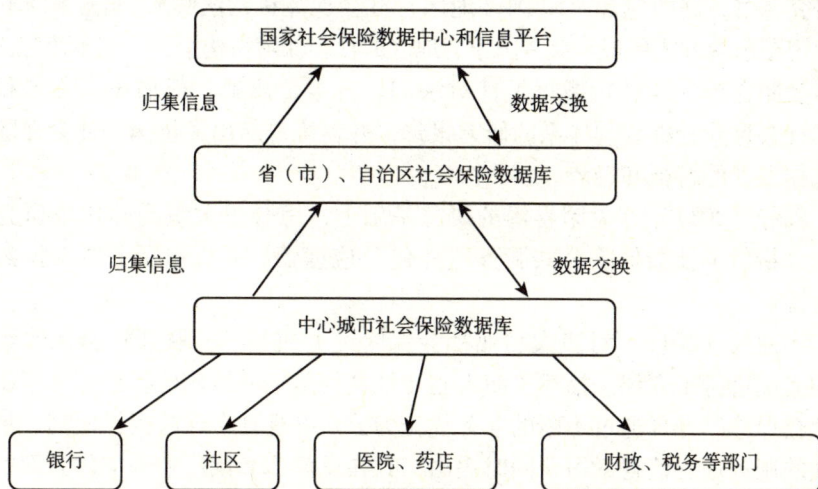

图 5 - 1　国家社会保险数据库信息平台

资料来源：何恒. 提高社会保险经办机构管理服务能力研究 [J]. 西部财会，2012（8）.

人员对档案进行信息化管理。

5.2.8 关于国外社会保险经办机构管理模式的研究

我国很多专家学者通过对世界各国社会保险经办机构的管理模式进行研究来提出对我国社保经办机构改革的参考和建议。

张志超等（2007）对美国社保局的绩效评估进行了研究。首先，社保局每5年会发布一份5年计划，将工作目标分为服务质量、计划管理、偿债能力和人力资源4个维度，对每个维度还制定了具体的可执行方案以及衡量指标，指标均量化到了诸如处理案件的数量、时间等方面。

陈玮（2008）分析了英国作为社会福利国家，在社会保险管理与经办机构设置上的优势与缺陷。

杨燕绥等（2010）对 OECD 国家的公共服务机构改革，澳大利亚、法国、加拿大和日本的公共服务管理体制和运行机制，美国信息技术进步与社保机构整合，美国社会医疗保险的管理机制，比利时和保加利亚失业保险经办机构等的实践进行了综述及借鉴。

2011年中国劳动社会保障出版社出版了一套现代社会保障制度的国际比较研究丛书，其中包含《50国（地区）社会保障机构图解》，非常系统和全面地用图示的方式展现了众多国家、地区的社会保障机构全景与基本流程。

孟昭喜等（2011）撰写了针对法国、日本、挪威、新加坡、英国和美国的社会保险经办管理体系的研究报告，并提炼总结出大量国外社会保险经办机构发展的特征和趋势。

郭静（2011）在孟昭喜等的研究基础上，综合了大量国际比较研究的结论，指出了社会保险公共服务"外包"应谨慎，并提出了一些具体的改革建议。

华迎放（2011）对澳大利亚社会保险经办机构——联邦社会保险经办局的概况进行了介绍。描述了澳大利亚社会保险经办机构的特征，并指出联邦社会保险经办局通过不断的业务优化为公众办理社会保险提供便利，他们树立的服务理念值得学习，同时提出，其在反欺诈和国际业务支付方面的举措也值得我国借鉴。

胡雪莹（2012）通过在欧洲社会保险机构的实际调研，总结了一些值得国内社会保险机构借鉴的实际操作经验，例如，在法国，参保人员基础信息由企业负责录入，社会保险经办机构辅以监督手段；社会保险局定期深入企业宣传政策和答疑；参保人员可根据退休年龄在线估算退休金，从而自主做出最优退休年龄选择等。

郑秉文等（2013）详细描述了国外社会保险经办服务体系的三种类别：统一式、自治式和公司制模式，并以具体的国家为例对其特征进行了总结和归纳。

赵秀斋（2014）对美国和日本基本养老保险经办服务体系进行了较为全面的介绍，描述了其组织结构、人员配备及经费和信息化方面的特征。

通过以上对我国社会保险经办机构相关研究文献的综述，发现目前此领域的研究有以下几个特点：

首先，该领域的研究基本覆盖了社会保险经办机构工作的各个方面。在专家学者和从业人员的学术讨论中，可以看出社会保险经办机构最亟待解决的问题主要是顶层设计问题，这为我国社会保险经办机构的发展指明了方向。

其次，社会保险经办的理论研究与实践是密不可分的，特别需要关注的是三个系统课题研究最大的共性特点是依托人力资源和社会保障部，与各地经办机构密切合作，形成的很多具体举措基本上细化到可以直接操作的程度，很多研究结果一经推出，就被社会保险经办机构引为改革方向并实际推进，从而取得了一定的效果。

同时也应该看到，社会保险经办机构未来面临着更大的压力，而该领域历经学者们十余年的研究和呼吁，很多问题仍然没有得到实质性的解决，因此，目前亟须将学者们普遍的观点和呼声落实到实际工作中，加快改革的步伐，不断推动社会保险经办机构的发展和研究，将社会保险经办机构的发展引向新的高度。

5.2.9　官方深度参与的针对社会保险经办机构管理的系统研究

近年来对于社会保险经办机构的研究较多，其中非常系统的以课题组形式与人力资源和社会保障部进行密切合作，形成结论并直接推动变革的主要有三项研究：

一是杨燕绥教授带领的"人力资源和社会保障部社会保障战略研究之社会保险经办机构能力建设研究课题组"，自2007～2009年间，在国家社会保险事业管理中心和中国社会保险学会的支持下，与上海市、广东省、天津市、无锡市、陕西省社会保险经办机构深度合作，针对社会保险经办机构的现状和需求，对社会保险经办机构的能力建设目标、战略和具体举措提出了建议。该研究在 2008 年的社会保障国际论坛上初步提交了《社保经办机构能力提升》报告，然后几经修改，于 2010 年形成研究的最终成果《社会保险经办机构能力建设研究》，在 2011 年由中国劳动社会保障出版社出版。同年由人民出版社出版的《中国社会保障改革与发展战略（总论卷）》中的第四篇"中国社会保障经办体制研究"也是由杨燕绥教授主笔的，基于同一研究的成果。

二是由人力资源和社会保障部社会保险事业管理中心主任孟昭喜、副主任徐延君牵头，委托清华大学、中国社会科学院和中国人民大学等高校和科研院所，由杨燕绥、周弘、郭静、董克用等专家学者深度参与的"完善社会保险经办管理服务体系研究课题组"在 2011 年年底形成了研究成果，并在 2012 年由中国劳动社会保障出版社出版了《完善社会保险经办管理服务体系研究》一书，针对社会保险经办管理服务体系的改革目标、组织设计和人力资源规划方案提出具体建议，形成了组织建设方案设计、人力资源规划研究和国际比较研究三项分课题研究报告。

三是中国社会科学院世界社保研究中心自 2011 年开始每年推出一本《中国养老金发展报告》，而 2013 年的报告正是以社保经办服务体系改革为内容的。本报告由郑秉文教授主编，获得了人力资源和社会保障部社会保险事业管理中心和甘肃、河南及广东社会保险经办机构的大力支持，得到了大量详细的数据信息。研究成果《中国养老金发展报告 2013：社保经办服务体系改革》在 2013 年年底由经济管理出版社出版，其中主要内容为经办服务管理体系，包括总报告"中国社会保险经办服务体系改革再出发"、分报告六"中国社会保险经办服务体系发展现状"、分报告七"中国社会保险经办服务体系改革的紧迫性"以及分报告八"国外社会保险经办服务体系现状"。

将上述三个系统的研究成果提出的战略目标及改革具体举措进行比对，形成表 5 - 1，可以发现，从各个角度、使用不同的方法进行的社会保险经办机构研究，其指向的目标和具体措施除一些具体操作层面的差异之外，总体上是相同或相近的。

表 5—1　　三次系统研究针对改革方向和举措的研究成果

课题组	主要研究人	成果	改革方向研究结论	改革主要措施研究结论
人力资源和社会保障部社会保险经办能力建设研究课题组	杨燕绥	《社会保险经办机构能力建设研究》，中国劳动社会保障出版社。	1. 坚持客户至上和服务导向原则。 2. 推行政府主导的公共服务体系。	1. 保证社会保险经办机构的公共性，强调社保经办机构是政府的执行机构。 2. 保证社会保险经办机构的独立化、建立国家社保总局和三级社保机构的垂直管理型组织结构。 3. 打造网格化型社会保险服务体系。 4. 完善公共服务外包机制。 5. 建立居民自管理的操作平台。 6. 理顺管理机制，通过各种手段解决人手问题。
完善社会保险经办管理服务体系研究课题组	孟昭喜、徐延君	《完善社会保险经办管理服务体系研究》，中国劳动社会保障出版社。	1. 以便民服务为根本宗旨。 2. 推进基本公共服务均等化。 3. 以高效便捷为方向。	1. 明确经办机构的职责定位为行政执法部门。 2. 设置社会保障管理服务局，下设省市县三级机构，推进垂直管理。 3. 加强基层公共服务平台建设。 4. 优化经办服务模式如综合柜员制和网上社保等。 5. 探索开展外包服务。 6. 推进标准化建设。 7. 推进信息化建设。 8. 强化基础保障如法制建设、重点项目、人员编制和经费保障等。 9. 推进专业化建设。
中国社会科学院世界社保研究中心课题组	郑秉文	《中国养老金发展报告2013——社保经办服务体系改革》	1. 建设法治政府和服务型政府，保障民生。 2. 构建均等型基本公共服务体系。 3. 增强政府公信力和执行力。	1. 界定社保经办机构为特殊类社会公益事业单位，给予独立法人地位。 2. 全系统垂直管理，向独立自主运营的社会公共服务过渡。 3. 理顺社保经办管理体制，统一经办服务设置，统一绩效考核体系。 4. 经办人员的身份不受事业单位编制之限，建立面向市场的动态配比机制。 5. 提高统筹层次，从社保基金中划拨经办管理费用。 6. 健全基层社保经办服务平台。 7. 建设全国统一的信息化服务网络。

资料来源：根据三次研究成果提炼总结。

　　通过以上对国内外社会保险经办机构相关文献的综述，发现目前此领域的研究有以下几个特点：

　　首先，该领域的研究基本覆盖了社会保险经办机构工作的各个方面。在专家学者和从业人员的学术讨论中，可以看出社会保险经办机构最亟待解决的问题主要是顶层设计问题，这为我国社会保险经办机构的发展指明了方向。

　　其次，社会保险经办的理论研究与实践是密不可分的，特别需要关注的是三个系统课题研究最大的共性特点是依托人力资源和社会保障部，与各地经办机构密切合作，形成的很多具体举措基本上细化到可以直接操作的程度，很多研究结果一经推出，就被社会保险经办机构引为改革方向并实际推进，从而取得了一定的效果。

　　同时也应该看到，社会保险经办机构未来面临着更大的压力，而该领域历经学者们十余年的研究和呼吁，很多问题仍然没有得到实质性的解决，因此，目前亟须将学者们普遍的观点和呼声落实到实际工作，加快改革的步伐，不断推动社会保险经办机构的发展和研究，将社会保险经办机构的发展引向新的高度。

第6章

我国社会保险经办机构存在问题的原因分析

6.1 我国社会保险经办机构改革效果回顾

自 2007 年起，我国社会保险领域将关注点逐步转向经办能力建设上来。近十年的调研与讨论，既是研究的过程，又是改革实践的过程。特别是官方深度参与研究，经办机构直接运用研究成果推动了大量的变革，回顾这些变革的举措和历程，可以加深对我国社保经办机构问题的理解。

2007 年至 2009 年由杨燕绥教授带领的社会保险经办机构能力建设研究课程组首开先河，指出我国社会保险经办机构存在的主要问题是执行能力、服务能力、组织能力、信息管理能力和风控能力不足，并列举了一些具体的表现，如保费不能一票征收、扩面工作推进缓慢、组织形象不统一、管理体制不顺、运行效率不高、人员不足、信息系统不兼容等问题。针对这些问题提出了改革的总体原则是坚持客户至上和服务导向原则以及推行政府主导的公共服务体系。在此基础上提出了具体改革措施，包括：保证社会保险经办机构的独立性，建立国家社保总局和三级社保机构的垂直管理型组织结构；打造网格化社会保障公共服务体系；完善公共服务外包机制；建立居民征信管理的操作平台；理顺管理机制，通过各种手段解决人手问题等。在实践中，各级经办机构在内部管理机制上努力挖潜，取得了一定的成效，而宏观层面的举措推进困难，并没有取得预想的进展。

2010 年前后由社会保险事业管理中心孟昭喜主任牵头的完善社会保险经办管理服务体系研究，从经办机构视角，提出我国社会保险经办机构存在的主要问题是管理体制不顺、服务保障能力不足、基础设施欠账多等。具体表现为：中央和地方事权与责任不清、机构设置缺乏统一规划、按险种分设机构、人员超负荷工作、信息化建设滞后、服务场所面积狭小、功能不全等。针对这些问题提出改革的总体原则是以便民服务为根本宗旨、高效便捷为方向；推进基本公共服务均等化。由此提出的主要改革措施包括：明确经办机构的职责定位为行政执法部门；设置社会保障管理服务局，下调省市县三级机构，统一名称和标识，整合经办服务资源，推进垂直管理；加强基层公共服务平台建设；优化经办服务模式，如综合柜员制和网上社保等；探索开展外包服务；推进标准化建设；推进信息化建设；强化基础保障如法制建设、重点项目资源保障、人员编制和经费保障等；推进专业化建设。这个来自于经办机构自身的改革方案，仍然有很多难以落实。

2013 年由郑秉文教授主导的社保经办服务体系改革研究认为我国社会保险经办机构存在的问题是：工作人员人均负荷比接近极限，社会保险服务质量受到制约；经费保障不足，社会保险制度处于维持运行状态；经费投入体制不顺，"金保工程"和"三化"建设跟不上服务型政府的发展要求。针对这些问题提出的改革总原则为：建设法治政府和服务型政府，保障民生；构建均等型基本公共服务体系；增强政府公信力和执行力。并提出具体的改革举措如下：界定社保经办机构为特殊类社会公益事业单位，给予独立法人地位；全系统垂直化管理，向独立自主运营的社会公共服务机构过渡；理顺社保经办管理体制，统一机构设置，五险统管，建立绩效考核体系；经办人员身份不受事业单位编制的限制，面向市场进行聘任，建立人力资源规划配置与承担的工作负荷相挂钩的动态配比机制；提高统筹层次，从社保基金中划拨经办管理费用；健全基层社保经办服务平台；建设全国统一的信息化服务网络。

三次研究反映出的现象非常相似，改革的措施也没有本质的差别。从2014 年至 2015 年本次研究收集到的信息会看到当初发现的问题时至今日仍然存在，这才是需要沉思的问题。在与经办机构相关负责人的沟通访谈中，笔者也曾谈及此困惑，对这个现象进行过研讨。经办机构负责人认为目前经办机构的改革效果与定位的目标并不相称，主要是我国的国情复杂，各地情况差异巨大，在这么短的时间内很难有巨大的突破，更何况社会保险经办机构的服务质量受制于信息系统的完善和人力资源的充沛，信息技术建设需要很长时间，人员编制和经费又如此紧张，改革到位几乎是不可能完成的任务。听起来很有道理。但在标杆研究中发现，从那些和社保经办机构的服务需求、结构模式、数据量都高度相似，且对数据的即时性和安全性及精确程

度要求更高的银行业实践可以看出，这个说法是站不住脚的，各大银行平均
18 个月的流程银行优化速度促使社会保险经办机构应该深刻反思：长期以
来经办机构是否就现象本身进行了改革，现象背后是否有更深层次的原因，
改革的举措之间是否存在着更为隐秘的逻辑关系。

想真正洞察现象背后的原因，需要从影响运行效果的因素开始分析。

6.2　社会保险经办机构运行效果的影响因素分析

存在的问题是针对运行效果而言的。研究社会保险经办机构的运行效
果，仍然要回到机构的使命和目标这个原点，立足于服务对象需求的角度对
当前存在问题的原因进行逻辑分析。从影响服务对象满意度的因素层层推
演，分析当前我国社会保险经办机构存在问题的深层次原因，这是本书的基
本逻辑。

6.2.1　服务对象满意度的影响因素

满意是一种心理状态，是需求被满足后所产生的公平感和愉悦感，这种
心理状态必然是一种相对概念而非绝对概念。在服务过程中影响公平感和愉
悦感的是服务对象实际使用产品和服务后的感受与事前所期望的相对关系，
将此相对关系用某种方法进行量化的结果就是满意度。

服务对象的满意程度产生于经办服务的过程，因此这个过程中与服务对
象直接发生联系的所有因素构成了满意度的影响因素。

企业管理领域一直强调以客户为导向，因此对客户满意度进行了大量的
研究。新力市场研究（DMB Research）针对企业和市场的层次与因子进行
研究分析后提出了满意度研究模型①，将消费体验的过程分为三个部分：品
牌印象、预期质量、感知质量与感知价值，这三个因素是影响满意度的前提
变量。其中，服务对象对于品牌的印象通常是由机构的形象决定，也就是服
务对象对于社会保险经办机构的定位宣传以及通过具体的名称、标识、人员
行为等形成的综合感知；预期质量包括服务对象个体的心理预期，但这种心

---

① 新力市场研究官方网站 . http：//www. dmbchina. com. cn/.

理预期会受到社会保险经办业务规范、公开透明程度以及其他行业服务水平等因素的综合影响。而质量是一个较为宽泛的复杂因素。为了更好地研究社会保险经办机构服务对象的感知质量与感知价值，可以借鉴全面质量管理理论①中影响产品与服务质量的五个主要因素进一步分析。这五个影响因素通常被简称为"人、机、料、法、环"，其中，"人"指的是提供产品和服务的人员，包括其对待工作的态度和能力等；"机"指的是提供产品和服务所需要的设备、工具包括信息系统等；"料"指制造产品所使用的原材料；"法"顾名思义指的是法则，是提供产品和服务所使用的方法以及过程中所遵循的规章制度；"环"指的是提供产品和服务过程中所处的环境。由于社会保险经办机构从根本上提供的是公共服务产品，因此不涉及"料"，可以从人、机、法、环四个影响质量的维度结合满意度影响因素形成社会保险经办机构服务对象满意度影响因素的模型。所以，感知质量与感知价值和经办人员的工作态度及能力、信息系统的效率及效果、制度、流程及服务设施等相关。表6-1是服务对象满意度影响因素的模型。

表6-1　　　　　社会保险经办机构服务对象满意度影响因素模型

影响因素	主要维度	具体指标
品牌印象	机构形象	社会保险经办机构的定位
		社会保险经办机构的形象标识
		社会保险经办机构人员的行为
预期质量	服务对象个体心理预期	社会保险经办业务规范的标准化程度
		社会保险经办服务标准被服务对象的知晓程度
		社会其他服务领域的服务标准
感知质量与感知价值	人	经办人员的工作能力
		经办人员的工作态度
	机	信息系统
	法	社会保险制度中关于国民的权益因素
	环	业务经办流程的便捷性与效果
		服务设施的便利程度

① W. 爱德华兹·戴明. 戴明论质量管理：以全新视野来解决组织及企业的顽症 [M]. 海南：海南出版社，2003.

这个模型分解出来的维度和服务对象满意度调研结论中与经办机构的满意度之间相关系数显著的指标相一致。

以提高服务对象满意度为目标的社会保险经办机构改革，从实质上来说就是对以上的影响因素加以优化。换言之，上述服务对象满意度的影响因素就是经办机构改革的主要方向，但这些方向的侧重点具体路径以及各项要素的改革顺序需要进一步的分析论证。

针对社会保险经办机构服务对象满意度的调研结果显示，制度设计、服务设施的便利程度、业务能力及服务流程与服务对象的满意度相关程度更高。在本次调研中，针对经办人员业务能力的满意度达到 4.01 分，优化的迫切程度并不高，服务设施的满意度可通过直接改进达成效果，而针对流程设置的满意度为 3.88 分，后续开展的需求和期望调研更是很大程度指向了制度因素，可见，在诸多的影响因素中，制度和流程的影响权重不容小觑。提升社会保险经办机构服务对象的满意度，无疑需要追溯制度和流程的影响因素，通过改变前端的要素从而实现最终结果的改变。因此，深入分析对制度和流程的影响因素是明确社会保险经办机构改革关键举措的重要步骤，是理念和流程落地的第一步。

6.2.2　制度和流程的影响因素

制度指的是相关人员要求共同遵守的办事规则或准则。流程（Process），通常指的是跨部门、跨岗位工作流转的过程。"流程再造"概念的提出者迈克尔·哈默（Michael Hammer）对流程下的定义是：业务流程是把一个或多个输入转化为对顾客有价值输出的活动[1]。流程为实现内外部的需求而存在，流程就是业务和制度的载体，是理念和战略最终的行为体现。

关于制度和流程的影响因素，近年来西方管理学者在著书立说时经常发生论战，这种论战在近十年已经从理论界延展到了实践领域。他们的争论集中在"是流程决定组织结构"还是"组织结构决定流程"，"组织结构和流程到底是什么样的关系"这些问题上。"流程再造之父"迈克尔·哈默坚定地站在"流程决定组织结构"一方，他认为，价值是由流程创造的，而组织结构只是创造价值的手段。而另一派的观点则认为组织结构是流程的基本

---

[1]　迈克尔·哈默，詹姆斯·钱皮. 企业再造 ［M］. 上海：上海译文出版社，2007.

保障，没有组织结构的基本框架和运营模式，流程的目标是难以达成的。

无论争论的结果如何，都能够看出：从执行效果上来看，制度、流程和规范的最大影响因素，除了使命、战略和核心价值观之外，在内部因素中毫无疑问是组织结构。组织结构意味着组织的管控和协调机制以及背后的组织规则，这种组织规则就是制度和流程。因此组织结构包含三个维度：纵向关系、横向关系、管理规则。组织结构决定了组织中的管理规则包括决策的过程，一套服务对象导向的制度和流程必然需要一个服务对象导向的组织结构来支持和保障。在理想状态下，从梳理和改良流程的角度出发，应该根据服务对象的需求设计制度和流程，依据制度和流程的需要来决定职责范畴并设置岗位和部门，但在实践中，流程和组织结构往往并没有那么泾渭分明，通常都是交互发生作用的。特别是在重大的变革初期，一般都是先进行组织结构的准备，因为组织结构不仅是组织内部的一种管理模式，更重要的是响应外界环境态势，结合自身能力做出的一种姿态。当组织的目标发生重大变化或明确的时候，组织根据总体的战略方向往往需要调整整体的组织结构，"战略决定组织结构"① 在管理实践领域中几乎颠扑不破。组织结构调整之后，不仅是运营形式上的变化，也需要将制度、流程规范以及配套的激励机制乃至人员技能都调整到位，也就是将组织结构调整的用意传递到组织执行端。这样的调整完成之后，带着战略思维和服务意识审视运转和磨合了一段时间的制度和流程之后，可能反过来会推动组织结构的微调，以使流程运转更加顺畅，效率更高。若不进行组织结构的调整，组织很难自内产生制度和流程变革的推动力。

因此，制度和流程最大的影响和保障因素是组织结构。只有通过组织结构的调整才有可能完成制度和流程的优化完善。

6.2.3 组织结构的影响因素

美国著名管理学家、美国田纳西州范德比尔特大学欧洲文商学院管理学教授、变革领导及组织结构管理大师理查德·L. 达夫特（Richard L. Daft）描述过影响组织结构的五个变量，它们分别是：组织规模、技术、环境、目

---

① 艾尔弗雷德·D. 钱德勒. 战略与结构：美国工商企业成长的若干篇章［M］. 云南：云南人民出版社，2002.

标与战略和文化①。

组织规模（Size）指的是组织的大小。因为组织是一个社会系统，往往规模以其员工人数进行衡量，组织规模决定了管理难度，从而影响组织结构模式的选择。组织规模对组织的正规化、专业化和职权层级影响更大，规模大的组织要求制度流程更为严谨规范、专业化程度更高，对纵向层级的影响更大。

技术（Organizational technology）关注的是组织生产出提供给顾客的产品和服务所需要的技术，也就是将投入转换成产出所需要的工艺、方法、工具或设备，在现代社会中，计算机信息技术也进入这个范畴并成为该范畴的主要因素。技术通过影响效率和实现模式来影响组织结构。

技术，和制度与流程相类似，和组织结构往往是相互影响、交互作用的。在组织变革的初期，通常是由组织结构决定技术变革的方向，随后技术的发展水平反过来影响组织结构效果的达成。

环境（Environment）包括了组织边界之外的所有因素，以企业管理领域举例，企业的环境包括了产业、政府、顾客、供应商和金融机构等。环境对产品与服务的提供方式相关，是影响组织结构的重要因素。

外部环境，它是组织结构的重大影响因素，很多既定的策略往往由于外部环境的影响而无法顺利达成。与本组织发生密切联系的外部关系决定组织结构的整体模式和协调关系，外部环境的复杂性和稳定性会决定组织分工和协作的模式。

目标与战略（Goals and Strategy），目标通常是组织目的的一种描述说明，而战略指的是达成目标的具体行动方案，目标和战略决定了一个组织区别于另一个组织的根本特征，这是组织结构设计的根本目标。

目标和战略，毫无疑问也是组织结构最显著的影响因素，它决定了组织结构的方向和变革目的，什么样的战略就需要什么样的组织结构来配合达成目标。

组织文化（Culture）指的是组织内部的人员共同认可的一种核心价值观、理念、认知、规范和表现出来的一致性的行动。基本的价值观会影响组织伦理、员工承诺以及对顾客的服务，因此，也影响着组织结构发挥效力的方式。

---

① 理查德·L. 达夫特. 组织理论与设计［M］. 北京：清华大学出版社，2014.

多年来在管理领域里，关于文化和组织结构关系的讨论也从未停止过。客观地说，很多组织结构调整后达不到预期的目的，有相当多情况都是受原有文化的制约，因此很多学者的观点是文化决定组织结构，但是，作者更倾向于组织结构决定文化、文化反作用于组织结构这一结论。组织结构的调整是宏观和系统的，是外在规则的调整，有相当的约束力，会直接影响和引导绝大多数员工的行为，所以组织变革往往伴随着对文化的重大冲击，尽管文化强大的惯性会在一段时间内反作用于组织结构的变化使其无法达到预期效果，但是，在实践中观察发现，很多组织在坚持采用新的结构和流程后，文化会延迟于结构和流程的变化而逐步发生改变。

综合上述分析，目标和战略是组织结构最重要的影响因素，直接决定了组织结构变革的方向，外部环境是影响组织结构的另一个重要因素，它决定了组织结构能否严格地体现出战略意图，而组织规模、技术及文化与组织结构相互作用和影响。

6.3　我国社会保险经办机构存在问题的原因

6.3.1　社会保险经办机构内部组织管理体制未理顺

服务对象的对于经办服务以及制度和流程的感受只是我国社会保险经办机构存在问题的现象而非原因，通过前述对影响因素的分析可以看出以上现象的产生必然与组织结构和管理权限有直接的密切关联。

一、纵向业务部门未能行使强有力的管理职能

非标准化的业务和管理流程、服务设施、机构设置以及普遍存在的人员编制紧张等问题反映出我国社会保险经办机构缺乏一个强有力的管理规划部门。尽管社会保险事业管理中心在 2000 年就已成立，作为社会保险经办机构统一归口管理的中央级机构，但是在人力资源和社会保障部官方网站上，社会保险事业管理中心的职责被界定为以下几项：

（1）拟定社会保险经办机构进行社会保险登记、审核社会保险缴费申报、开展社会保险费征缴以及办理社会保险关系建立、中断、转移、接续和终止工作的办事程序与操作规范并组织实施。

（2）拟定社会保险经办机构管理社会保险缴费记录、档案和个人账户的业务工作规范并组织实施。

（3）在部的统一组织下，汇总编制全国养老、失业、医疗、工伤、生育保险基金的年度、季度、月度财务报告，指导社会保险经办机构执行社会保险基金财务、会计制度。

（4）拟定社会保险基金统筹与调剂的具体办法，指导社会保险经办机构管理、存储、划拨社会保险基金。

（5）制定社会保险社会化管理规范，指导社会保险经办机构的社会保险社会化管理工作和做好离退休人员的社会化服务。

（6）在部的统一组织下，承担全国社会保险信息与统计数据的采集、整理、分析及管理工作，参与全国社会保险信息系统规划建设工作。

（7）拟定社会保险基金稽核制度并组织实施，指导社会保险经办机构建立健全防范瞒报少缴社会保险费和虚报冒领社会保险待遇的工作制度。

（8）按照部的统一规定，拟定社会保险经办机构工作人员任职资格、上岗标准、业务培训规划、考核规范和内部自律制度并组织实施。

（9）在部的统一组织下，参与社会保险宣传工作，主办《中国社会保障》杂志。

（10）在部的统一管理下，开展社会保险经办事务的国际交流与合作，组织社会保险经办机构的涉外技术合作、人才交流和专业培训①。

中央级社会保险经办机构管理部门的以上10项职责中，有4项着眼于"拟定规范并指导"，3项为"拟定规范并组织实施"（可以理解为主导），两项为"参与"，而真正全权负责的是全国社会保险信息与统计数据的采集、整理、分析及管理工作、社会保险经办事务的国际交流与合作，组织社会保险经办机构的涉外技术合作、人才交流和专业培训。在被认为是社会保险经办工作效果重大制约因素的社会保险信息建设工作中，该中心职能的主题词也仅仅是"参与"。通过职能分析可以看出，社会保险事业管理中心在整个社会保险经办体系中属于非主导地位，主要进行一些规范的制定，而落实到具体操作层面则更多由地方主导和细化，在整个职能描述中，缺乏对社会保险经办体系进行统一规划部署的职责。主管机构不够强势的结果是各级社会保险经办机构在地方政府的主导下自行设置组织结构、管理模式、流程

---

① 社会保险事业管理中心职责［EB/OL］．中华人民共和国人力资源和社会保障部官方网站．http：//www.mohrss.gov.cn/SYrlzyhshbzb/sydw/201301/t20130124_414.htm.

甚至地方性社会保险政策。服务体系非标准化的背后是制度的非标准化，社会保险统筹层次难以提高、信息系统建设推动缓慢、各地区服务标准差异较大等问题的根源均来自于此。

缺乏强有力的主导管理体制带来的一个弊端是，对社会保险经办体系缺乏系统的关于定位和目标的研究。长期以来，对于社会保险经办机构应该为谁提供什么样的服务、从事何种管理行为的顶层研究不足，基于战略对于社会保险经办机构的规划缺位，特别是在我国政事分离、管办分开的行政管理体制改革的总体思路也尚未厘清的大背景下，对于社会保险经办机构的管理模式并没有定论，甚至连社会保险的立法指导性文件《中华人民共和国社会保险法》中都没有针对社会保险机构和从业人员的性质及业务外延的清晰描述。在这样的情况下，就谈不上对社会保险经办统一口径的宣传，更谈不上社会保险经办机构统一的思想指导与行动策略。社会保险经办机构人员数量和质量的不足，编制与经费保障问题甚至宣传力度不足，口径不统一等所带来的服务质量问题，也在很大程度上是由于没有统一而强大的管理部门因而缺乏有效的科学规划及执行造成的。

二、横向基层服务平台没有实现整合

社会保险经办管理体系另一个突出的问题是缺乏真正整合的基层服务平台，这是造成制度流程并未遵循客户导向的原则、配套设施不健全、跨部门协调困难等的重要原因。

尽管目前在保费缴纳上实行了一票征收，在社会保险经办机构的组织架构上也按照职能而不是险种分立，但从顶层的制度设计上，更多的是以险种为出发点进行设计，而较少从不同群体的利益诉求出发，缺乏基于不同群体的需求进行研究的过程，这也就造成了不同的群体对于统一的制度满意度存在较大的差异。

从参保对象的角度来看，作为某一类群体，其保障的诉求是趋于一致的，管理部门基于专业维度进行组织职能划分，部门之间的壁垒一以贯之地延伸至基层服务平台。真正整合是越到基层越面向服务对象而不是专业职能，而我国目前社会保险经办机构这种纵向的条块分割，层层对应直到最基层。在社区和乡镇的劳动保障站所，民政、卫计、劳动保障等部门常常各自为政，信息系统不互通，参保人在办理与多个部门相关事项时，其间的协调和数据共享往往依靠服务对象个体以及这些部门工作人员的工作态度才能够得以解决。即使在劳动保障部门内部，社保、就业等岗位也通常分别设置，缺乏对于服务对象需求"一站式"的服务。在本书的调研过程中，从一位街道办事处的主任处了解到该街道的部门设置数量高达 24 个，其原因是"上面有这样的部门，我们就要设置这样的部门与上头对应，上面千条线下面一根针这种模式是很难实现的，上头的部门总是要求在下面设置直接的接口部门至少是接口人员，这样他们才好管理"。这种设置模式对管理部门的要求贯彻较好，而对服务对象的需求极度不敏感，从基层平台获得的需求信息要传导到决策部门需要极长的时间，要让这个体系对于服务对象需求做出快速及时的反应难度是很大的。基层的部门分割，给参保人员带来诸多的不便，也会影响服务工作的效率以及存在管理上的风险。

6.3.2 外部定位与组织关系不清晰是更深层次的原因

从调研结果看，各级社会保险经办机构不断地从自身挖掘潜能，提高服务态度、能力与效率，所做的努力有目共睹。但制约服务质量的跨部门的合作以及人员配置等问题，却是经办机构自身难以突破的壁垒。这些诉求和存在的问题都不是服务本身造成的，社会保险经办机构只是在执行层，无论在服务态度与能力上的投入挖潜努力有多大，仍不能完全消除来参保人的不满意及其他问题。

一、中央与地方的职责权限划分问题

统筹层次的提高与信息系统的推进严重滞后于预期，固然与中央层面的管理部门不够强势有关，但这并不是其自身所能够解决的问题，而是中央与地方权责划分造成的，其背后的真正原因是财政制度。

我国《社会保险法》中规定，"社会保险经办机构的人员经费和经办社会保险发生的基本运行费用、管理费用，由同级财政按照国家规定予以保障。"[①] 在中央与地方双头管理的矩阵制组织结构之下，由于省、地区（市）、县（区）各级社会保险经办机构的经费来源主要由同级地方财政负责，基层社区、街道以及乡镇社会保障站所的经办经费更是没有专门款项的保障，由各地财政用不同的方式解决，这就决定了我国当前的社会保险经办机构的组织结构模式成为地方政府有相当发言权的横向强矩阵，人力资源和社会保障部社会保险事业管理中心只能起到业务指导和管理的作用。

---

① 中华人民共和国社会保险法 [M]．北京：中国法制出版社，2010.

　　以金保工程推进的经费为例可以看出中央财务与地方财政投入的比例。金保工程的经费是由中央（部委）、省、地区（市）、县（区）四级财政分别投入的，而且四级财政收入中，越下沉投入的规模占比越大，也就是说，中央级财政的投入比重不仅少于其他三级财政之和，也很可能少于其他任何一级财政投入的规模。不仅金保工程，在整个社会保险经办机构的经费投入构成中，都呈现投入下沉的特征，表 6 - 2 可以反映出这种趋势特征。

表 6 - 2　　　　　　　2012 年各级和各类经办机构经费支出情况

	总支出 (亿元)		人员经费 (亿元)		基本建设 (亿元)			商品和服务 (亿元)		其他 (亿元)	
	实际支出	预算	实际支出	预算	实际支出	预算	信息建设	实际支出	预算	实际支出	预算
省级	16.18	16.07	6.38	6.35	0.24	0.23	0.13	7.91	7.85	1.65	1.64
地级	48.78	45.08	26.38	25.04	1.39	1	0.48	16.70	15.28	4.32	3.76
县级	83.15	71.22	47.6	42.78	3.66	2.3	1.37	25.24	20.68	6.65	5.46
合计	148.11	132.37	80.36	74.17	5.29	3.53	1.98	49.85	43.81	12.61	10.86
养老	98.64	89.37	54.04	50.33	3.17	2.21	0.94	33.21	29.62	8.22	7.21
医保	32.63	28.95	17.31	15.87	0.98	0.62	0.56	10.90	9.55	3.44	2.91
工伤	1.11	1.03	0.68	0.64	0.02	0.02	0.01	0.34	0.30	0.07	0.07
居保	9.88	8	4.57	3.98	0.96	0.58	0.4	3.73	2.98	0.60	0.46
机保	5.85	5.02	3.76	3.34	0.15	0.11	0.06	1.67	1.36	0.27	0.21

　　资料来源：引自郑秉文主编的《中国养老金发展报告2013：社保经办服务体系改革》，数据由人力资源和社会保障部提供①

　　这种分散化管理和投入的体制必然造成了资金运用的地方化格局，也就是投入主体更关注本地需求而非普遍性需求，地方化色彩深厚，分散管理各自为政，不仅在全国范围存在重复建设和投入的情况，而且造成了系统整合困难、统筹层次难以提高、参保人员数据查询不便等直接影响业务的问题。

　　目前地方社会保险经办机构的双重管理模式，造成了各级经办机构的职责界限不清，政出多门，服务与管理的标准难以出台、统一和落实等问题。

──────────

　　①　郑秉文. 中国养老金发展报告2013：社保经办服务体系改革 [M]. 经济管理出版社，2013.

可以说，经办机构的经费属地化管理是导致目前社会保险经办机构制度、政策以及信息系统碎片化现象的重要根源，也是造成挤占和挪用等问题的重要影响因素，对于我国社会保险经办机构的重要目标——公共服务均等化存在着严重的影响。

二、横向部门之间的流程协调问题

服务对象诸多的不便来自跨部门的信息交流障碍，办理一项业务需要自行协调多个部门已属常态。社会保险经办机构因其与所有国民的各种信息都密切相关的特殊性质，决定了其业务办理中对民政部门、公安部门、统计部门甚至银行信用记录等信息的高度依赖，很多信息需要与多个外部部门共享或对接，同时，其他部门也会对社会保险经办部门的数据形成依赖，而这个通道不顺畅一定程度对工作准确性和及时性造成影响。在理想状态下，这个壁垒可以通过部门间的规则建立而打破，并不完全是技术层面的困难。组织结构调整和部门间的协调迟迟没有推动，实际上是因为部门之间的利益博弈。

当前背景下，在人力资源和社会保障、卫生、民政、公安等部门在社会保障领域里各自有自己的职责和分工范围，承担着各自的绩效目标，同时也拥有自己的信息系统，为信息的安全性承担责任，掌握的信息基本在部门内封闭。各部门为了完成好自己工作范围内的职责，都会在自己的权限内制定规章政策和制度及流程，建设各自的信息系统，在多头负责、政出多门的情况下，落实在社会保险领域就会在运行过程中出现重复参保或转移接续手续以及信息查询等过于复杂的问题。新农合与其他社会保险由人力资源和社会保障部及卫生部分而治之带来的重复缴纳及为参保者带来不便等问题就是一个典型的例子。而民政部与人力资源和社会保障部之间工作配合的高昂协调成本也在调研中被屡次提及。

这个问题不是社会保险经办机构自身能够优化的问题，甚至社会保险主管部门也无法解决，明确划定各部门的职责边界并推动数据联网需要通过更高层面的理念灌输和干涉才能完成。

6.3.3　服务型政府的理念与文化并未真正被接纳和践行是问题的思想根源

公共服务型的政府是以社会和公民为本位、以公共服务为导向的政府角色定位，强调的是人文关怀、法治、透明、责任、民主以及便捷等价值基础。而正是由于这样的理念在我国社会保险领域乃至更大的范畴内并没有被真正理解和接纳，仍然采用"政治式"的、"大一统"的思维和行动提供社会保险经办服务，很多制度与管理流程的出发点是如何管理更便捷而不是服务对象如何才更受益，考虑问题的出发点是我们可以做什么而不是我们应该做什么。根本上的理念滞后是造成社会保险经办机构的改革举步维艰的文化原因，追根溯源，无论是跨部门定位与流程设置还是经办机构内部的架构与制度，皆由此起。

不可否认，改革的难度很大，但意愿越强烈，措施的力度就会越大。

综上所述，我国社会保险经办机构在运行中存在着理念和具体举措的多层次问题，单纯从操作技术层面推动很难达到效果。在之前的研究中，对操作层面的问题已基本厘清，但在实践中却收效并不显著，这是因为缺乏一个"从理念到落地"的完整系统，以及支撑这个系统运营的顶层规划、设计与推动，缺乏更高层面强有力的推动会使各种改革方案建议难以真正落地实施。当前对于社会保险经办机构改革，重中之重是首先建立改革的基本保障，推动理念到落地的完整过程，打通内外部的信息通道，将理念贯穿于行动，才能确保目标的达成。

第三部分　到哪里去

第7章

社会保险经办机构国际标杆及
银行业流程变革的启示

"二战"之后，现代社会保障制度在世界各国得到了普遍的发展。尽管社会保险经办机构的运营和管理在国际上也并没有形成完全统一的、有效的模式，但由于国外社会保险制度的发展历史较长，经办机构经历的变革也相对较多，他们的经验和发展趋势可以为我国社会保险经办机构的改革方向提供重要的参考。

从另一个角度审视，跨行业领域的先进管理经验也能够为社会保险经办机构的变革提供更为广阔与创新的借鉴，从这个意义上说，与社会保险经办机构同样需要服务对象导向、业务形态复杂、拥有海量客户、对数据的精确性与及时性有极高要求的银行业是非常适合的标杆，银行业的流程变革为社保经办机构的服务效果提升提供了有效的参考。

7.1 日本的社会保险经办机构管理

日本的社会保险的运营管理实行决策机构、执行机构、年金机构以及基金管理机构分立的机制，机构之间职责分明、互相制约。图7-1是日本社会保障机构的设置。

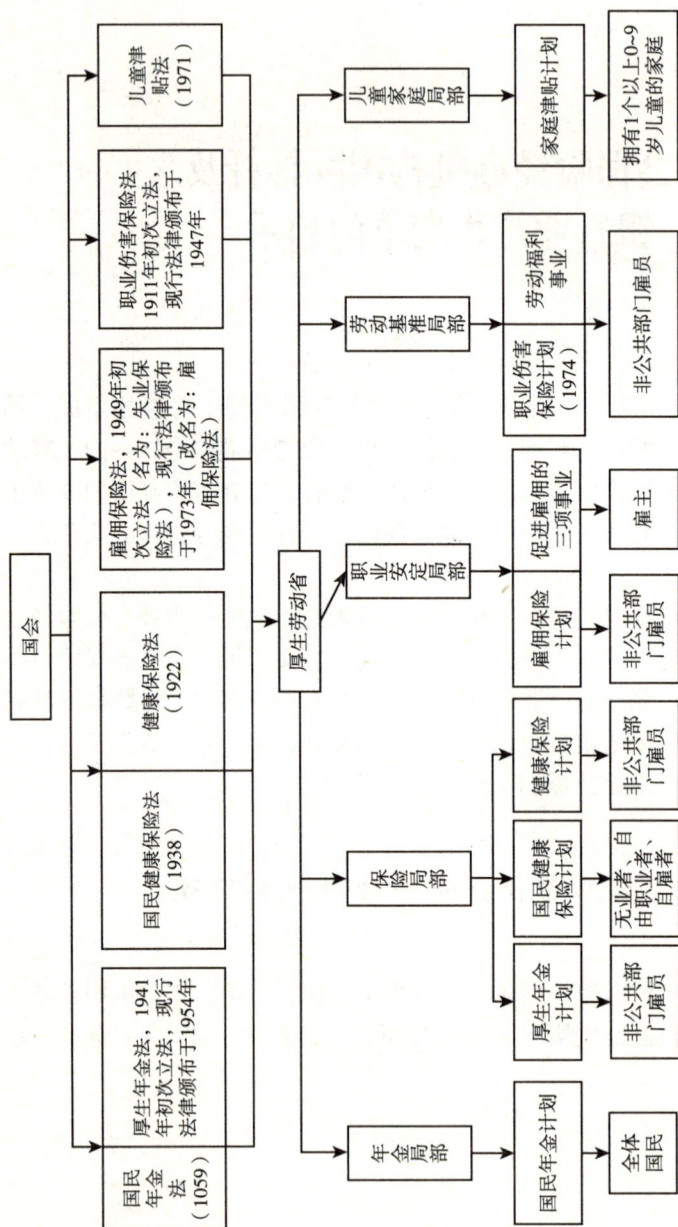

图7-1 日本社会保障总体机构设置

资料来源：周弘.50 国（地区）社会保障机构图解［M］.北京：中国劳动社会保障出版社，2011.

日本的社会保险执行机构由厚生劳动省和地方政府即都道府县厅的相关部门共同构成。厚生劳动省（the Ministry of Health, Labor and Welfare, MHLW）相当于中央省厅，具有社会保障系统的管辖权，该部负责具体执行国会通过的相关法案，建立社会保障的国家标准，并从国家层面推动具体项目。日本的地方政府包括辖区（prefectures）和市政当局（市、镇和村），是社会保障的重要支持系统。其中市政当局提供与社会保障相关的公共服务。

日本的社会保险经办机构主要包括养老保险的年金机构、健康保险的基层经办机构、社会福利办公室、儿童引导中心和公共健康中心等在内的地方政府领导下的社会保险行政机关。

日本的健康保险执行经办机构与我国的模式类似，一直维持着三级体制，厚生劳动省是中央级的执行立案机构，地方政府的保健福利部国民健康保险课是地方的执行立案机构，社会保险事务所是在基层设立的经办机构。国民健康保险基金由市、町、村征收。

日本的养老保险经办业务，之前也采用的是中央—地方—基层的三级经办体制，2010 年，日本对三级经办体制进行了改革，直接变更为厚生劳动省的年金局和日本年金机构（Japan Pension Service, JPS）的两级体制，以为国民提供服务为出发点，旨在简化中间环节，提高业务经办的效率和质量。

日本年金机构（JPS）成立于 2010 年 1 月 1 日，是由非政府雇员组成的特殊公共组织。该机构主要针对由政府运作的基本养老保险（Basic Pension）和雇员养老保险（Employees'Pension Insurance），在厚生劳动省的委托下负责公共养老金系统的运行，包括覆盖、缴费收集、记录管理、年金咨询、津贴和支付福利等。从成立开始，它就明确了机构的基本理念：确保国民的依赖，反映国民的意见，提高服务质量，确保经办管理业务的效率、公正和透明。尤其是经办管理业务的正确推行，是国民最关心的事项，是最重要的。①

截至 2013 年 4 月 1 日，日本年金机构已有大约 1.2 万名固定员工和非正式员工。除此以外，还有大约 1 万名短期雇员，负责处理年金记录问题。

---

① 孟昭喜，徐延君. 完善社会保险经办管理服务体系研究［M］. 中国劳动社会保障出版社，2012.

日本年金机构的总部位于东京，总体上分为 4 个层次：本部（总部）、9 个地区分部、312 个年金事务所以及设立在都、道、府、县一级的 47 个事务中心①。

各级经办机构之间有明确的职能划分，机构总部、年金事务所以及事务中心之间全部联网，在系统上依据相应职能明确各自的权限与职责。

日本年金机构本部（总部）主要承载的是社会保险经办机构的管理职能，包括产品服务的采购、业务标准化和改进、信息系统的开发与管理以及人事、预算、绩效、监督检查等内部管理功能。年金机构设置了 9 个分部，主要目的是重点强化现场管理以及现场支持。312 家年金事务所是一线业务部门，主要负责的是本地区面对面的接待和业务经办，如雇主单位调查、缴费收集、强制征收以及年金咨询等，同时倾听和收集服务对象的意见建议，致力于业务和服务质量的改善。47 个事务中心则主要是将无须面对面的书面申请及登记的审查业务集约化处理，目的是提升服务的效率和质量。图 7 - 2 是日本社保经办机构的业务分工及流程。

日本的社会保险经办机构运行与管理模式给予我们最大的借鉴意义是：

1. 扁平化组织结构在减少中间环节、提高效率及满足直接服务对象的需求方面卓有成效。

2. 社会保险经办机构与基金管理机构分立，使服务目标更为突出。

3. 将服务质量提升、经办管理业务的效率、公正与透明纳入基本理念并在制度、流程及架构中予以体现。

① 赵秀斋. 美国、日本基本养老保险经办服务体系比较与借鉴［J］. 中国财政，2014（9）.

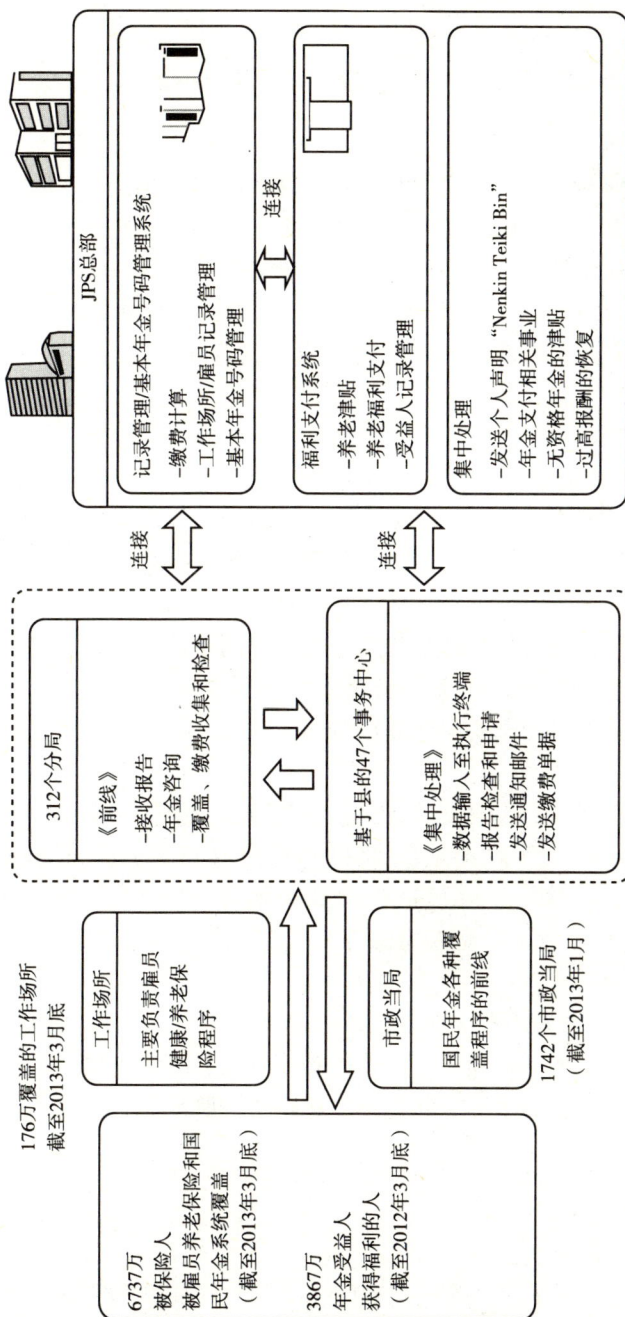

图 7 - 2　日本社会保险各级经办机构业务分工及流程

注：工作场所指雇主单位。

资料来源：Japan Pension Service and its Operation. http：//en. wikipedia. org/wiki/Japan_ Pension_ Service, 2013.

7.2 新加坡的社会保险经办机构管理

新加坡的社会保障框架基于自主供给和自我依靠的原则构建，养老的责任需要个体和家庭来承担，这一模式减少了国家的负担并保障了财政的长期稳定。对于那些不能自给自足的个体，政府会提供经济和非经济上的支持。中央公积金（the Central Provident Fund，CPF）是新加坡社会保障系统的基础，是带有雇主和雇员完全积累性质的个性化账户的缴费计划。图7-3是新加坡社会保障机构的设置状况。

中央公积金局（CPF Board）于1955年7月1日依法成立，是新加坡的社会保险经办机构。《中央公积金法》将其定性为"法定机构"，并对其性质、职能、组织结构以及权责关系等事项做出了明确具体的规定。中央公积金局直接与参加中央公积金的新加坡公民和永久居民进行业务联系，为退休或无法工作的工作者提供经济保障。本质上，它具有独立机构和商业保险机构的双重属性，既是受托管理公积金基金的独立机构，同时也是政府的法定金融管理机构。经过多年的发展，中央公积金局推行了全面的社保储蓄计划，不仅满足公积金会员退休的需要，还满足他们住房、医疗和家庭保护的需要。

中央公积金局有1600名员工，在组织机构上主要由3个商业集团构成：服务集团（Services Group）、信息沟通技术服务集团（Infocommunication Technology Services Group）以及政策和企业发展集团（Policy & Corporate Development Group）。中央公积金局受人力部部长管辖，是中央公积金的托管人。

从图7-4可以看出，中央公积金局实行的是董事会领导下的首席执行官负责制，董事会由政府、雇主、雇员几方的代表以及相关的学者和专家组成。这种组合方式有利于活跃的第三方参与，以保障所有股东的利益。①

---

① 孟昭喜，徐延君. 完善社会保险经办管理服务体系研究 ［M］. 中国劳动社会保障出版社，2012.

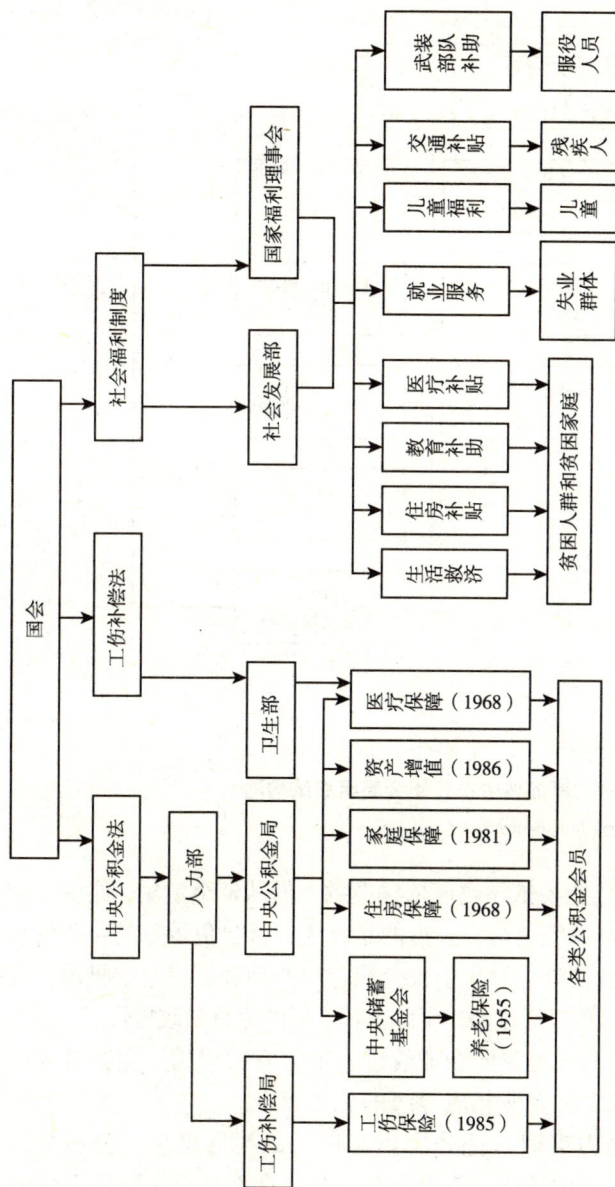

图7-3 新加坡社会保障总体机构设置

资料来源：周弘. 50国（地区）社会保障机构图解［M］. 北京：中国劳动社会保障出版社，2011.

```
                        ┌──────────────┐                          ┌──────────────┐
                        │   首席执行官    │                          │   审计委员会    │
                        └──────┬───────┘                          └──────────────┘
        ┌──────────────┬───────┴───────┬──────────────┐
 ┌──────┴──────┐ ┌─────┴──────┐ ┌──────┴──────┐
 │  服务集团     │ │ 信息沟通技术服 │ │  政策和企业发展 │
 │  副执行官     │ │ 务集团       │ │  集团        │
 │             │ │ 首席信息官    │ │  副执行官     │
 └──────┬──────┘ └─────┬──────┘ └──────┬──────┘
```

服务集团 副执行官	信息沟通技术服务集团 首席信息官	政策和企业发展集团 副执行官
退休和投资部 主管	企业建筑和IT修缮部 主管	政策、统计和研究部 主管
住房和医疗部 主管	成员系统部 主管	财政和计划部 主管
收集和恢复部 主管	信息技术服务部 主管	人力资本管理部 首席人力资源官
代理和自雇计划部 主管		内部审计部 内部审计主管
顾客关系部 主管		法律服务部 主要法律顾问
服务和进程计划部 主管		

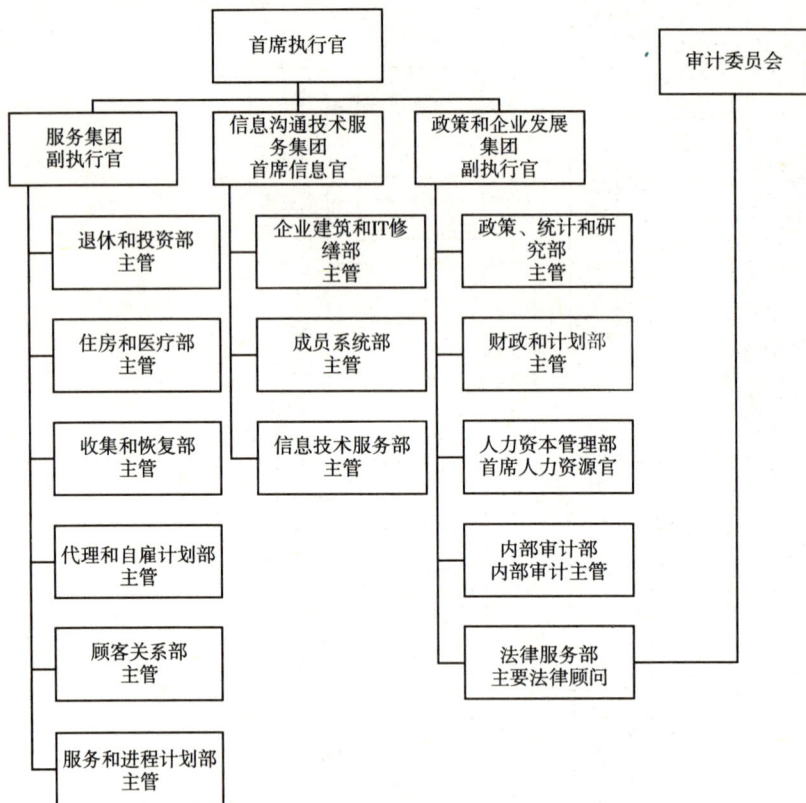

图 7 - 4　新加坡中央公积金局组织结构图

资料来源：About the Central Provident Fund.

　　尽管中央公积金局仍然主要依靠政府依法拨款，但从资金汇集、结算、使用以及储存等都是通过独立系统运行，实行的是自主经营自负盈亏的企业管理模式，独立于新加坡的财政之外。每年中央公积金局的预算要报总统批准，并由政府公报印制公开，公众可以通过网站了解公积金局的完整财政报告。

　　中央公积金局的管理模式也参照企业管理，他们有权雇用一定数量的职员，工作人员的薪酬比照大型企业相应等级的员工核定。

　　新加坡的电子政务努力贯彻"把公民当客户"的指导思想，公积金局有一体化的信息管理系统（IDMS），公积金会员和公众都可以在网络上随时查询和处理个人的公积金业务，为公民带来了极大的便利。

新加坡的社会保险经办机构的运行与管理模式给予我们最大的借鉴意义是:

1. 强调"把公民当作客户"的理念并贯穿于各项工作。
2. 通过企业化管理模式来提高效率,达成客户满意的宗旨。
3. 统一而强大的数据库信息系统是提供良好服务的重要条件。

7.3　美国的社会保险经办机构管理

美国的社会保障体系是以社会保险为主,由政府直接进行统一集中管理服务的多支柱组织体系。作为一个联邦制国家,其突出的特点是联邦和州的两级管理,联邦政府和州政府根据社会保障计划的性质来分担财政和管理责任。[①] 图 7 - 5 是美国社会保障机构的设置情况。

由联邦政府所负责的基本养老和老年医疗的运作程序为:财政部下属的国内税务局(IRS)向雇员、雇主以及自雇者征收社会保障税和医疗照顾税,征收的税款和年金缴费转入各专项信托基金,社会保障署负责发放养老和遗属保险金、残疾保险金以及补充保障收入(SSI),健康与人力资源部下设的医疗照顾和医疗援助中心(CMS)和各州的相关机构一起处理医疗保险事务。因此,独立的社会保障署(SSA)和隶属于健康与人力资源部的医疗照顾与医疗救助服务中心(CMS)是最重要的社会保险经办机构[②]。

为了提高服务效率,美国的社会保险体系致力于脱离多层级的官僚体系,将社会保险收益从联邦预算中剥离。1995 年社会保障署从健康与人力资源部中独立出来,直接隶属于总统办公室,实行首长负责制。其正副职的主要负责人由总统任命、参议院批准。社会保障署在全美范围内设置了 10个区域办公室、6 个程序运作中心和 1 个数据处理中心,同时还拥有大约1300 个基层办公室、39 个电信服务中心和 136 个听证办公室。美国的社会保障署采取人、财、物完全垂直管理的模式,62000 名工作人员全部为政府

---

① 孟昭喜,徐延君. 完善社会保险经办管理服务体系研究 [M]. 中国劳动社会保障出版社,2012.

② 郭静. 社保经办机构的发展特点及趋势:社会保障经办机构国际比较之二. 中国社会保障,2011 (2).

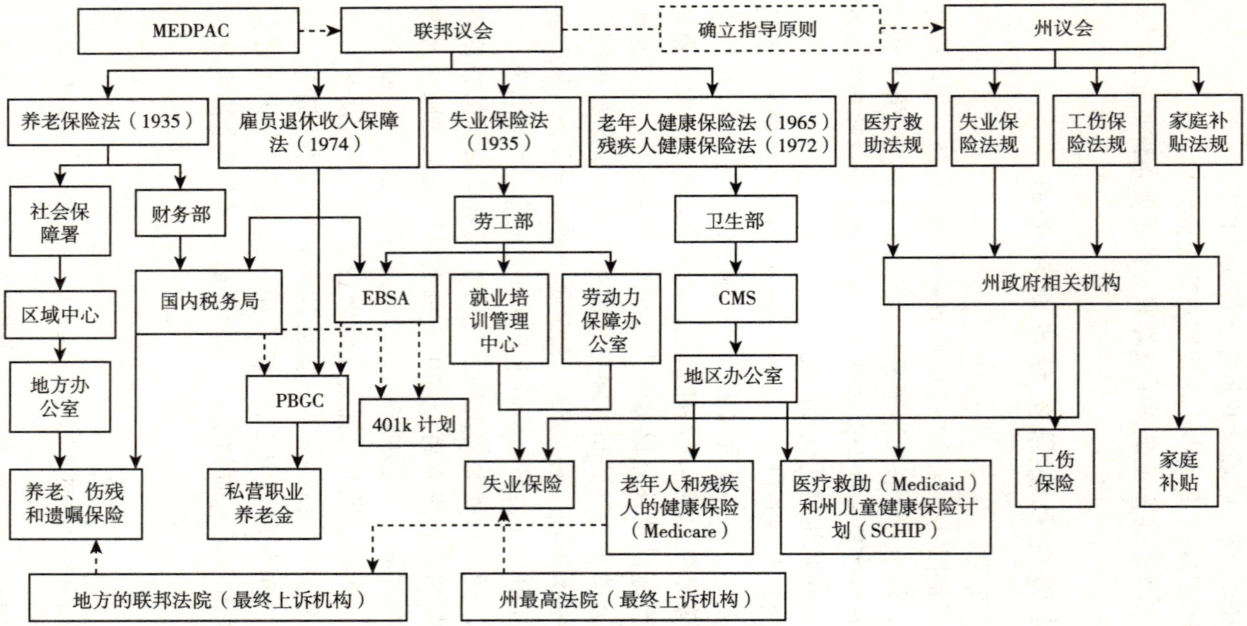

图 7-5 美国社会保障总体机构设置

资料来源：周弘. 50 国（地区）社会保障机构图解 [M]. 北京：中国劳动社会保障出版社, 2011.

公务员，具体负责养老和遗属保险、伤残保险、补充保障收入 3 项保险金的发放等事宜①。除了常规的职能之外，他们还每年为受益人寄送"社会保障收入报表"，并为服务对象提供免费的 800 咨询电话等服务。社会保障署在全球设有海外分支机构，除了少数国家之外，美国公民在世界其他国家旅行和生活都不会影响他们领取社保收益，同时，他们也为一些无法到经办机构办理相关手续的服务对象提供上门服务。

美国双蓝联合会（Blue Cross Blue Shield Association，BCBSA）是私立非营利的第三方医疗保险服务机构，也是美国联邦政府、部分州政府和市政府基本医疗保险项目的经办机构。该机构设有董事会，但没有股东，宣称其财产属于人民，建立了一个政府、私立非营利和私立营利机构联合的医疗保险和医疗服务治理的运营机制：私立非营利机构接受政府公共项目委托并进行管理，私立盈利机构在私立非营利机构的管理下进行具体的操作。

双蓝联合会的成员可分为营利机构和非营利机构，涵盖了各级政府、各类雇主和雇员以及城乡居民。为了控制成本，双蓝联合会执行了统一的、严格的财务制度，其风险储备金高于美国保险监管组织制定的标准，并建立了全美最大的国家级保健数据库、保健服务系统和风险储备基金，经营多种政府外包项目。同时，为了控制质量，双蓝联合会也进行了一系列举措，进行数据收集和分析，根据数据分析报告及时调整激励政策和实施计划，提供信息披露和透明服务。

双蓝联合会的决策机构是董事会，由董事会主席（包括副主席）和 39家成员机构的 CEO 组成，在董事会的地方组织内有政府官员参加。董事会下设专业管理委员，负责商业战略、管理政策和业务经营的提案。董事会的常设机构主要处理内部审计、品牌开发与促销以及紧急问题等。

总体上说，双蓝是一个公司化经营、商会化运作、公益化和社会化发展的组织，其经营宗旨是"用最低的成本，提供最好的服务"。

无论是养老保险还是医疗保险经办机构，在服务上均充分利用信息技术，将公共服务与网络连接并最终实现公共组织结构的变革。从简单的信息管理逐步扩展到在线办理业务，再到平行整合，最终形成了网格化的公共服务体系，公众可以在任何时间通过网络找到政府并办理业务。

---

① 陈仰东. 社保机构是政府的核心部门——从美国政府关门说起［J］. 中国社会保障，2011
(9) .

　　传统情况下根据不同的社保险种服务会设立各自的经办机构，而在以功能为导向的组织结构下，借助网络的力量，美国的经办机构内部也根据功能分成待遇申请、投诉处理等部门，而不同社保的缴费可以在同一窗口进行。

　　强大的信息系统使美国的社会保险经办机构可以提供伤残保险流程的电子化、用户在线申请、自助终端以及伤残直接办理计划等服务。

　　美国的社会保险经办机构还高度重视内部监督，社会保障署和医疗照顾与医疗援助中心都设有专门的总检察官办公室，总检察官办公室直接向联邦总检察官办公室汇报。同时，在内部管理上，社会保险经办机构办事处的人员有系统化的培训体系，业务经办人员被录用后要接受 20 周的培训并获得证书方可上岗。

　　美国运用联邦政府项目评级工具 PART 来对包括社会保障项目等政府项目的绩效进行评估和排名，PART 采用一套标准化问卷，通过设定目标和基准，建立基于结果、产出、效率等的绩效指标来衡量各个项目的效率、有效性，并敦促各项目在绩效方面的改善。

　　美国的社会保险经办服务体现了其"小政府、大市场"的特点，尽管社会保障署的大部分工作由联邦雇员承担，但是也有很多的工作是外包给其他服务提供商的。

　　美国的社会保险经办机构的运行与管理模式给予我们最大的借鉴意义是：

　　1. 通过信息化实现人性化服务。

　　2. 组织结构垂直管理，实现使命目标的有力传递。

　　3. 健全和科学化的内部绩效、培训及其他管理体系，提升工作效率。

　　4. 部分工作外包给第三方服务提供商，运用市场化力量实现无边界服务和创新。

7.4　加拿大的社会保险经办机构管理

　　加拿大的社会保险经办机构由公共部门（Public sector）和私人部门（Private sector）构成。公共部门包括所有财政拨款和政府管理的服务供给机构，私人部门又分为商业部门（Commercial sector）和志愿者部门（Voluntary sector），商业部门负责盈利性服务供给，志愿部门负责所有由非政府组织和机构提供的非营利性项目。图 7-6 是加拿大社会保障机构的设置状况。

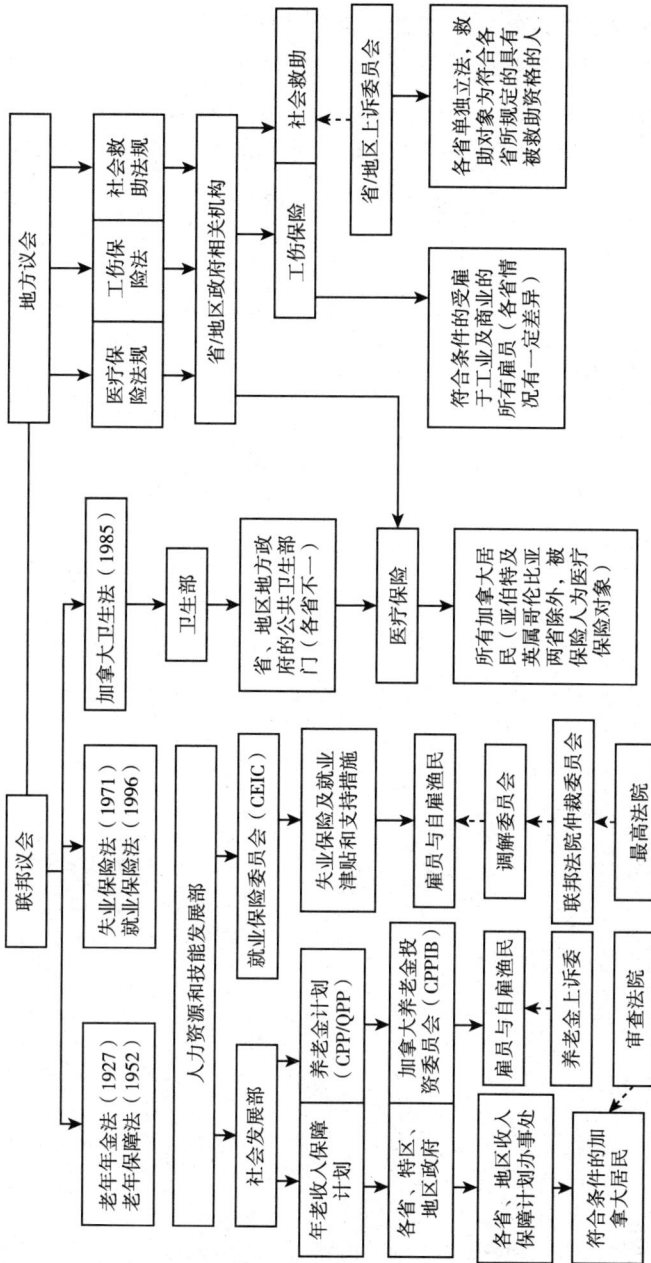

图7-6 加拿大社会保障总体机构设置

资料来源：周弘．50国（地区）社会保障机构图解［M］．北京：中国劳动社会保障出版社，2011．

加拿大养老保险（Canada/Quebec Pension Plan，C/QPP）项目中除魁北克年金计划由魁北克省自己管理外，与加拿大年金计划的经办部门有就业与社会发展部（原名为人力资源与社会发展部）、国家税务部、公共工作与服务加拿大（Canada Employment Insurance Commission，CEIC）以及加拿大年金计划投资委员会。就业和社会发展部（ESDC）是加拿大养老金计划的主管部门。图7-7是ESDC的组织结构图。

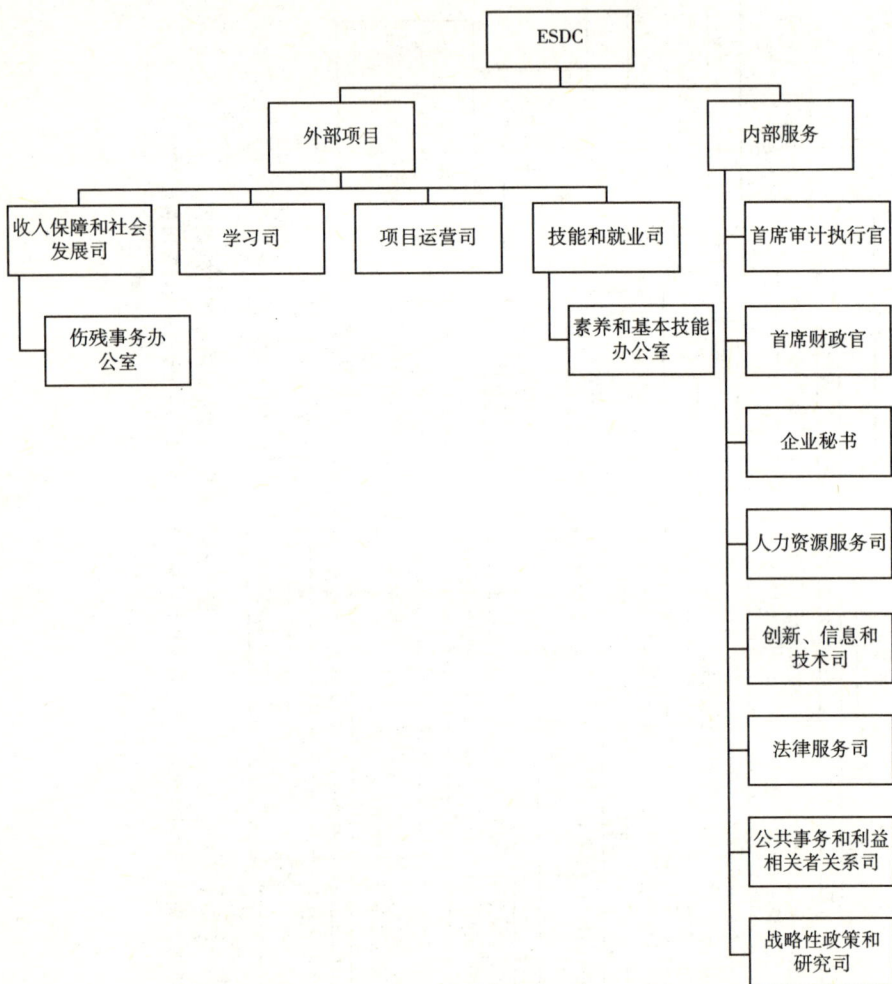

```
                         ESDC
              ┌───────────┴────────────┐
           外部项目                  内部服务
   ┌────┬────┬────┬────┐               │
收入保障和 学习司 项目运营司 技能和就业司   首席审计执行官
社会发展司                    │
   │                     素养和基本技能    首席财政官
伤残事务办                  办公室
公室                                    企业秘书

                                      人力资源服务司

                                      创新、信息和技术司

                                      法律服务司

                                      公共事务和利益相关者关系司

                                      战略性政策和研究司
```

图7-7 加拿大就业和社会发展部（ESDC）组织结构图

资料来源：http://www.esdc.gc.ca/eng/about/branches/index.shtml.

服务加拿大是政府公关服务传递系统，雇用了两万多名职员，分布在全国 320 个社区服务窗口，以便让国民通过网络、电话和现场办理等方式得到"一站式"的人性化服务。服务加拿大在社保方面的业务包括：办理社会保险号和服务加拿大账户。社会保险号被用于确认各种个人情况，如工作收入所得、纳税情况、养老金计划缴费情况并获得各种政府服务。而服务加拿大账户的具体功能包括：查看和更新就业保险信息、网上提交就业保险报告、查看和更新养老金计划和老年保障金的信息、查看养老金计划的缴费记录以及计算个人退休收入、估计养老金计划月收益等①。

服务加拿大设有三个服务质量评价和服务意见收集机构：（1）客户满意办公室（Office for Client Satisfaction，OCS），是收集、整理客户的建议、致谢和抱怨投诉等信息并予以回应的中立机构；（2）公正性问题顾问办公室（Office of the Advisor，OFA），处理相关机构在项目管理和服务供给上的问题；（3）服务加拿大资源部门咨询委员会（Service Canada's Voluntary Sector Advisory Committee，VSAC），帮助服务加拿大收集相关团体对服务供给的观点。

服务加拿大网站提供了各种政府项目和服务的信息。同时还与其他电子服务，如在线就业保险申请等相连，并支持在线人才市场，服务加拿大设立了专门的呼叫中心来解决来访者的各类问题，他们还开通了 18000 - Canada 热线，该热线可在 60 个国家使用，即使处于不同的时区，加拿大之外的呼叫者也能得到需要的服务。

加拿大的社会保险经办机构运行与管理模式给予我们最大的借鉴意义是：

1. 对服务质量和服务意见的高度关注。
2. 以相对独立的服务加拿大机构来满足服务对象的多层次服务需求。

7.5　澳大利亚的社会保险经办机构管理

澳大利亚的社会保障机构涉及三个层面：政府福利政策制定、公共服务政策制定以及公共服务提供。图 7 - 8 是澳大利亚社会保障机构的设置情况。

---

① 张应磊. 社会保险经办机构服务能力建设研究［D］. 首都经济贸易大学硕士论文，2012.

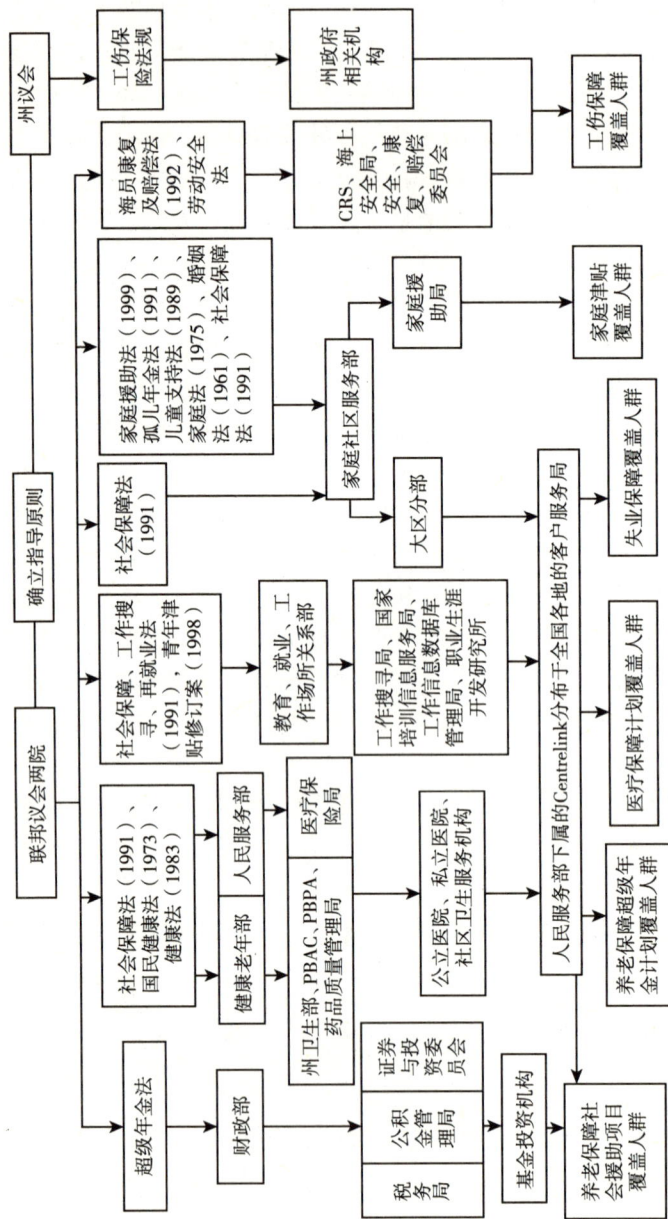

图 7 - 8　澳大利亚社会保障总体机构设置

资料来源：周弘. 50 国（地区）社会保障机构图解 [M] . 北京：中国劳动社会保障出版社，2011.

　　家庭社区服务部、劳动就业部、卫生与老龄人口部等政府部门负责相关福利政策的制定；人民服务部负责提供具体的经办服务，其中最大的公共服务提供机构是联邦社保经办局，社会保障经办服务职责是由主管社会保障政策的家庭社区服务部以"合同"形式交给"联邦社保经办局"的。澳大利亚颁布的《1997 年联邦服务派送机构法案》（Commonwealth Services Delivery Agency Act 1997）是联邦社保经办局成立的法律依据，它将联邦社保经办局界定为一家一站式的多功能派送机构，给多家采购部门提供服务。联邦社保经办局在 2004 年并入人民服务部，主要负责公共养老金、家庭福利、住房补贴等待遇的支付以及承担政府处理公共突发事件的职责。其使命被描述为："政府和百姓之间服务与沟通的桥梁"，具体职能包括审核公民获得服务的资格或权利、保存记录、向联邦当局和公众提供配送服务及与之相关的信息和行为。同时，他们也承担了反欺诈和债务管理两项重要的经办工作①。

　　联邦社保经办局将信息通信技术作为提供服务、流程、信息和处理事务的实际基础，所有联邦社保经办局的工作网点在澳大利亚各地都以相同的程序、相同的规则，依据相同的法律、政策和工作方式对待他们的服务对象，必要时它还会直接帮助居民和不同的政府部门进行沟通。

　　联邦社保经办局的服务渠道主要包括：面对面服务渠道、电话服务渠道、网络在线服务渠道和信件服务渠道。以呼叫中心、客户服务中心、信件、网络、代理中心、服务接入点、自助亭、传真、家访等形式提供服务。

　　联邦社保经办局的工作人员都是国家公务员，实行首长负责制，首席执行官的主要职责是确定目标、战略、政策，并确保运行，对最终的效率和效果负责。联邦社保经办局向人民服务部长汇报工作，联邦社保经办局的首席执行官要负责达成部长的期望。

　　澳大利亚的联邦社保经办局明确定义了自己的客户为待遇领取人和服务对象，把他们当成自己的衣食父母来处理经办管理问题。参考企业的职位设置，在内部设置首席执行官、总经理等，从服务而不是从管理与被管理角度来看待经办管理工作。他们甚至将服务拓展到了解决排队、无线上网、流动服务等形式，解决待遇领取不便等问题。

　　澳大利亚的社会保险经办机构运行与管理模式给予我们最大的借鉴意义

---

　　①　华迎放．澳大利亚社保经办管理考察报告［J］．中国劳动，2011（1）．

是：在经办管理中将以人为本作为基本理念，从客户层面出发，整合经办机构，强调工作和服务标准化，使服务对象在一个机构内可以办理更多事务，享受更便捷的服务，并通过购买服务等方式不断创新，提高服务质量。

7.6 拉丁美洲三个典型国家的社会保险经办机构管理

1. 智利。

1980 年智利政府颁布了《养老金制度改革法》，标志着智利养老金制度改革的开始。其特点是将部分社会保障事业转归私营，建立了一套政府和私人共同管理社会保障的体系。图 7 - 9 是智利社会保障机构的设置情况。

在智利，参加社会保障的雇员必须将月工资的 10% 存入储蓄账户，由高度规范的私人投资公司——养老基金管理公司（Private investment companies，AFPs）进行管理，并提供遗属和伤残保险。雇员还要向养老金管理公司缴纳管理佣金，用于伤残和遗属保险费用以及覆盖养老金管理公司的管理成本和创造利润。

因此，智利社会保险经办机构的主体是私人的养老基金管理公司，它们负责管理个人退休金账户，并运用企业管理的手段提供服务，提升效率。与此同时，作为制约，智利规定每一家公司只能管理一只基金，基金的资产与公司的资产是分离的，尽管公司自行决定费用和佣金，但根据这些资产的价值，他们不能收取退出费用或账户管理费（包括不活跃的账户）。养老基金管理公司不允许与包括银行在内的其他公司订立营销协议，这是为了防止联合营销，影响公共服务的性质。

养老基金管理公司监管局是养老金计划的监管部门，负责监督养老基金管理公司和他们的投资组合，同时还监管新的公司进入这一行业。1982 年 8 月，养老基金管理公司销售人员登记制度推出，使养老基金管理公司监管局可以直接监督到销售行为。

2. 墨西哥。

墨西哥的社会保障体系与智利类似，其社会保障机构也有相似之处。图 7 - 10 是墨西哥社会保障机构的设置情况。

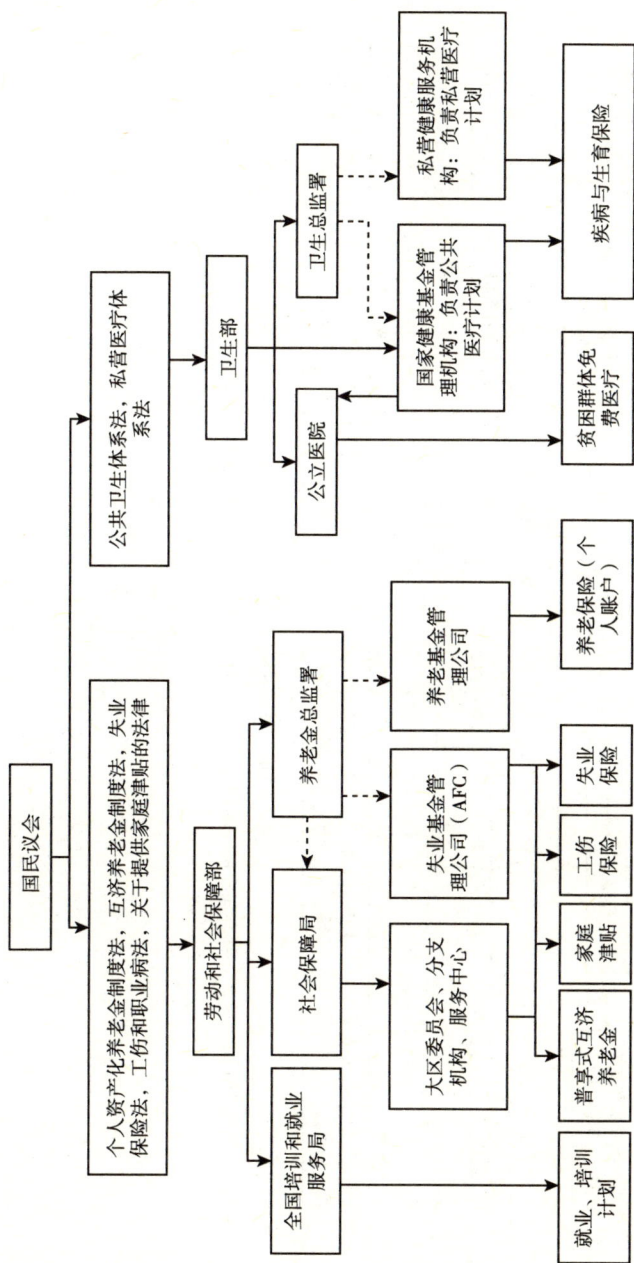

图 7 - 9　智利社会保障机构总体设置

资料来源：周弘. 50 国（地区）社会保障机构图解 [M]．北京：中国劳动社会保障出版社，2011.

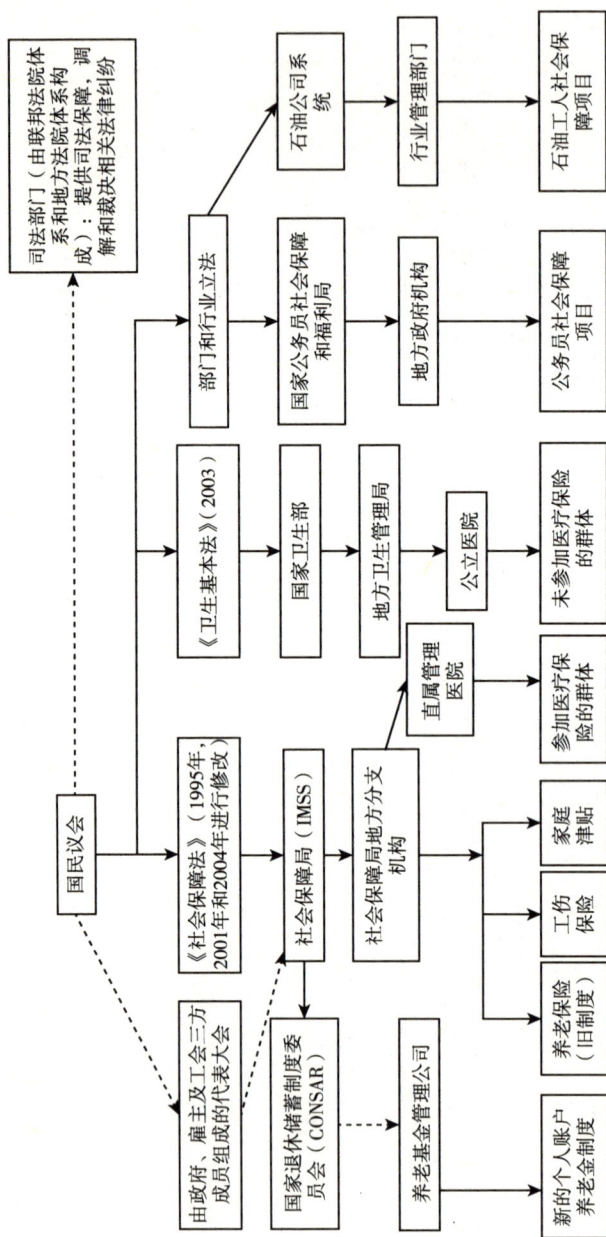

图 7 - 10　墨西哥社会保障机构总体设置

资料来源：周弘. 50 国（地区）社会保障机构图解 [M] . 北京：中国劳动社会保障出版社，2011.

1997 年，墨西哥对养老金系统进行了改革，将原来现收现付的养老系统更换为私人退休账户系统，但墨西哥模式与智利模式并不完全相同：第一，墨西哥要求所有的工作者必须参与新系统，而智利的工作者可以自主选择；第二，墨西哥曾允许旧系统缴费的工作者可以在退休时选择是否根据旧法律获得福利，而不是获得补偿性的债券；第三，墨西哥的养老金公司在最初是被允许管理多支基金的，当然经过改革，现在也和智利一样只能管理一只基金；第四，墨西哥模式要求工作者有两个账户，一个与私人养老金有关，另一个与公共运营的住房基金有关；第五，墨西哥模式没有要求最低回报率。

墨西哥的社会保险经办机构由多个组织共同构成：

墨西哥社会保障局（IMSS）：管理社会保障和福利系统，包括养老保险、伤残保险和生命保险（IVCM）。

养老基金管理公司（AFORE）：为工作者提供多种共同基金，其商业活动和市场准入都必须受到国家退休储蓄制度委员会的监督。

全国工作者住房基金机构（INFONAVIT）：雇主必须代表雇员进行缴费，该基金以特许利率借钱给工作者以帮助他们拥有房屋。

国家退休储蓄制度委员会（CONSAR）：用于监督退休基金的销售活动、进行仲裁并保证退休基金处于监管之下。所有的共同基金必须分发投资组合和投资策略说明书，而说明书必须经过国家退休储蓄制度委员会的审阅和批准。此外，养老基金管理公司还要建立一个专门的部门来回应来自雇主和雇员的问题，他们不能解决的问题会交给国家退休储蓄制度委员会进行调解和仲裁。

3. 阿根廷。

1993 年阿根廷进行了养老制度的改革，用两支柱系统代替了原先的现收现付系统。第一支柱提供与退休者收入无关的养老金福利，第二支柱提供与收入有关的养老金或个人账户的福利。图 7–11 是阿根廷社会保障机构的设置情况。

与收入相关的养老金仍以现收现付为基础，而个人账户是完全积累或自我积累的。现在的工作者可以选择留在现收现付系统，或加入个人账户系统。参与老系统的工作者可以根据其缴费年限获得补偿性的养老金。阿根廷政府在规范个人账户上采用了与智利相似的规则。

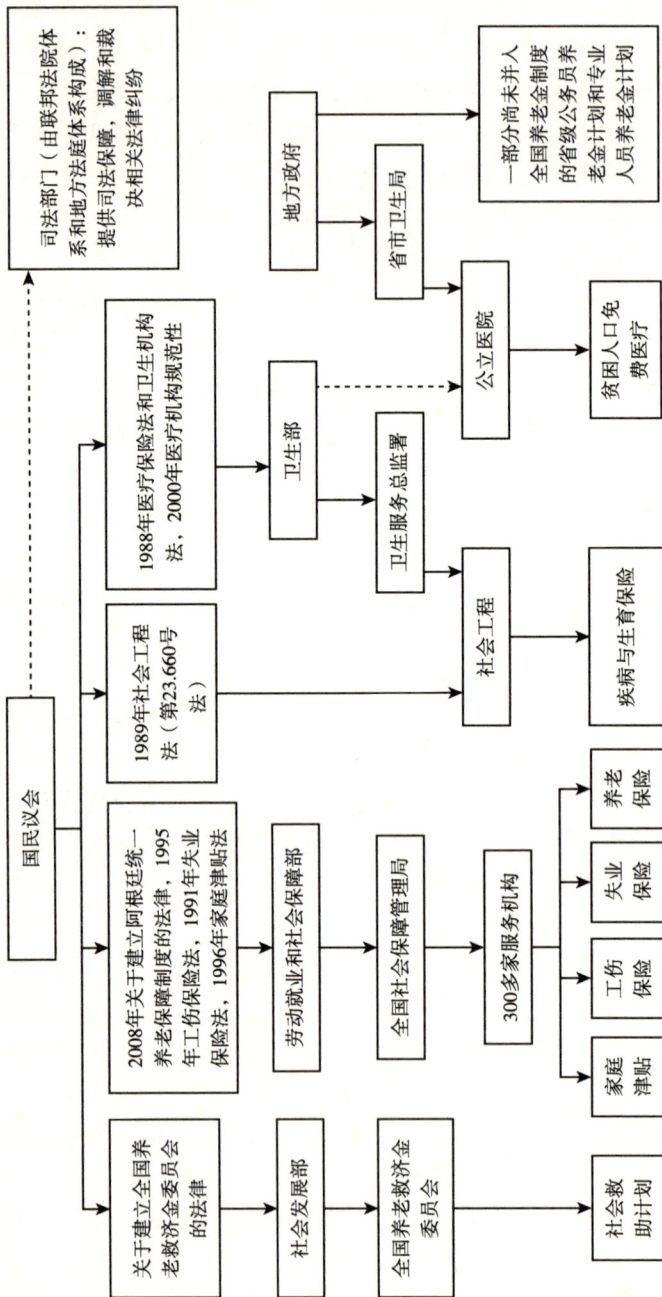

图 7-11 阿根廷社会保障总体机构设置

资料来源：周弘．50 国（地区）社会保障机构图解［M］．北京：中国劳动社会保障出版社，2011.

　　劳动就业和社会保障部是社会保险的主管部门，负责对私人退休账户投资公司的监督，可以控制私人退休账户投资公司的运营和发行的合同，还能在必要时对私人退休账户投资公司进行法律制裁和清算。

　　阿根廷的全国社会保障管理局和个人退休账户投资公司是社会保险的经办机构。

　　阿根廷全国社会保障管理局（Administración Nacional de la Seguridad Social）负责在新旧法律下管理养老金系统并将缴费注入选择个人账户系统的工作者的私人账户之中。

　　个人退休账户投资公司（AFJP）可以是公共的，也可以是私人的，但必须在严格的监管之下对个人退休账户的缴费进行投资。它们必须每日向监管机构汇报投资运营情况以及每月递交报告，此外公司还必须定期汇报账户所有者的情况，包括他们的缴费情况，佣金、费用和绩效表现。

　　拉丁美洲三个典型国家的社会保险经办机构运行与管理模式最大的特点：引入私人公司进行社会保险基金投资与管理，在监督之下采用市场化手段提供服务，推动创新。

7.7　其他国家社会保险经办管理的一些优秀实践

　　英国近年来卫生服务需求日益增长，指责卫生服务重量不重质的声音越来越大，于是卫生管理部门在统计数据基础上建立了针对卫生服务部门的绩效管理体系。这套体系在 1997 年基于美国"平衡计分卡"的方法推出，集中评价健康改善、便捷性、适当的卫生服务、效率、居民对卫生服务制度满意度、卫生服务制度的健康产出六个领域。卫生部根据评估领域提出了一些具体的绩效评价指标：住院天数、等待时间、床日费用、住院总费用等，根据绩效评价结果将国家卫生服务机构分为"绿色"、"黄色"、"红色"等级别，"绿色"表示那些能达到所有目标并且绩效得分进入前 25% 的机构；"黄色"表示达到所有或大部分国家核心指标但绩效未能进入前 25% 的机构，对于不同级别的国家卫生服务机构，卫生部会给予"自主权"和经济激励等奖励措施。

　　比利时政府针对家庭津贴基金的支付机构设立了专门的国家监控机关——家庭津贴政府办公室（ONAFTS），为了提高支付机构的服务水平，家庭津贴政府办公室定义了支付机构最低服务标准，并且根据支付机构提供服务的质量，给予支付机构一定的家庭津贴基金资源分配的权力，通过约束来保证支付机构的服务水平。

波兰的全民全面医疗康复项目是以改善或恢复劳动者的生产能力为目的的，其首要目标是让更多的人享受到更好的服务，从而减少其他长期福利的支出。社保经办机构（ZUS）实施该项目的时候意识到流程烦琐带来的资源浪费、效率低下和客户满意度下降等问题。因此，ZUS 不断地优化医疗康复转诊的流程，例如，引入专门的 IT 工具使转诊过程分散到 ZUS 的各个分支机构，同时对康复中心的定位、康复日期的选择、使用场地和协议的持续监控等工作流程进行优化。优化后的流程可以做到：服务对象能在很短的时间内选择康复的地点和时间，并能获得 ZUS 推荐并经过评估检查的医生的康复治疗；从组织精简的角度考虑转诊流程，可在过程中修改转诊订单，并且在转诊的流程中和所有阶段都可以随时查询数据并进行持续监控；日常工作中每个员工也可以依据他们所需要的数据进行查询。

秘鲁也认识到流程烦琐不能带来优质的服务，也不能提高客户的满意度。所以秘鲁建设了社保受益人服务平台来回应投保人的需求，确保投保人加入后就能得到社会医疗保险的福利。管理者组织了很多团队负责设计工作流程图、开发和更新程序规范，并简化保险机构的程序。为了给投保人提供更优质的服务，保险机构还通过了质量管理体系，通过重新设计、整合各服务流程来提高工作效率。同时，经办机构整合了各系统信息、完善了客户数据，从而提高了保险机构的管理水平，优先考虑投保客户满意度，建立有组织的、透明化的管理方式并提供友好、礼貌的服务。

阿尔巴尼亚在社会保障系统的信息管理方面做了有益的尝试。阿尔巴尼亚在中央预算中增加了社会保险补贴，但是研究表明养老金领取中有 30%的欺诈行为，这些欺诈大多是受益人年龄或职业经历不合格、重复领取养老金、受益人死后继续支付养老金等。同时，没有良好的投保人信息数据系统也是导致"保险受益人对保险机构的满意度只有 51%"的原因之一。因此，他们在养老金的管理上建立现代化的信息系统，用于增加透明度、打击欺诈和改善客户服务。在未来的系统规划中，还准备实现与欧盟的社会保障信息进行交换，建立一个完全集中的系统使系统备份和灾难复原都符合国际标准，建设集中管理现有纸质文档的数字化档案馆，提供所有利益相关者如银行和企业雇主的在线访问等功能。

　　乌拉圭建立社会信息系统进行数据收集和整合，社会信息系统项目是由不同的社会组织（社会保障、国家卫生系统、公共教育、住房、就业和社会发展）共同开发的，这个信息系统为国家提供信息决策支持，国家可以运用这个系统进行社会政策和规划的分析、设计和实施。

　　南亚很多国家养老保险的覆盖率很低，而推进覆盖率的提升成本较高，因此南亚国家一直努力通过非正式组织进行扩面工作。他们给予非正式组织提供社会保障相关信息记录和管理方面的支持，同时与银行进行合作，使得政府、非正式组织、银行三者在社会保险工作中联动起来，发挥更大的作用。

7.8　我国银行业推进流程优化组织变革的经验

　　"流程银行"的概念是在 2005 年 10 月的"上海银行业首届合规年会"上由中国银行业监督管理委员会（以下简称银监会）主席刘明康首次提出的。[①] 他明确指出当前中资银行是"部门银行"，而不是"流程银行"的弊端[②]。客户在网点必须按照拟办理业务的种类进行排队，工作人员也只能就自己部门的业务范围为客户提供服务和进行宣传讲解，这种状况是内部管理驱动而不是服务对象需求驱动，会带来客户需求的服务得不到满足以及创新和风险防范等方面的问题，对于面临经营风险的银行来说，内部相互制衡机制并不能有效地发挥作用。"流程银行"的概念一经提出，就得到广泛的响应，于是在银监会的推动下，国内各大商业银行在这方面进行了积极的实践与探索，积累了很多宝贵的经验。

　　2005 年下半年，民生银行开始以流程银行的理念酝酿公司业务的组织结构变革，实行了公司业务的集中经营，取消了等级支行制度，将支行的公司业务全部上收到分行经营，确保支行只从事零售业务。从 2006 年年初开始，用了半年时间就完成了 22 家分行和直属支行的公司业务集中经营[③]，

　　① 李东. 刍议流程银行和部门银行 [J]. 济南金融，2007（5）.

　　② 陈文生. 银行如何再造流程 [J]. IT 经理世界，2011（5）.

　　③ 改革创新民生银行十年嬗变 [EB/OL]. 中国金融信息网. http：//bank. xinhua08. com/a/20111110/850538_ 2. shtml.

随后对几乎所有的分支机构进行市场细分、定位和规划，据此重组了销售架构。2007 年 7 月，民生银行启动了事业部制的改革。将高风险的业务由"三级经营、三级管理"变为"一级经营、一级管理"。和社会保险经办机构一样，信息系统是业务转型和结构调整的基本保障，从 2004 年起，民生银行引进了世界最先进的技术与管理理念，进行新一代核心银行系统的开发，该系统精简了业务操作流程，可以加强成本控制和降低操作风险，这个系统的使用，成功地推动了民生银行以客户服务为导向的系统架构，加快了新产品的开发及推出，提高了客户满意度并带来客户数量的迅速增长。新一代核心业务系统于 2007 年开始进入全面开发阶段。2009 年，民生银行"流程银行"改革进入核心攻关阶段，中后台进一步进行流程梳理[1]。整个变革过程，历经约 5 年时间。

中信银行业务流程再造项目是在国内"流程银行"建设潮流之中诞生的、以提高规模效率、控制银行操作风险为目的的操作模式系统，这个流程再造项目为实现部门银行向流程银行的转变奠定了基础。该项目以客户服务为导向，意在将网点的受理人员转变为真正意义上的产品和服务的专业化营销人员，从网点经办人员的身上去除银行会计印痕[2]。他们成立了账务作业中心，采用集中处理模式，使银行经办和复核相分离，不仅降低了经营成本，而且降低内部合谋的操作风险并充分发挥账务中心人员的专业能力，提高了银行的竞争优势。他们按照业务需求规划、设计了 100 多个再造流程，并通过信息系统实现。中信银行通过流程再造实现了：引入圈存机制来规避风险和提高效率，借助技术手段实现业务自动化处理，整合操作界面来减少验印处理环节，设计电子底卡实现管理无纸化、档案管理电子化，通过流程式授权对操作风险进行有效控制，切实实现事后监督向事中监督的转变。

绝大多数内资银行都在大约 5 年左右的时间里初步完成了"流程银行"的改造，2013 年，笔者到建设银行调研时发现，建设银行在 8 年时间里进行了两期新一代信息系统的开发建设，在当时已完成了基层网点的整合，能够做到网点一体化，并将部分业务通过信息系统的图像拆分功能传送到"后台业务处理中心"统一集中处理，极大地提高了业务效率和准确程度，

---

① 主动转型成功二次腾飞在即［EB/OL］. 东方财富网. http：//blog. eastmoney. com/F10/blog_ 120305535. html.

② 莫毓泉. 面向服务模式的银行业务流程再造分析与实践［D］. 北京邮电大学硕士论文.

从而减少了网点排队时间，提高了客户的满意度。

综合各股份制银行的资料，形成表 7-1，可以看出，包括中信银行在内的几个股份制银行在一些关键业务流程优化连同信息化系统的配套开发上，最长的用了 18 个月的时间。

表 7-1　　四家股份制银行业务流程再造的内容、方式、时间及效果

对比项目	浦发银行	光大银行	民生银行	中信银行
再造内容	票交业务、汇划业务	对公业务全部集中，包括现金业务	非现金对公业务，全部集中	非现金对公业务，包括票交、汇划、资产、综合业务
处理方式	票据由总行集中处理，汇划由分行集中处理。采用将业务要素切片、二录一校的工厂处理方式	以松耦合方式实现集中，既未做交易界面改造，也不改变原有的记账流程	全国设立三大作业中心完成集中业务处理，采用将业务要素切片、二录一校的工厂处理方式	业务集中在分行处理。再造柜面系统，以流程处理方式代替原有记账方式
建设时间	12 个月	18 个月	16 个月	8 个月
风险控制	风险集中控制	风险集中控制	风险集中控制	风险集中控制
效率提高	交换业务效率无明显提高，汇划业务整个流程处理完毕后，给客户回单，等待时间较长	提高了前台处理效率，后台业务处理效率没变化	没有圈存机制，业务处理效率降低	业务受理和完整处理时间均大幅缩短，业务处理效率提高，客户满意度提高
人力节约	未减少人员	未减少人员	未减少人员	节约人力资源

资料来源：北京银联信投资顾问有限公司《中国银行业公司业务创新与营销专题研究报告》，2013 年 5 月 31 日。

银行业进行"流程银行"变革的"痛点"与社会保险经办机构的高度相似，其改革的经验也非常值得借鉴。从他们的经验可以看出，流程再造的确能够提高效率和客户的满意度，而包括系统整合优化甚至重新进行系统需求分析规划与开发在内的组织变革，所需要的时间并不像想象的那么长，困难也并不像想象的那么大。

7.9 社会保险经办机构的发展趋势与借鉴意义

国际上的社会保险经办机构以及跨行业服务机构的运行与管理模式千差万别，但通过对优秀实践的梳理，可以从中总结出一些经验和发展趋势，供我国社会保险经办机构借鉴参考。

一、社会保险经办机构由政府直接管理的统一式模式占主导地位

世界各国的社会保险经办机构总体上可以分为三大类，统一式、自治式与公司制。美国、加拿大、澳大利亚、日本等国均采取统一式模式，由中央政府下属的行政部门或依法成立的公共机构统一负责全国的社会保险经办业务，管理体制上采取垂直管理体制，各级之间分工明确。采取自治式经办管理模式的国家大多为欧洲大陆国家，以德国和法国为代表，政府与自治机构通过契约达成合作，经办机构由政府代表、雇主代表和雇员代表组成董事会进行决策，政府部门负责监督，经办机构负责具体业务办理，享有自主权。公司制经办管理模式以拉丁美洲国家为主要代表，由私人养老基金管理公司经办管理参保人的个人账户，由政府相关监督部门批准公司履行管理养老金的职能。

这三种模式各有利弊，但目前采用统一式模式的最多，因为它能够保证社会保险政策的统一性和推进的力度，直接贯彻政府的目标和意图。而从另一个角度，应该看到，并不一定只能采用一种模式，从各个国家的经办机构改革历程可以看到，很多经办管理体系慢慢出现了混合型的特征来充分发挥各类组织的优势特点。

二、服务对象导向的基本理念

很多国家认为在社会保险经办方面，服务对象导向的工作方式应该是首要解决的问题，民众对社会保险工作的不满很大程度来自于社会保险经办机构的服务水平低下，投保人不能第一时间得到社保机构的有效服务，社保机构的服务态度等问题都有待解决，而在银行业，这种导向更是不言而喻。在实践中有一些具体的可以参考的举措：

1. 首先明确概念，明确地将待遇领取人和服务对象定义为社会保险经办的顾客。

2. 多渠道、多方位解决服务对象的问题。从各国实践可以看到，站在服务对象需求的角度，经办与服务的范围越来越广，除了普遍采用的信息系统、呼叫中心、网络等方式外，很多国家都采用了服务满意度调查的方式以收集服务对象需求，有针对性地解决问题。

3. 提出服务承诺，即定义出社会保险经办机构服务的水平，明确描述经办服务具体要达到哪些标准，展现哪些行为以及提供哪些服务。

4. 以服务质量为目标，通过绩效管理来确保目标达成。

三、通过立法明确社会保险经办机构的职责

遵循着使命—战略—职责的管理逻辑，很多国家的社会保险经办机构通常经过对使命和战略以及价值观的严谨论证过程，明确界定自身的职责外延和内涵，之后通过立法的方式将其使命及职责范围固化，从而为内外部职责划分奠定基础。

四、优化内部管理

无论是各国社会保险经办机构还是其他类型的服务机构，都一直致力于内部管理的优化，通过提高效率和服务质量最终实现使命和目标。这些举措包括：

1. 组织结构与业务流程的优化。从客户需求角度出发的机构，提升工作服务水平的重要保障是内部架构及相关流程的优化。通过结构重组和流程优化，一方面为服务对象提供更便利的服务，另一方面也能对相关资源进行整合，消除因为信息沟通和资源调配等造成的工作延迟和资源浪费。与流程银行的实践相类似，一些国家的社会保险经办机构从架构上呈现独立化和扁平化的趋势，大大提高了工作效率和质量。

2. 建立完善的信息系统。实践证明，信息系统是经办服务管理中非常重要的部分。完善的数据管理可以搜集到服务对象各种信息，对服务对象人的状态会有动态的追踪，这样既可以给予客户便捷高效和个性化的服务，又可以防止因数据的不完善导致的风险。同时，完善的数据为跨部门进行信息交互和协作提供了便利。在数据管理的基础上，运用专业的统计分析工具还可以评估业务运行的效果，甚至可以预测社会保险可能遇到的风险。目前已经有不少国家建立起社会保险的数据管理系统并对此不断进行优化。

3. 建立以绩效管理机制为重点的人力资源管理体系。在所有机构的优秀管理实践中，绩效管理机制都是不可或缺的部分，如何评定社保机构的服务水平达到要求以及如何评定社保机构的运行效果都需要绩效管理体系进行验证，只有在数据管理的基础上，综合各种变量维度，才能准确地对社保机

构进行评价，给投保人一个满意的答复，增加社保机构的公信力，更重要的是绩效管理体系能发现社保经办机构现阶段的问题以及未来可能面对的危机。

五、加强与社会组织的联动作用

目前，社会保险经办所涉及的范围已经不是单一的经办机构或政府部门，而且还牵涉保险收益人、收益人的雇主、医院、药品经销商、医疗器械经销商等多个机构，一项社会保险制度也不是仅靠社会保险经办机构或政府就能推动起来的，需要各方协作，所以社会保险经办机构需要运用多种措施增强与社会其他机构的联动。公共服务"外包"方式从英国撒切尔夫人执政时期产生，后来发展到美国、法国、德国、新西兰、澳大利亚和加拿大。其他的一些国家也不同形式地采用了与社会组织共同推动社会保险经办工作的方式。他们一方面运用签订合同的方式与其他机构合作为保险受益人服务，另一方面，与其他各种社会机构实现数据交互，并运用科学的分析促使各方机构共同推动相应的社会保险制度。在社会保险经办机构改革的过程中，各种类型的组织之间以整合的模式向服务对象提供快速、准确、便捷的服务已渐渐发展成为一个普遍的趋势。

第 8 章

我国社会保险经办机构的改革路径

8.1 运行效果影响因素的逻辑关系

改革的举措是一个决策。这个决策必须是系统的，针对现象背后真正的原因的。碎片化地全面推进并不能取得预想的效果。对社会保险经办机构运行效果的影响因素进行分析，寻找它们之间的相互影响关系，才能够发现某些因素是另一些因素的前提保障条件。有序推进才是正确的方案。

社会保险经办机构的使命和性质决定了其基本理念是"以国民为本"，为国民提供服务是业务宗旨，因此，服务对象的满意度是运行效果最重要的维度。

从服务对象满意度模型的各因素出发，可以看出这些因素受制度与流程规范、文化、定位、组织结构及外部环境的影响和制约。表8-1反映的就是这种影响因素的逻辑关系。

表8-1　　　　　　　　服务对象满意度影响因素逻辑关系

影响因素					
服务对象满意度影响因素	二级	三级	四级	五级	六级
社会保险经办机构的定位	外部环境				
	组织结构	外部环境			
社会保险经办机构的形象标识	组织结构	外部环境	定位		

影响因素					
服务对象满意度影响因素	二级	三级	四级	五级	六级
社会保险经办机构人员的行为	组织结构	外部环境	定位		
	管理制度与流程规范	组织结构	外部环境	定位	
社会保险经办业务规范的标准化程度	制度与流程	组织结构	外部环境	定位	
社会保险经办服务标准被服务对象的知晓程度	制度与流程	组织结构	外部环境	定位	
	文化	定位			
		组织结构	外部环境	定位	
社会其他服务领域的服务标准	外部环境	定位			
经办人员的工作能力	组织结构	外部环境	定位		
	管理制度与流程规范	组织结构	外部环境	定位	
经办人员的工作态度	组织结构	外部环境	定位		
	管理制度与流程规范	组织结构	外部环境	定位	
	文化	定位			
		组织结构	外部环境	定位	
信息系统	技术	组织结构	外部环境	定位	
		制度与流程	组织结构	外部环境	定位
	外部环境	定位			
	组织结构	外部环境	定位		
社会保险制度中关于国民的权益因素	制度与流程	组织结构	外部环境	定位	
业务经办流程的便捷性与效果	制度与流程	组织结构	外部环境	定位	
服务设施的便利程度	制度与流程	组织结构	外部环境	定位	
	文化	定位			
		组织结构	外部环境	定位	

　　从表 8 - 1 可以看出社会保险经办机构的各项影响因素的逻辑关系与顺序，对服务对象满意度有影响的所有因素都会受到组织的定位和外部环境影响，除定位和外部环境之外的因素都受到组织结构的影响。将推演出的所有影响因素加以重新梳理归纳后，会形成各因素之间的影响关系，如表 8 - 2 所示：

　　社会保险经办机构的定位指的是依据社会保险经办机构的使命所明确的机构战略、性质和总体职责，它体现了社会保险经办机构的基本理念、目标和边界。它与社会保险经办机构的外部环境互相影响，最终决定与其他组织之间的职责界限以及协作关系，而其他组织的职责权限和定位即外部环境也反过来影响经办机构的定位。明晰的定位会推动相关组织的系统化整体变革，在这个层面上，定位是明规则，外部环境是"潜规则"，它们共同作用，对其他的所有因素形成影响，构成了运行的第一个层面。

　　组织结构指的是社会保险经办机构内部的横向、纵向关系组合，即为了实现目标而必须从事的所有工作任务在各个层级与地区之间的责任与权限分配。它受定位与外部环境的影响，并与文化氛围互相作用，直接决定了社会保险制度和流程的变革力度以及各项能力提升的方向。组织结构和文化构成了运行的第二个层面，组织结构是明规则、文化是"潜规则"，他们共同作用，对第一、第二层面之外的所有因素形成影响。

　　制度包括经办业务及管理的政策、流程及服务标准等，它由定位和组织结构直接决定，并受外部环境和文化的潜在影响。同时，它也决定了信息系统的运行模式以及人员、服务设施、标准化和透明度的基本要求。因此，制度层可以作为运行效果影响因素的第三个层次，它也是由服务对象直接感受到的层次。

　　能力提升包括人员、信息系统、服务设施、服务标准透明化等方面能力的建设，直接为服务对象提供服务，确保各级社会保险经办机构的制度和流程在软、硬件上落地实施。这些因素由其他三个层次直接或间接决定，最终通过服务过程直接展现给服务对象，从而实现服务对象满意度的提升。

　　基于以上的梳理，可以形成社会保险经办机构理念到落地的四个层次，如图 8 - 1 所示。

表8-2 社会保险经办机构运行效果相关因素的影响关系

影响关系	定位	外部环境	组织结构	文化	制度与流程	人员	信息系统	服务设施	公开透明	其他管理能力提升
定位										
外部环境	互相影响									
组织结构	直接影响	间接影响								
文化	直接影响	间接影响	互相影响							
制度与流程	直接影响/间接影响	间接影响	直接影响	间接影响						
人员能力提升	直接影响/间接影响	间接影响	直接影响	间接影响	直接影响					
信息系统能力提升	直接影响/间接影响	间接影响	直接影响/间接影响	间接影响	直接影响	互相影响				
服务设施能力提升	直接影响/间接影响	间接影响	直接影响/间接影响	间接影响	直接影响	直接影响/间接影响	直接影响/间接影响			
公开透明能力提升	直接影响/间接影响	间接影响	直接影响/间接影响	间接影响	直接影响	直接影响	直接影响	直接影响/间接影响		
其他管理能力提升	直接影响/间接影响	间接影响	直接影响/间接影响	间接影响	直接影响	直接影响/间接影响	直接影响/间接影响	直接影响/间接影响	直接影响/间接影响	

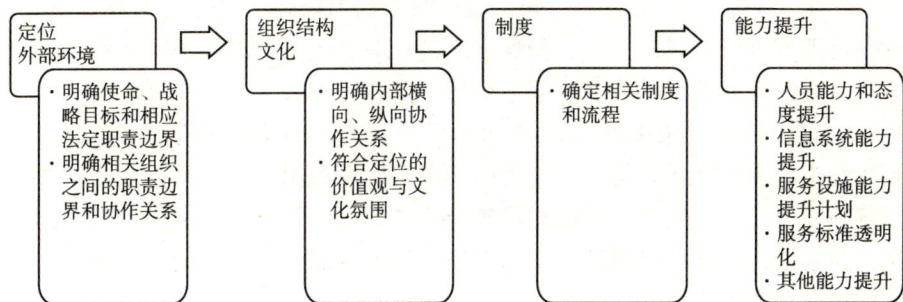

图8-1 从理念到落地的四层次模型

　　社会保险经办机构的理念只有通过定位层、组织结构层、制度层和能力提升层一以贯之地传递出来，才能够确保不折不扣地被执行实施。前一层次的变革是下一层变革的基本保障，只有完成前一层次的变革，下一层次的变革才能够得以顺利推行。

　　回顾近年来社会保险经办机构改革的经历，初步印证了这个推论。自2007年针对社会保险经办机构能力提升的历次研究中，得以实施的改革举措更多地集中在制度和能力提升层，那些涉及整体架构调整的建议，很少被采纳实施。在人社部和地方各级社会保险经办机构不断推动变革的7年，取得了一定效果却未达到预期的改革目标，这与缺乏前两个层次的有力保障和推动密切相关。

　　因此我国社会保险经办机构的改革应当遵循以下五个步骤：

　　1. 明确理念。在之前的研究成果基础上，在决策层进一步针对社会保险经办机构的使命开展深入探讨，明确回答"社会保险经办机构为了什么负责"、"社会保险经办机构对谁负责"以及"实现责任的手段是什么"三个问题并达成共识。

　　2. 推动立法。通过外部环境的协调，将理念转化为明确的定位和职责范围。在最高国家权力机关的执行机关层面将社会保险业务在相关部门内进行整合和明确分工，并通过立法将理念和职责加以固化。尽可能清晰地在部门间、中央与地方政府间明确责任边界并给予权限、经费、政策的保障。

　　3. 组织结构变革。根据法定的职责范围进行组织结构变革，以理念为导向，将职责在各层级和区域内进行分配，明确汇报及沟通协调关系，通过组织结构保障制度与流程的顺畅运行，推动战略目标的达成。

4. 制度建设。以战略为导向，以组织结构为保障，对经办和管理制度、流程及规范进行梳理及优化，确保制度设计符合服务导向的理念和社会保险战略。促进经办服务的效率和服务对象的满意度提升。

5. 能力提升。根据组织结构和制度的要求，对人员素质、信息系统、服务设施以及标准化和信息公开等软、硬件要素提出目标，并以此为核心进行各项能力提升，确保与服务对象进行直接接触的因素均满足优化后的制度流程要求。该过程可以略滞后于制度建设保障层面，但其中的服务设施建设等可根据理念同步开展。

只有遵循选择的顺序，社会保险理念与战略才能传递为行动，而从后端推进的改革只能事倍功半。

8.2 我国社会保险经办机构改革路径

我国社会保险经办机构的改革路径图实际上就是理念到落地执行的具体顺序与路径，在从理念到落地四层次模型的指导下，可以借鉴平衡计分卡的思路，将我国社会保险的战略目标进行分解，形成 2020 年前我国社会保险经办机构改革的具体举措及其顺序，为我国社会保险总体战略目标的达成提供清晰的路径演示。

平衡计分卡产生于 20 世纪 90 年代初期，是一种全面绩效管理的理念、体系与方法。平衡计分卡是由美国哈佛大学的教授卡普兰和企业管理咨询师诺顿（Robert S. Kaplan，David P. Norton，1992）总结了 12 家业绩突出的企业在绩效管理和战略实施方面的经验后共同研究开发而成的，其前身是企业计分卡。平衡计分卡以在 1992 年 1 ~ 2 号《哈佛商业评论》中发表的《平衡计分卡：驱动业绩的评价指标体系》为标志而出现，由财务层面、客户层面、内部经营流程层面、学习与成长层面四个维度构成。与其他绩效管理或评价方法相比，在理念和操作层面均有相当大的突破，该理论及方法着重于从战略到执行的逻辑关系，确保多样化的具体任务和举措之间相互联系并都指向根本目标，通过逻辑推演将任务和决策转化成具体的、可以衡量的目标和指标。

平衡计分卡的核心思想是：学习和成长层面目标的达成，使组织具备了优化内部流程的能力，而内部流程的改善会导向客户层面目标的达成，客户层面目标达成会直接给组织带来财务方面的回报，最终实现组织的战略及愿景目标。平衡计分卡工具通过财务、客户、内部流程、学习与成长四个层面之间相互驱动的因果关系，展现组织的战略落地过程，发现战略执行的关键任务及实现路径。

社会保险体系是一个宏观的系统，需要高屋建瓴的管理体系能够将其使命、核心价值观和战略与具体实施任务进行关联，平衡计分卡正是这样的一个工具。但平衡计分卡的工具从企业领域发展而来，将增加股东价值层面的指标设置为最高层次，而公共部门和非营利部门的价值创造模型与企业在导向上有着本质的区别，其各个维度的因果关系也会发生根本的变化，因此在公共服务体系应用中，并不能完全照搬平衡计分卡在企业领域的成功经验。但无论如何，公共部门和非营利组织也必然有其价值创造的目标和路径，因此可以使用平衡计分卡价值创造的思路框架，对各个维度进行创造性的修正。

组织使命是平衡计分卡的出发点，而战略也依然是其核心。使命需要回答如何为目标客户创造价值的问题。在现代政治意义上，一个重要的常识是：政府由纳税人出资支撑，是国民利益的代言人，政府代表公众的利益提供关系全体人民普遍利益的公共产品或服务，"权力来自人民且服务于人民"的主权原则是公共管理与公共服务领域的根本导向。因此在服务型政府的理念要求下，公共部门和非营利组织是以全体国民为服务对象，以满足国民需要为最终使命，全体国民的需求即客户层面的指标无疑是平衡计分卡模型中最高层面的指标维度，引领着其他层面指标的方向，这是与企业平衡计分卡的明显差异。针对社会保险业务的特点，客户层面即服务对象需求应该是第一个层面的维度。

尽管国家层面的目标达成最终是以服务对象满意为标志的，但也必须反映主要支持者的诉求，因为国家提供了资金支持，其意愿是改革的边界约束条件。政府作为公共权力机关，在人民主权原则之下提供公共物品和公共服务，代行公共利益，以国家授权者的身份工作，确保在可操作的情况下达成服务对象的需求，因此他们考虑的是如何系统和可持续地提升服务对象满意度，可将这个层面根据平衡计分卡在国际公共部门的实践中约定俗成的名称设置为"受托人层面"，表达的是国家代表纳税人或捐赠人希望社会保险体系能够达成的目标，是客户层面维度的具体化和确保可操作性的维度。

服务对象目标的达成及可持续运行必须通过内部制度与流程才能创造。内部流程的优化是达到客户层面和受托层面目标的重要前提，而学习与成长层面的无形资产又是内部流程业绩的支柱，该层面的能力积累是实现内部流程优化的重要保障，因此内部流程和学习与成长两个层面的逻辑关系与平衡计分卡的原始模型相同。应该说，客户和受托人层面只是目标，而内部流程和学习与成长层面更多的是行动。经过修正后的我国社会保险经办的平衡计分卡模型，可以用图 8 - 2 来表示。

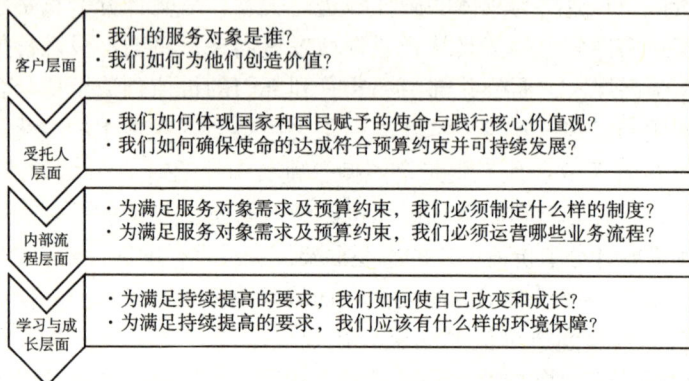

客户层面	·我们的服务对象是谁？ ·我们如何为他们创造价值？
受托人层面	·我们如何体现国家和国民赋予的使命与践行核心价值观？ ·我们如何确保使命的达成符合预算约束并可持续发展？
内部流程层面	·为满足服务对象需求及预算约束，我们必须制定什么样的制度？ ·为满足服务对象需求及预算约束，我们必须运营哪些业务流程？
学习与成长层面	·为满足持续提高的要求，我们如何使自己改变和成长？ ·为满足持续提高的要求，我们应该有什么样的环境保障？

图 8 - 2　社会保险经办机构平衡计分卡模型

8.2.1　至 2020 年我国社会保险经办机构改革的战略地图

战略地图是在平衡计分卡的基础上发展而来的。平衡计分卡的创始人卡普兰教授和诺顿在运用平衡计分卡模型的过程中，发现很多组织由于无法清晰地描述战略而使管理者与一线工作人员无法达成共识，平衡计分卡只是建立了战略思维的框架，但缺乏对战略具体而系统、全面的描述，由于平衡计分卡当时存在着这一缺陷，他们在 2004 年进一步提出了战略地图的概念①。

平衡计分卡是一个整体的系统，而战略地图是这种系统思路之下，使用价值链的思路进行要素分解并形成这些要素之间的因果关系图。战略地图是一种工具，是分解和描述战略的一个通用架构。运用平衡计分卡的思维方法绘制战略地图，可以将战略拆分为若干个达成目标的驱动因素，使战略具体化和目标化，每一指标都可以被因果逻辑关系所验证并可以被衡量。

———————

① 罗伯特·卡普兰，大卫·诺顿. 平衡计分卡——战略地图 [M]. 广东：广东省出版集团广东经济出版社，2012.

在社会保险经办机构战略目标制定过程中借鉴平衡计分卡的思路，是一个新的尝试，可以帮助我们连续、系统和整体地审视整个目标，而战略地图工具的引入，可以将中短期的任务变得具体和可操作。

战略分解不是一个孤立的管理流程，它的起点是组织的使命，即在社会保险实施领域职能范畴之内，为国民提供准确、高效、便捷的社会保险服务以帮助国民抵御年老、疾病、失业、伤残、生育等社会风险。这个描述构成了社会保险经办机构战略地图的顶层，也就是最根本的目标。战略是达成使命的具体步骤，是一个特定阶段的目标，是相对明确、具体、可衡量并有时间限制的。根据《中国社会保障改革与发展战略》中的描述，我国社会保障总目标是：公平、普惠、可持续的社会保障体系。基于改革开放以来所取得的巨大成就和已经奠定的物质基础，以及亿万人民要求解决生活后顾之忧和对良好的安全预期的愿望，中国社会保障制度发展的战略目标，是从弥补制度缺失、构建覆盖城乡居民的社会保障体系入手，积极稳妥、循序渐进地推进社会保障制度沿着公平、普惠、可持续的方向发展，在解决人民生活后顾之忧的同时，不断提高人民的生活质量并增进人民的幸福感，切实维护个人的自由、平等与尊严，在中华人民共和国成立 100 周年前后迈向中国特色社会主义福利社会[①]。在这个总体目标指导下，设计了三步走战略，第一步已在 2012 年初步完成，第二步战略从 2013 年至 2020 年，希望实现中国特色社会保障制度全面定型和稳定发展[②]。

社会保险经办机构改革应当配合社会保障整体的战略步骤，因此本书着重配合第二步战略，将社会保险经办机构的战略目标分解周期设置为 2020 年，即描绘出到 2020 年，我国社会保险经办机构改革需要采取的具体行动和要达成的目标。

满足服务对象的需求是战略地图中第一层面的目标，是在 2020 年初步实现社会保险经办机构使命的具体标志。

根据对我国社会保障 2013 年至 2020 年第二步战略即"中国特色社会保障制度全面定型和稳定发展"的要求，在服务对象层面的战略目标可以进行进一步的分解，从而形成表 8 - 3。

---

① 郑功成. 中国社会保障改革与发展战略（总论卷）[M]. 北京：人民出版社，2011.
② 郑功成. 中国社会保障改革与未来发展 [J]. 中国人民大学学报，2010 (9).

表8－3　服务对象层面战略目标分解

至2020年社会保险制度目标	至2020年社会保险经办机构目标	评价指标	指标释义
各项保险覆盖全民、区域统一	在新的社会保险制度推出后形成经办方案、操作规程并实施	新制度实施及时率	在社会保险完成制定或修订颁布后特定时间内，各级社会保险经办机构按新制度执行的比率
养老保险体系完成整合			
工伤保险、失业保险、生育保险进一步完善			
推出专门的护理保险制度			
社会保险制度在地域和人群之间的公平性	社会保险制度异地转移接续制度和流程优化并实施	异地转移接续和报销流程经办时间	异地转移接续和报销的办理时间
	不同身份人群办业务流程优化并实施	不同身份人群业务经办时间比	不同身份人群业务的办理时间差距
社会保险待遇足额、按时发放	社会保险待遇足额发放	社会保险待遇足额发放率	社会保险待遇按政策规定足额发放笔数占总笔数的比例
	社会保险待遇按时发放	社会保险待遇按时发放率	社会保险待遇按政策规定按时发放笔数占总笔数的比例
为城乡居民提供便捷的保障服务	在城市街道和农村乡镇建立综合型社保服务网络	综合型社会保障服务网建成率	为居民提供一站式服务的综合型社会保障服务网点占所有街道和乡镇的比例
	社会保险服务执行统一标准	社会保险服务承诺推出时间	全国社会保险经办机构统一的服务承诺推出
	参保人员对服务流程相对满意	服务流程满意度	针对参保人员的满意度调查中服务流程满分值

续表

至 2020 年社会保险制度目标	至 2020 年社会保险经办机构目标	评价指标	指标释义
社会保障事务通过公共服务体系公开透明呈现	参保人员对服务设施相对满意	服务设施满意度	针对参保人员的满意度调查中服务设施分值
	参保人员对工作人员服务态度及业务能力相对满意	服务态度及能力满意度	针对参保人员的满意度调查中工作人员服务态度和业务能力分值
	社会保障卡全覆盖	社会保障卡覆盖率	社会保障卡持有人数占总人数比例
	参保人员对信息公开相对满意	信息公开满意度	针对参保人员的满意度调查中信息公开分值

在第二层面——受托人层面，需要描绘出为了实现客户层面的目标，在一定的预算约束之下，用哪些指标和标准能够体现国家赋予的使命和践行核心价值观。受托人层面为确保全体国民在遇到年老、疾病、失业、伤残、生育等社会风险时就能够享受到相应的支持和帮助以抵御风险，要求将全民纳入到社会保险网络中，在制度层面实现全覆盖，而在社会保险经办领域则需要开展针对不同制度的扩面工作。因此，在受托人层面，社会保险经办机构的主要战略目标应该是：（1）各项社会保险覆盖率（或各项保险扩面数量）；（2）各项社会保险基金收缴金额（或各项社会保险基金增长数量/比例）。

内部流程层面指的是为了实现服务对象和受托人两个层面的目标，在社会保险经办机构的内部流程优化层面需要完成何种任务和事项，在这一层面，需要识别社会保险经办机构提供价值主张所需要的关键举措。在第四层面——学习与成长层面，需要描绘的是为了实现以上三个层面的目标，需要在组织内部的人员、信息、组织及服务设施等方面具备何种保障。内部流程和学习与成长层面的战略目标是依据客户层面和受托人层面指标进行分解的。分解的结果形成表8-4。

概括起来，至2020年，内部流程层面需要完成的工作包括：各项新的或优化的社会保险制度配套的经办制度流程设计、提高统筹层次或建立财政结算制度、社会保险异地相关流程的优化、社会保险不同身份群体相关流程的优化、社会保险经办工作标准化、跨部门社会保险基层服务平台项目建设、基于客户需求的服务流程和服务设施优化、社会保障卡扩面、信息公开渠道建设。

至2020年，学习与成长层面需要完成的工作包括：组织架构变革、人员合理配置、社会保险经办人员能力素质提升、激励与管理体系建设、信息系统的优化完善等。

基于以上四个层面的分析，形成图8-3的我国社会保险经办机构的战略地图。

表 8 - 4　内部流程和学习与成长层面战略目标分解

内部流程优化层面评价指标	需要内部流程优化层面达到的目标	需要的学习成长层面达到的目标
服务对象和受托人层面评价指标		
新制度实施及时率	新制度配套经办制度和流程设计	拥有经办实施制度设计管理机构和人员
异地转移接续和报销流程经办时间	异地转移接续和报销流程优化	拥有经办实施制度设计管理机构和人员
	提高统筹层次或建立财政结算体系	能够推动提高统筹层次或建立财政结算体系的组织结构
不同身份人群业务经办时间	不同身份人群经办流程优化	拥有经办实施制度设计管理机构和人员
社会保险待遇足额发放率	工作标准化	能够推动工作标准化的组织结构
社会保险待遇按时发放率		配套的绩效管理体系
综合型社会保障服务网络建成率	跨部门社会保险基层服务平台项目推动	拥有跨部门项目管理机构和人员／基层社会保险经办人员具备整合服务的能力／能够推动跨部门项目的组织结构
社会保险服务承诺推出时间	工作标准化	能够推动工作标准化的组织结构
服务流程满意度	基于服务对象需求优化服务流程	拥有经办实施制度设计管理机构和人员／信息系统跨部门信息共享
服务设施满意度	基于服务对象需求完善服务设施	信息系统整合与完善／拥有经办实施制度设计管理机构和人员

续表

服务对象和受托人层面评价指标	需要内部流程优化层面达到的目标	需要的学习成长层面达到的目标
服务态度及能力满意度	服务态度及能力满意度评价机制	各级社会保险经办人员能力素质模型搭建
		自主灵活的用人机制
		配套的绩效管理体系
		激励性的薪酬体系
		基于需求和能力的培训培养体系
社会保障卡覆盖率	社会保障卡发放	信息系统整合与完善
		配套的绩效管理体系
信息公开满意度	信息公开渠道建设	信息系统整合与完善

使命：在社会保险实施领域职能范畴之内，为国民提供准确、高效、便捷的社会保险服务以帮助国民抵御年老、疾病、失业、伤残、生育等社会风险。

服务对象

新制度实施及时率

综合社会保障服务网络建成率

各项社会保险覆盖率

异地转移接续利报销流程经办时间

参保人员服务满意度

不同身份群体业务经办时间

社会保险服务承诺推出时间

社会保险待遇足额发放率

社会保障卡覆盖率

社会保险待遇及时发放率

受托人

各项社会保险基金收缴金额

内部流程

各项新的或优化的社会保险制度配套的经办制度设计

服务流程优化

经办工作标准化

社会保险基层服务平台搭建

提高统筹层次建立财政结算体系

社会保障卡扩面

服务设施优化

学习与成长

组织结构搭建

人员合理配置

激励与管理体系

人员能力提升

信息系统优化完善

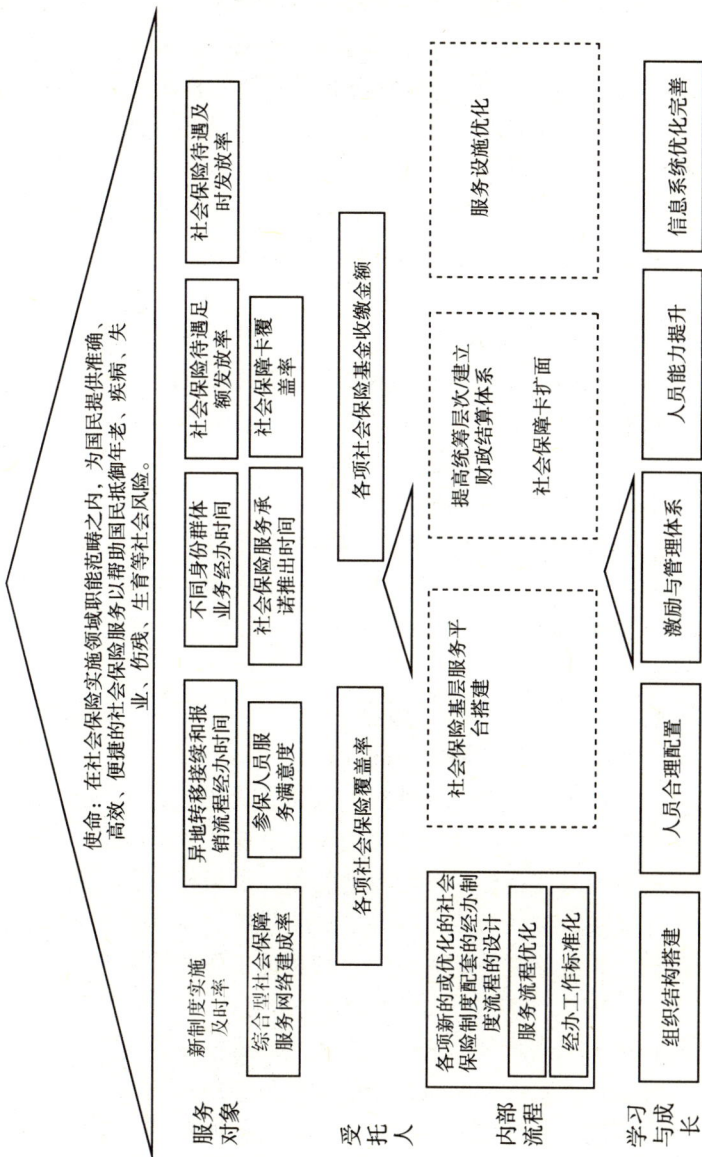

图8-3 2020年我国社会保险经办机构的战略地图

战略地图是根据价值链理念对体系目标的理解进行逻辑分解而成的，它强调的是所有要素之间的逻辑关系，形成的具体指标并没有严格意义上的"正确"之说，因此在此初步形成的战略地图基础上，需要通过实证研究进一步验证，深入了解社会保险经办领域专业人士对其看法，综合各种建议对指标进行验证、调整和修订。

8.2.2 我国社会保险经办机构改革路径图

我国社会保险经办机构的改革路径除了以战略目标为导向外，还必须要考虑现状。SWOT分析法是由美国哈佛大学商学院提出的一种进行战略规划时被广泛应用的现状分析工具，它对组织的内部优势和劣势、外部环境的机会和威胁进行了分析，从而进行战略的选择。其中 S 指 strengh，指内部的优势；W 指 weakness，指内部的劣势；O 指 opportunity，指外部环境的机会；T 指 threast，指外部环境的威胁。进行 SWOT 分析的主旨在于给出组织内外部环境、问题的一览，根据组织使命，设定具体方向和步骤。

结合文献研究和调研数据的综合分析，对于我国社会保险经办机构的 SWOT 分析如图 8 - 4 所示。

对现状分析，可以帮助我们对形成的各项改革举措任务的难度进行判断，以便在确定步骤顺序时预测实施的周期。

在战略地图的四个层次中，服务对象层面和受托人层面的指标是改革的结果，而内部流程和学习与成长层面的指标是具体的改革举措。将战略地图中这两个层面的各项具体指标与理念落地的路径逻辑相结合，就可以明确其中的因果和顺序关系，进而形成改革举措的路线图。对其他工作的完成情况影响越大的工作，越应该在前期完成，否则其他工作的效果会大打折扣甚至无法推行，即需要遵循"定位—组织结构—制度—能力提升"的路径进行变革，同时需要考虑工作难度因素，工作本身的难度是影响工作完成时限的重要因素，在确定最终工作顺序时，难度相对小、与其他工作因果关系不明显的可与其他重要项目并行完成。因此，可以用落地路径层次和实施难度两个维度和原则将内部流程和学习成长层面的工作进行定性与排序。表 8 - 5 是针对我国社会保险经办机构改革举措在当前的影响程度和难度分析。

内部优势（S）	内部劣势（W）
1. 社会保险经办服务体系初步形成； 2. 社会保险基层服务平台已有雏形； 3. 社会保险经办公共服务能力有所提升； 4. 经办服务管理的流程体系基本能够应对现有状况； 5. 积累了一批业务熟悉的经办人员； 6. 信息化建设服务水平提高。	1. 工作人员数量不足，人均工作负荷大； 2. 经费保障不足，人均服务费用低； 3. 统筹层次低； 4. 管理体制不顺，机构建设滞后，内部管理制度落后； 5. 信息系统不完善； 6. 经办制度与流程存在相当的不完备和不合理之处。
外部机会（O）	外部挑战（T）
1. 国家关于转变政府职能、建设服务型政府的总体方针，社会保险经办体系改革受到高度重视； 2. 城镇化建设规划及户籍改革推动社会保险经办机构改革步伐； 3. 信息技术日新月异的发展； 4. 政府不断加大对社会保障的投入； 5. 政府外包服务模式的不断探索尝试； 6. 民众社会保险意识增加。	1. 城乡二元制度结构、碎片化分割等传统问题将延续一段时间，社会保险服务需求量将继续大幅上升； 2. 地区间经济水平差异； 3. 人口老龄化对服务需求带来压力； 4. 城镇化进程、人口流动与就业形式灵活对服务需求带来压力； 5. 生活水平提高对服务需求的转变； 6. 社会保险法对于经办机构的界定不够清晰，使运行管理方向存在争议； 7. 政府部门之间的信息壁垒。

图 8-4 我国社会保险经办机构改革的 SWOT 分析

表 8-5　　我国社会保险经办机构改革举措影响程度及难度分析

序号	具体工作	所属层面	优先级别	实施难度排序	预计实施周期	综合时序
1	流程优化	制度	3	9	中	6
2	工作标准化	制度	3	9	中长	6
3	跨部门社会保险基层服务平台项目推动	能力提升	4	4	中长	6
4	基于服务对象需求完善服务设施	能力提升	4	14	长	14
5	信息系统跨部门信息共享	能力提升	4	4	中	11
6	信息系统整合与完善	能力提升	4	6	中长	6

续表

序号	具体工作	所属层面	优先级别	实施难度排序	预计实施周期	综合时序
7	社会保障卡发放	制度	3	11	长	1
8	各项社会保险继续扩面	制度	3	8	长	1
9	组织结构变革	组织结构	2	6	中	4
10	经办人员能力素质模型搭建	制度	3	15	短	6
11	配套的激励与管理机制	制度	3	13	中短	13
12	工作人员能力提升	能力提升	4	12	长	14
13	定位与性质的立法保障	定位	1	1	中	1
14	经费管理体系改革	定位	1	1	中短	4
15	社会保障制度跨部门整合	定位	1	1	中长	11

依据各项改革举措的优先级别、预计实施的周期以及变革的难度，可以初步绘制出我国社会保险经办机构改革路径图。如图 8-5 所示。

依照事物发展的客观规律，系统化、有步骤地进行社会保险经办机构的改革是确保成功的基础。

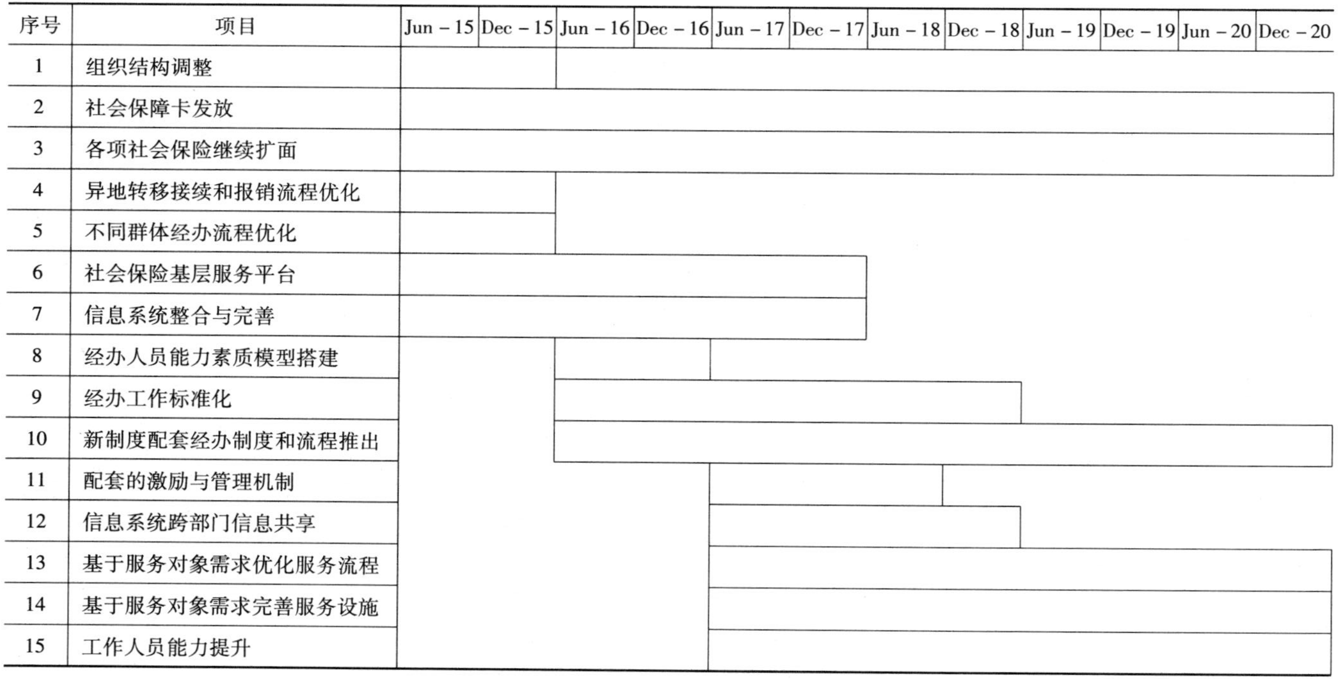

序号	项目	Jun-15	Dec-15	Jun-16	Dec-16	Jun-17	Dec-17	Jun-18	Dec-18	Jun-19	Dec-19	Jun-20	Dec-20
1	组织结构调整												
2	社会保障卡发放												
3	各项社会保险继续扩面												
4	异地转移接续和报销流程优化												
5	不同群体经办流程优化												
6	社会保险基层服务平台												
7	信息系统整合与完善												
8	经办人员能力素质模型搭建												
9	经办工作标准化												
10	新制度配套经办制度和流程推出												
11	配套的激励与管理机制												
12	信息系统跨部门信息共享												
13	基于服务对象需求优化服务流程												
14	基于服务对象需求完善服务设施												
15	工作人员能力提升												

图 8-5　我国社会保险经办机构改革路径图

注：每项工作的完成期眼根据当前现状与实施难度初步估算，仅为示意和参考。准确的项目进度需进行更加科学和严谨的设计。

第9章

我国社会保险经办机构定位与组织结构变革建议

随着对社会保险经办机构研究的不断深入，我们发现各级经办机构进行了大量关于制度流程优化和能力提升方面的改革探索，取得了一些成就。但由于在改革中多聚焦于微观细节，缺乏更宏观层面的保障和推动，改革的效果差强人意。根据前述研究的结果，经办机构的改革是有层次顺序的。在各项改革举措中，最关键也是首先应该推动的是定位和组织结构的变革，只有定位和外部环境以及组织结构切实到位，制度和流程才能够得以顺利优化，各项软硬件能力提升的落实才有明确的目标和方向。

9.1 明确理念是我国社会保险经办机构改革的前提基础

根据四层次模型，定位是第一层次。而定位的基础是对我国社会保险经办机构的使命和服务理念进行明确。

9.1.1 社会保险经办机构使命分析的方法论

现代管理理论中，通常对于某个组织的研究都是从战略开始的。战略（strategic）一词产生于军事领域，是从希腊文"strategies"演变而来，其意是指在战争中克敌制胜的策略。德国著名的军事战略家毛奇曾说："战略是一位统帅为达到赋予他的预定目的而对自己手中掌握的工具所进行的实际运用。"战略管理这一概念是在18～19世纪与经济发展及产业革命伴随出现进入组织领域的，但一直没有一个统一的定义。总体上理论界对战略管理的认识分为五大流派：设计学派、计划学派、学习学派、定位学派以及资源配置学派。尽管他们对于战略管理有着迥然不同的认识，但是对其基本特征却没有太大的分歧，他们普遍认为战略管理的特征是：未来导向的、着眼于全局和更长远的谋略，它关注外部环境对组织发展的影响，是一种前瞻性思考和由外而内的管理哲学，并且持续和不断循环往复。因此可以认为，战略管理是对目标进行思考和明确之后的行动计划，确切地说，是从规划、控制到执行再到追踪的过程循环。如同管理大师彼得·德鲁克（Peter F. Drucker）所说：战略管理并不是一系列的诀窍，也不是什么技术，它是一种分析型思维以及利用资源采取的行动[1]。

在传统的公共管理领域，战略思维是没有地位的，更多的是内部取向，关注的是行政过程和日常管理，但在企业界战略管理思维和示范性的影响之下，公共部门战略规划和管理理念随后兴起，他们开始认为，对于公共部门而言，战略管理同样重要，它是一种理念或思维方式，强调的是从领导者而不是官僚的角度思考问题，需要考虑组织所面临的环境、长远的目标和未来，引导公共管理者寻求和研究公共价值，构造公共部门管理者应如何思考和行动的框架。公共部门战略规划和管理从 20 世纪 80 年代初开始并在公共部门的战略规划、实施、评价以及变革方面做了大量的尝试与研究。这种对战略的重视无疑是公共管理领域里的重大进步。

然而，事实上战略并不是变革的真正出发点，尽管需要考虑外部环境因素，但它仍然是从内部出发的一系列行动方案，从某种角度上来说，它仍然是过程。

战略需要基于清晰的目标方能制定出来，著名童话《爱丽丝漫游奇境》中有一段经典台词可以描述目标的重要意义：

——"彻谢尔·普斯，请告诉我，我们现在应该从何处开始？"

——"那在很大程度上取决于您想要达到的目的地。"

这个目的地，才是改革真正的出发点。

一切运行与管理体系的建立和变革都必须致力于能否达到最终的目的地，这种战略执行的能力往往比战略本身的质量更为重要。因此，改革路径的确定需要先对"目的地"进行明确。多数组织在制定和描述战略时是定

---

① 彼得·德鲁克. 管理：任务、责任和实践 [M]. 北京：华夏出版社，2008.

性的、主观的、甚至是"拍脑袋"的结论，导致后续的战略执行建立在一个抽象的概念基础之上，既缺乏逻辑推导过程，又无法验证。这是由于在制定战略之前缺少询问"为什么要采取这样的战略"这一步骤。这个问题的答案指向更本质的问题即组织的使命（mission）。使命描述了组织在社会中为其顾客提供产品或服务的基本功能，一个组织的使命是其存在的原因和价值，它自身不可能是其存在的原因，而是出于某种外部的需求，它从服务对象的角度清晰地回答了"为什么存在"的问题，而不是"要做什么"，因此使命是始于外部的。更深层次追问使命的问题是"应该为谁创造什么样的价值"，即这个组织的服务对象及其服务需求才是运行与管理模式优化真正的出发点。战略管理正是通过对使命和环境的分析明确方向和提出实现路径的过程。

在服务型政府的环境背景下，社会保险经办机构同样需要回答和解决"为谁创造什么样的价值"的问题。具体来说就是（1）为谁负责？（2）为了什么而负责？（3）实现责任的手段是什么？所以，对于社会保险经办机构使命的讨论，必然是从清晰地界定和描述服务对象开始，并进一步梳理服务对象对于社会保险经办机构的需求、描述出服务对象希望社保经办机构为他们提供什么样的价值，这两个步骤是提出使命的过程。"服务对象—服务对象的需求—使命—战略目标"这个路径是社会保险经办机构改革方向与举措的前置研究。当战略目标清晰并可衡量时，则可以界定出组织的定位和职责范围，进而围绕着战略目标，制定和梳理关键业务流程和管理举措，并根据某些原则进行职能分工，也就是进行组织结构的设计。图9-1就是社会保险经办机构乃至各类型组织机制设计和优化的逻辑思路。

9.1.2　我国社会保险经办机构的服务对象、需求及使命分析

社会保险是国家通过立法手段，运用保险机制，多渠道筹集资金，抵御公民所面临的年老、疾病、失业、伤残、生育等社会风险，保障基本生活的制度体系。因此，整个社会保险体系的作用可以概括为：为全体国民在遇到年老、疾病、失业、伤残、生育等社会风险时，运用保险的手段，公平地提供及时、到位的资金或便捷高效的服务以帮助其抵御风险、解决困难。

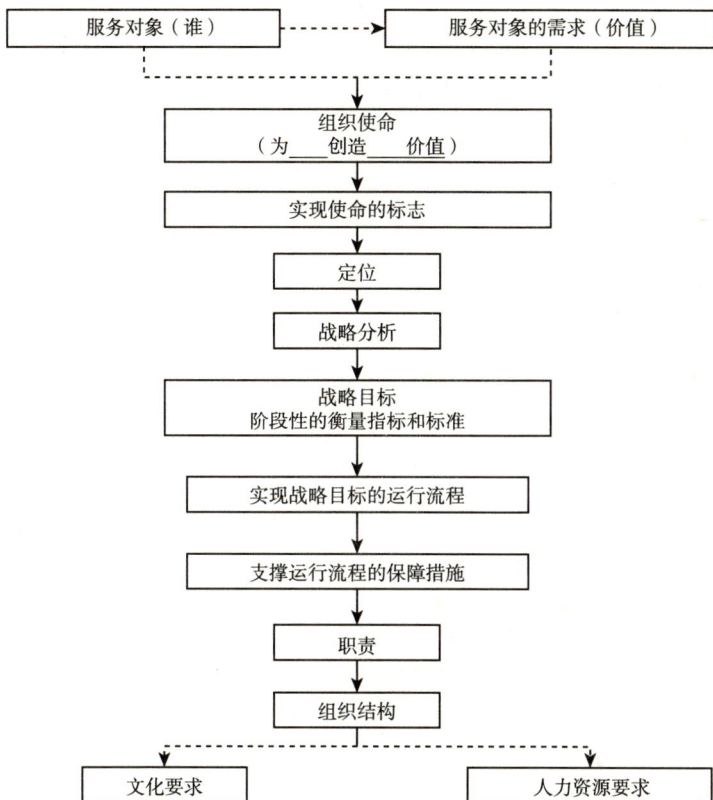

图 9 - 1　战略规划路径模型

　　从使命出发，服务对象的需求，而不是财务利益相关者的需求，是社会保险经办服务的终极目标，这也就决定了社会保险经办机构的改革需要从服务对象需求的研究开始。服务型政府首先应当转变政府与国民的关系，打造以国民为本位、公共服务的供给由国民的利益需求决定的政府治理模式，其总体使命目标是"让公民参与、由公民决定、让公民选择、使公民满意。"① 社会保险经办机构就是在社会保险领域内协助达成这个总体使命目标的系统。服务型政府"主权属于人民"的角色定位决定了全体国民是服务型政府的服务对象，社会保险经办机构是作为服务型政府的一部分来行使国家法

---

① 燕继荣．服务型政府建设：政府再造的七项战略［M］．北京：中国人民大学出版社,2009.

定的职责，全体国民也必然成为社会保险经办机构的终极服务对象。与传统模式中的"权力本位"和"管控为主"的思维模式不同，新型社会保险经办机构应该是一种以国民为中心的行政机构，对公民委托人负责，以满足委托人的公共需求为目标及职责。

在这样的基本需求前提下，可以看到，随着人民生活状况逐渐和持续改善，城乡居民基本度过了温饱阶段，开始向小康阶段发展。针对服务对象的调研结果验证了马斯洛的需求层次理论，人们的需求已经从温饱逐步扩展到安全、社交、尊重和自我实现层面。除了一般意义上生活水平的保障和提高之外，人们开始对社会保险的心理安全预期、社会的公平、正义、共享、自由、平等和尊严体面的生活质量提出要求。

从调研的反馈结果归纳，全体国民总体上对于社会保险体系有以下需求：

1. 在遇到年老、疾病、失业、伤残、生育等社会风险时能够及时享受到相应的支持和帮助以抵御风险，这是最根本的诉求；

2. 相比于投入和需要的额度而言，保障的标准令人满意，能够给人以安全的心理预期；

3. 服务过程便捷高效、体现尊重；

4. 服务内容相对公平，兼顾效率。

从全体国民的四个主要需求出发，可以逐条分解出达成实现我国社会保险体系使命的标志，如表 9 - 1 所示。

社会保险经办机构使命的目标就是在经办范围内协助达成以上目标，为广大参保者"记录一生、保障一生、服务一生"，增进人民福祉，促进社会和谐进步。对社会保险经办机构而言，达成使命的标志就是改革的方向和具体的要求，所有的改革举措都需要指向以上的目标才能够证明其正确及进步。

因此，中国社会保险改革的目标，一方面是弥补制度缺失，确保制度覆盖城乡居民的不同风险需求，满足城乡居民对社会保险公共服务的基本需求，提高物质生活质量；另一方面是在解决人民生活后顾之忧的同时增进人民的幸福感，切实维护个人的安全感、平等、自由与尊严，不断推进公共服务均等化，逐步消除群体间差别，减少经办服务质量的差异，为服务对象提供便捷高效且相对公平的社会保险公共服务。

表 9 - 1　　　　　我国社会保险经办服务需求及实现标志

使命	服务需求	实现标志
为全体国民在遇到年老、疾病、失业、伤残、生育等社会风险时，运用保险手段，提供到位、便捷的资金或服务以帮助其抵御风险、解决困难	在遇到年老、疾病、失业、伤残、生育等社会风险时能够享受到相应的支持和帮助以抵御风险	1. 社会保险制度涵盖养老、医疗、失业、伤残与生育及其他合理诉求所需的资金和服务。
		2. 社会保险制度公平覆盖全体国民。
		3. 社会保险待遇足额发放。
		4. 社会保险待遇及时给付。
	相对于投入和需要的额度，保障的标准令人满意，能够给人以安全的心理预期	1. 社会保险待遇标准与物价或消费水平相适应。
		2. 社会保险制度相对稳定。
	服务过程便捷高效，体现尊重	1. 服务流程清晰合理便捷。
		2. 服务设施到位。
		3. 工作人员服务态度和业务能力良好。
	服务内容相对公平，兼顾效率	1. 不同身份和地域享受平等的制度与服务。
		2. 信息公开透明。
		3. 监督机制完善。

　　国民的社会保险需求是社会保险经办机构存在的原因，真正影响我国社会保险经办机构改革成功的主要重心并不是策略目标、技术甚至资金，而是能否专注和聚集于为国民提供他们所需要的服务并创造价值。为了达成使命，在推进相应的机制变革的同时，最重要的是进行思维模式的调整转换，建立服务对象价值的核心逻辑，变传统的"替民做主"、强制供给和强制消费的方式为公民消费者主权的思维模式，这是我国社会保险经办机构改革成功的思想保障。这要求社会保险经办机构打破原有的思维习惯，自上而下地重新界定政府在社会保险事务中的地位和功能，扭转传统的计划主导、管控主导、对上负责的思维模式，贯彻公民主导、治理主导、对服务对象负责的理念。这种理念是重新整合资源、制定制度的价值观依据，也是推进后续改革顺利进行的基础前提。在服务过程中，需要深入了解服务对象的需求、吸纳服务对象的参与、引入服务对象的评判，最终实现以公民需求为中心的公

共服务方式。与此同时，整个社会保险经办机构的职能范围据此进行调整，并对公共服务主体予以重新界定，将社会保险经办机构的管理纳入到国家治理的高度，同时，推进社会保险经办服务的市场化和社会化，鼓励非政府组织进入服务领域也是实现使命目标的重要手段。

9.2　我国社会保险经办机构的定位建议

明确我国社会保险经办机构的定位和外部环境关系是对使命与基本理念的固化，是社会保险经办机构改革四层次理论中理念落地的第一个重要步骤，外部关系理顺为内部改革的推进提供了保障。

一、职责定位

尽管社会保险经办机构这个概念在 1951 年之后就出现了，但是其职责一直不断变化，即使是法律规章也没有进行非常清晰的界定。

在 2010 年 10 月 28 日由第十二届全国人民代表大会常务委员会第十七次会议通过的《中华人民共和国社会保险法》中，设置了专门的章节对社会保险经办进行了描述。其中第一章第八条对社会保险经办机构的总职责做了概要性的描述："社会保险经办机构提供社会保险服务，负责社会保险登记、个人权益记录、社会保险待遇支付工作。"第九章第七十四条对于社会保险经办机构的职责范围做了更加明确的限定："社会保险经办机构通过业务经办、统计、调查获取社会保险工作所需的数据，有关单位和个人应当及时、如实提供。社会保险经办机构应当及时为用人单位建立档案，完整、准确地记录参加社会保险的个人缴费和用人单位为其缴费，以及享受社会保险待遇等个人权益记录，定期将个人权益记录单免费寄送本人。用人单位和个人可以免费向社会保险经办机构查询、核对其缴费和享受社会保险待遇记录，要求社会保险经办机构提供社会保险咨询等相关服务。"除此之外，《社会保险法》还在其他的一些章节提到了某些具体职责，如第三章第三十一条："社会保险经办机构根据管理服务的需要，可以与医疗机构、药品经营单位签订服务协议，规范医疗服务行为"。第八章第七十条："社会保险经办机构应当定期向社会公布参加社会保险情况以及社会保险基金的收入、支出、结余和收益情况"。第十章第八十条："社会保险经办机构应当定期向社会保险监督委员会汇报社会保险基金的收支、管理和投资运营情况"等。

综上所述,可以将核心职责概括为以下几类:(a)经办,即面向参保人与参保单位的社会保险具体业务办理,如社会保险登记、缴费基数核定、待遇支付等;(b)记录,即建立参保人员档案,完整和准确地记录缴纳情况与享受待遇的权益等;(c)管理,即包括对向社会保险提供服务的医疗机构以及其他服务机构进行管理;(d)信息提供,即包括向参保人员、社会及监督机构提供相关信息,接受监督。

目前对于我国的社会保险经办机构的职责基本是工作任务描述而缺乏总体的定位,且并未约定社会保险经办组织横向与纵向部门的职责边界,在这样大致的外延界定下,各部门在实践中"摸着石头过河",根据理解和部门利益划分职责范围,很多部门间、中央与地方政府之间协作困难,使改革缺乏有力的保障和推动力,因此首先应当厘清总体的定位、职责和组织间的边界。

站在与最终服务对象关系的角度,社会保险经办机构是直接面向客户的前台部门,面向服务对象提供社会保险公共服务,这是社保经办机构的主要定位。在整个社会保险体系中的职能定位如图9-2所示。

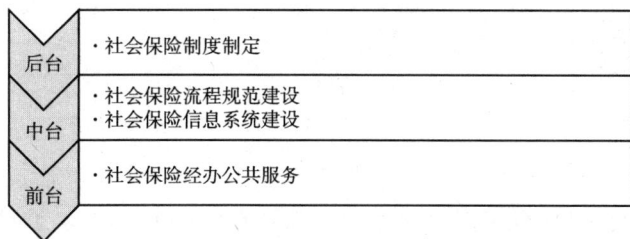

图9-2 我国社会保险经办机构职能定位

在这个总体定位的指导下,其职责由服务对象的需求决定,在机构的导向上应强调公共服务的重要性,以服务对象的评价和满意度为主要评价指标。从服务对象而不是管理部门的需求出发界定职责更有助于经办服务满意度的提升。

服务对象的需求是不同的群体在遇到共性的风险时的需求,因此职责应以不同群体面对不同风险的需求的角度进行分析,以服务对象满意为目标提供公共服务满足其诉求。所在地域、户籍身份等特征并不影响群体的本质需求,而调研中反映出来的年龄和工作(职业)状态对社会保险的诉求差异更为明显，按此进行划分也更符合公平的原则。

表9-2   不同群体面对风险的需求

群体	诉求	主要活动场所
老年人	日常生活保障金 医疗金及医疗条件保障 生活照料 长期护理 社交及发挥余热等心理诉求	居住地 医院 养老机构
正在工作的劳动力适龄人口	医疗金及医疗条件保障 失业保障 工伤保障 生育保障 未来保障的心理预期	工作所在地 居住地 医院
不工作的劳动力适龄人口	日常生活保障 医疗金及医疗条件保障 伤残护理 职业介绍	居住地 医院
未成年人口	教育保障 日常生活保障 医疗金及医疗条件保障	学校 居住地

从表9-2可以看出，从群体的特征出发，共性的基本需求决定了社会保险制度的走向和经办机构主要职责，服务对象的主要活动场所决定了社会保险经办机构最佳的设置模式和各部门之间协调配合的方式。我国社会保险经办机构的管理乃至社会保险制度设计应围绕着这个需求发挥作用。

二、性质定位

目前我国的社会保险经办机构定位为事业单位，内部人员也几乎全部都是事业单位编制，半数机构及人员是参照公务员管理。

社会保障是国家面向全体国民、依法实施的具有经济福利性的各项保障措施的统称①，它是一种重大的制度安排，是维护社会公平、促进人民福祉

———————

① 彭宅文.社会保障与社会公平：地方政府治理的视角［J］.中国人民大学学报，2009（3）.

和实现国民共享发展成果的基本制度保障，强调的是用经济手段解决社会问题进而实现特定政治目标。作为国家的制度安排，社会保险制度具有强制性、公益性和互济性的特征。这就决定了社会保险经办机构在与参保单位和参保人之间的关系上相对复杂，除了一般的服务关系之外，还存在着稽核关系，否则无法确保社会保险制度的强制性，因此社会保险经办机构至少应该具有对社会保险费的缴纳以及待遇的领取情况依法调查、检查和责令改正的行政权力。行政权力是区分政府机构和事业单位及其他性质组织的主要标志，因此，社会保险经办机构的政府性质明显。

在公共管理理论中，政府的责任分为三类：直接政府责任、间接政府责任和相对政府责任。直接政府责任指政府对过程和结果全面负责，落实在社会保险领域，是政府承担从资金的筹集到管理、待遇给付的全部责任，也就是提供资金担保，即使出现基金管理问题等特殊情况，政府也会为待遇给付买单，为制度范围内的公民提供帮助，在直接政府责任的治理模式之下，政府直接出资建立社会保障制度和相应的实施服务机构。间接政府责任指政府不直接对结果全面负责，在社会保障领域，是政府只提供制度担保，不直接出资建立社会保障制度，而是用税收优惠或补贴等方式鼓励参保、履行缴费义务，对基金管理和服务采用授权、外包或购买服务等方式。相对政府责任是政府不对过程和结果负责，在社会保障领域属于机制担保，通过建立一些准入、退出和监管机制进行担保，由非政府承担保障计划的安全运营。在我国当前的经济发展水平和保障理念的背景下，直接政府责任是我们目前正在采用且在一定时期内都适合的管理模式，这就意味着我国的社会保险经办机构是政府的执行机构，是将社会保险制度通过公共服务体系传递给公民，覆盖全体国民终生的组织。

综上所述，社会保险经办机构的定位应该具备以下两个特征：

1. 政府属性。社会保险经办机构是社会保险基本公共服务体系的主体，是我国服务政府的重要组成部分，应明确为行政执行部门，享有必要的行政管理权限。在社会保险的决策体制、监管体制与实施体制之中，社会保险经办机构的服务对象与目标决定了它作为明确的实施主体，是直接面向社会保险对象的服务机构，与决策及监管主体分离并互相制衡。

2. 独立性。社会保险经办机构作为政府的执行机构，与决策机构和监督机构应分离并共同构成互相制衡的新型政府组织体制。在社会保险总战略一致的基础上，社会保险经办机构与社会保障行政管理机构的具体目标有所不同，它是以"高效提供服务"为目标的，不应该是劳动保障行政部门的内设机构，而应该是一个相对独立的组织，以确保目标更有效地达成，提高政府效能。

概括地说，社会保险经办机构是政府部门，其中承担社会保险经办管理职能的工作人员是政府工作人员即公务员，而承担服务需求分析反馈及服务提供的工作人员可以为其他身份工作人员甚至以政府购买服务形式获得。

三、针对定位与外部环境的具体改革举措

当前阶段，我国社会保险经办机构改革定位和外部环境保障的具体举措包括：

1. 将公民参与的方式引入到社会保险经办机构的组织绩效评估中来。

2. 社会保险经办机构的基本职责从原来的"执行社会保险政策、提供社会保险服务"调整为：收集分析和向决策机构反馈服务对象需求、提供社会保险服务、承担社会保险经办管理事务。具体职能为：

（1）收集分析和向决策机构反馈服务对象需求，包括定期的满意度与需求调查、需求分析、政策建议等；

（2）提供社会保险服务，包括办理社会保险登记、受理、审核、缴费基数申报、待遇给付、个人社会保险权益记录和管理以及提供社会保险宣传、接受相关咨询、查询等快速、安全、高效乃至个性化的服务；

（3）社会保险经办管理事务，包括社会保险费用强制征收、社会保险稽核、违规参保单位或人员的责令改正、妥善保管原始凭证以接受监督等。

3. 基于以上职责定位，社会保险经办机构改革的外部环境是理顺中央与地方，以及各部门之间的职责权限，确保体现社会保险经办机构的定位。

为更好地协调各部门关系，现阶段应在中央层面设置统一的社会保障管理委员会，全面把握社会保险、社会福利、社会救济和慈善等需求，推动部门间的协调配合，为国民提供符合需求的社会保障公共服务，同时对社会保障经办机构的服务进行考核评估，逐步向大社会保障管理部门过渡。

4. 从社保基金中划拨经办管理费用，将经费来源予以立法保障，理顺社会保险管理部门和地方政府之间的关系，降低经办机构行政费用属地化管理带来的制度和操作碎片化影响。提高养老保险的统筹层次，其他各项保险

由地方政府发挥主导作用，兼顾地区性需求。

5. 从服务流程清晰、合理、便捷的角度，社会保险经办机构的基层平台应集中在乡镇、社区和社会保险经办大厅，同时将服务终端延伸至单位、医院以及学校。各部门在基层社会保障平台加以整合，将社会保险、民政、卫生、职介等多个部门垂直管理的业务整合为社区、乡镇服务部，打破部门间的信息壁垒，提供快捷、便利的服务。直接接触到服务对象的一线社会保险经办机构除执行社会保险政策、提供社会保障服务外，还负责收集社会保障相关需求，并反馈给社会保障管理委员会。

6. 立法保障。明确的定位需要通过法律手段加以固化。因此，在定位和性质明确以后，最重要的是尽快推动法制建设，吸取以往社会保险领域法制建设滞后的教训，力争立法先行，按照《社会保险法》的精神，进一步细化社会保险经办管理条例，对社保经办机构的职能定位、机构的性质等加以阐述，明确其为政府行政执行机构，为后续经办机构的改革和能力提升、职能的履行创造最基础的条件。

7. 多部门信息共享体系。从服务对象角度出发，以提供最高效和便捷的服务为宗旨，对社会保险管理机构、经办机构、民政、卫生、公安等相关部门的信息数据进行盘点梳理，在确保安全的前提下，在信息系统层面将相关信息进行整合。

以上定位与外部环境保障是明确组织职责，顺畅推进组织结构调整优化的基础条件，但需要引起关注的是，以往改革推进速度较慢，并不完全是没有意识到这个层面的前提条件，而是外部环境保障层面的工作很难由某个部门推动完成，它需要更高层面的机构，如国务院和全国人大等，牵头协调和推动落实。

9.3 我国社会保险经办机构的组织结构调整方向

定位与外部环境能够保……保持社会保险经办体系的独立性和垂直管理，管理……和人员保障，从而促进养老保险统筹层次提升、信……准化，为服务对象提供更便捷高效服务的根本举措。

9.3.1 组织理论与组织结构设计的原则

所谓组织（organization），是这样一个社会实体，它具有明确的目标导向和精心设计的结构与有意识协调的活动系统，同时又同外部环境保持密切联系。这个定义既包含了各种类型的企业，也包括非营利机构或公共组织。

组织结构设计是为战略服务的，它指的并不仅仅是一个组织结构图，组织结构图只是组织结构的外在呈现。组织结构是组织内部的一种框架结构，它决定了组织完成工作任务时如何进行分工、分组、协调、合作。组织结构是组织内的纵向关系、横向关系以及关系背后的管理规则、制度和流程的组合。进行组织结构设计，甚至微调，都不是一个简单的任务，它通常被称为组织变革。组织结构的这三个维度受外部因素的影响，这些外部因素被称为情境变量。情境变量是影响和决定组织内部特征的因素或背景，通常包括组织规模、技术、环境、目标与战略及文化。组织规模是指该组织中的员工数量；技术指的是投入转化为产出的工具、方法，包括信息技术；环境指的是服务对象、产业、供应商和金融机构等；目标与战略是组织对环境以及达成组织目标需要的资源分配和活动方案的描述；文化是全体人员共享的一套核心价值观和行为规划。在这样的情境变量影响下，组织结构设计时需要回答三个问题：

1. 纵向关系，也就是组织中的正式报告关系，包括职权层级数量与管理幅度；

2. 横向关系：即组织中的人力资源组合方式；

3. 制度与流程：指组织成员相互作用的制度设计，包括成员间的沟通与协作机制、整合机制等，通常这个维度也会被称为运营系统，是业务和日常事务处理的过程和流程，组织的特征最终必须落实到运营系统并体现在核心流程上。

战略决定组织结构，组织结构决定人力资源。在一个组织中，战略是组织架构与发展的方向与指引，结构是战略落地的载体。

组织结构设计时需考虑的维度如图9-3所示：

在研究领域，组织设计理论又有静态的和动态的组织设计理论之分，静态的组织设计理论研究的是组织的体制（权、责结构）、机构（部门划分的形式和结构）和规章（管理行为规范）。动态的组织设计理论在此基础上又

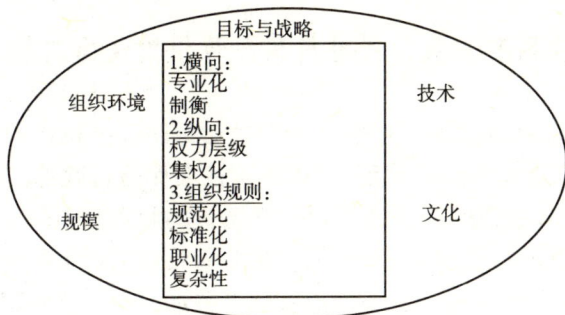

图9-3 组织结构设计影响因素

将人的因素加进了组织结构设计，将组织运行中的各种问题如协调、信息控制、绩效管理、激励制度、人员配备及培训等均考虑在内。

组织结构设计应该遵循以下原则：

1. 任务与目标原则。组织设计是为服务对象、战略、任务和目标服务的，这是组织结构设计的出发点和归宿，组织结构设计的优劣，要以是否有利于实现使命、任务和目标作为最终的衡量标准。从这个原则出发，当使命、战略、任务、目标被厘清或发生重大变化时，组织结构必须作出相应的调整和变革，以适应这种需要。

2. 专业分工和协作的原则。管理，特别是政府行政管理，工作负荷量大且具备一定的专业性，以职能来划分设置不同的专业部门，有利于提高管理工作的运行质量与效率。而基层直接面向服务对象，对人员综合要求高，更适合整合为一个平台提供服务。

3. 统一指挥原则。无论架构如何设计，都要服从统一指挥的原则，指令要清晰高效，尽量避免双头或多头领导。

4. 集权与分权相结合的原则。集权有利于保证统一领导、指挥和人财物的合理分配、使用。而分权可以充分调动工作人员的积极性和主动性，同时，合理分权有利于一线的基层人员根据服务对象的反应迅速而正确地做出决策，并有利于上层摆脱日常事务，将精力集中于制定规则。因此，在组织设计时，应当将必要的权力集中和权力分散相结合。

5. 稳定性和适应性相结合的原则。在组织设计时，既要保证在外部环境和任务发生变化时，组织能够继续按照既定的规则有序运转，又要保证具备一定的弹性和适应性，能根据变化的情况作出有效的应对。

9.3.2　我国社会保险经办机构改革组织保障的具体举措

《中华人民共和国社会保险法》中对社会保险经办机构的组织架构在第一章第七条有着相对明确的规定，"国务院社会保险行政部门负责全国的社会保险管理工作，国务院其他有关部门在各自的职责范围内负责有关的社会保险工作。县级以上地方人民政府社会保险行政部门负责本行政区的社会保险管理工作，县级以上地方人民政府其他有关部门在各自的职责范围内负责有关的社会保险工作。"第九章第七十二条中规定，"统筹地区设立社会保险经办机构。社会保险经办机构根据工作需要，经所在地的社会保险行政部门和机构编制管理机关批准，可以在本统筹地区设立分支机构和服务网点。社会保险经办机构的人员经费和经办社会保险发生的基本运行费用、管理费用，由同级财政按照国家规定予以保障。"

这样的总体指导思想决定了我国社会保险经办机构的基本组织架构，即人力资源和社会保障部对社会保险经办机构行使管理权，各统筹地区设置具体经办机构的垂直管理模式。2000 年 11 月，省级垂直管理模式在陕西省开始首推，到 2012 年末，陕西、天津、吉林、黑龙江、上海、青岛、洛阳等省市陆续实现"政策、费率、统筹项目、缴拨方式和基金调剂使用均统一"的管理模式。到目前为止，大多数省份实现养老保险省级统筹，其他险种的市县级统筹。但同时，由于社会保险经办机构的费用保障在同级财政的特点，决定了地区政府对于经办机构的管理权，因此，我国的社会保险经办机构的组织模式是以垂直业务管理为主导的矩阵式组织结构。总体来说，我国社会保险经办机构呈现纵向的国家（中央）、省（副省级）、地区（市）、县（区）和基层社会保障平台的五级组织结构体系。

我国社会保险经办机构的使命和定位决定了其独立性与垂直性。

社会保险经办机构组织结构改革的目标：权责清晰、精简高效；垂直为主，属地为辅；管理集中、服务下沉；标准统一，统分结合[①]。

在组织结构设计过程中，充分参考公共服务体系的标杆实践，以及银行业"流程银行"的组织特色，在横向分工上，可以主要借鉴目前广泛被银

---

① 孟昭喜，徐延君. 完善社会保险经办管理服务体系研究. 北京：中国劳动社会保障出版社，2012.

行业认可的组织设计模式，即高端组织（总部）按职能和专业细分，以追求深度的专业研究与经验的积累；中低端组织（分支机构）部分则实行一岗多能，避免分工过细，以一个平台为服务对象提供服务，提升服务质量与满意度，并减少不同职位间的"协调"，降低运作成本，提高效率。

流程型组织结构的特征是：根据工作职责界定前后端，后端通常设置在组织结构的上部，负责业务方向的规划、统一性工作和流程的制定和推动，按专业职能进行定义划分，而前端是一个整合的平台，直接面向服务对象。后端通过前端满足客户需求的获取，即形成一个统一的客户接触界面。

流程型组织里通常包括几类需要集中办理的职能：规划、制度、标准化、信息、人力资源、财务。而需要授权到基层组织的职能包括：根据当地或某些具体情况对制度的细化、服务、个性化需求的满足等。

流程型组织的优势是可以利用一个统一的前端平台为服务对象提供更为便捷优质的服务，提高管理效率，并有助于建立内部的流程服务意识和外部的服务导向。其劣势在于：需要协同内外部多个部门，对前端人员的综合素质要求较为特殊。

尽管存在着操作的难度，但是流程型组织对于公共服务"管理上收，服务下沉"的原则履行最为到位，是服务型政府所适用的一种组织管理模式。可以作为我国社会保险经办机构组织结构的借鉴。

按照流程型组织的规划，应该建立独立的社会保险经办服务管理机构，作为与决策机构、监督机构并行的执行机构，结束当前政府多部门"五龙治水"的局面，建立一个统一、独立和一体化的社会保险管理和公共服务系统。构建中央、省、地区（市）、县区和基层社会保障平台五级机构，进行垂直管理，遵循着"管理上收，服务下沉"的原则，各级机构分工协作，各司其职。垂直管理后的社会保险经办服务管理机构统一机构名称和标识，方便参保者的认知，提升形象和效率。

在组织纵向分工上，无论是政府组织还是银行业，都倾向于扁平化模式，在具体设置中尽可能地减少层级的设置，这种模式有利于决策、沟通的效率。

具体来说，可对我国社会保险经办机构的组织结构做以下设置：

1. 将社会保险经办服务管理职能从人力资源和社会保障部中独立出来，以目前的人力资源和社会保障部直属事业单位社会保险事业管理中心为中央层面的雏形，设立全国社会保险经办服务管理局（暂名），下设省、地

（市）、县（区）、社区街道和乡镇四级的垂直管理的网格化社会保险经办服务体系。中央层面为社会保险经办服务管理中心，可设置为局级或副部级单位，独立运营管理，主要负责从宏观上制定社会保险经办制度的实施政策；制定全国社会保险经办管理总体规划和实施方案并组织实施；推行社会保险经办服务管理标准化体系；整体规划信息系统并推动数据集中；统一制定总体社会保险经办制度流程规范、财务管理及人力资源管理规则。简言之，中央层面的机构是管理中心，负责出规划、建制度，确保经办执行过程的战略导向和统一性。

2. 针对一些需要在较高层面进行集中和整合、具备一定的独立性和专业性、不属于直接面对面为对象服务的社会保险具体经办业务，但同时与经办服务与管理效果密切相关的职能工作，可以在全国社会保险经办服务管理中心下设置一些直属中心，目前此范畴的工作包括：数据与信息系统管理、针对社会保险具体经办的工作指导与培训、咨询响应与信息公开、审计等。同时可将部分非现场的且标准化的业务通过信息系统传到后台，由后台建立一支队伍专门集中处理以提高工作的标准化和效率，减轻前台人员工作压力和服务对象等待时间。

3. 省级设置省社会保险经办服务管理中心，负责将中央层面的制度、政策细化落地，原则上是本省的管理中心，上传下达，不直接承办社会保险经办业务。在这个层面主要是不再按险种而是按功能进行结构整合，同时负责对地区（市）级机构的指导。

4. 地区（市）级设置社会保险经办服务管理中心，将省级层面的制度、政策进一步细化为本地区（市）的具体操作规程，并向下传达，对县（区）社会保险经办机构进行培训指导，同时也负责本地区（市）特殊业务的具体经办。在这一层级，兼顾管理和经办的双重职责。借鉴银行业的"综合柜员制"，扩大窗口数量，每个窗口的工作人员都有能力经办各类事项，减少重复排队等现象。同时充分引入自助模式，用技术与设备降低等候时间。

5. 县（区）级设置社会保险经办服务中心，负责业务的具体办理，现场面对面的指导、接待、预检以及审核、受理等，是服务对象感受的直接来源。

6. 街道、社区和乡镇的保障工作站是最基层的平台，为基层参保人提供宣传、政策解答、资料收集和初审、基金征收、信息核查等基本服务。充分发挥政府和社会各方的力量，在全国所有的社区街道、乡镇建立社会保障服务平台，力争在所有的社区、行政村都设立社会保障服务站，行政村全面实行社会保障协管员制度，在基层社会保障平台实现养老、医疗、低保和计生等经办工作整合，打造以城市（包括县和村）为核心，街道、社区、乡镇、行政村的基层网点为重要补充的社会保障经办管理服务网络。资源向下配置，将操作性、风险可控的业务逐渐下沉到基层服务平台。为提升服务满意度，减少基层民众办事要面向多个政府部门的困扰，在基层平台除提供社会保险经办的基本服务之外，还需要将目前由卫生部门负责的新农合、民政部门负责的低保以及计生等服务管理一并整合，以一个统一的窗口面向民众。

图9-4是当前分工背景下，对社会保险经办机构进行整体设计后的组织结构图。

这样的组织结构设计需要顶层的设计和支持、人员能力素质要求的变化和提升、信息系统的配套才能有效运行到位，需要相当长的推进时间。

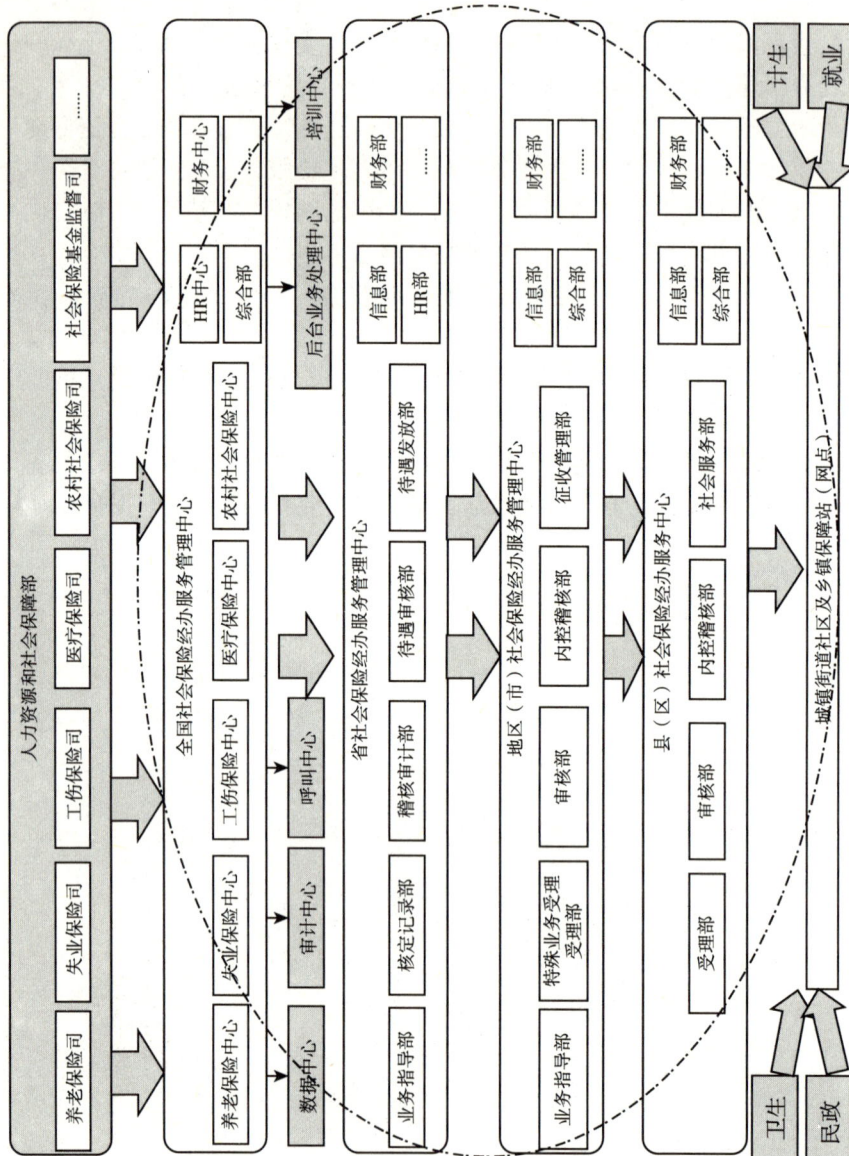

图9-4 当前分工背景下整合后的社会保险经办机构示意图

社会保险经办机构服务对象
满意度调查问卷

　　您好，我是关于社会经办机构服务满意度调查的访问员，想了解参保人员对社会保险经办机构的满意水平及服务建议，以便其提高服务质量，更好地为您服务。您的意见对我们非常重要，我只需占用您大约 5 分钟的时间，希望能得到您的理解与支持。谢谢！

A 部分：甄别题

A1. 请问您到这里来是办理业务还是进行业务咨询？【单选】

办理业务	➔【继续访问】
进行业务咨询	
其他【请注明】	➔【终止访问】

A2. 请问您是个人参保，为单位职工上保险还是个人代办？【单选】

个人参保　　　　　　　　　　　　中介代办
为单位职工上保险　　　　　　　　其他【请注明】

A3. 请问您刚才办理的具体业务是？【多选】

参保登记	
缴纳社会保险费	
查询个人权益记录/社会保险信息	➔【继续访问】
社会保险咨询	

社会保险修改

社会保险核稽

养老关系转移及接续

城镇养老保险待遇领取

退休人员社会化管理

失业保险待遇审核

失业保险待遇领取

社会保险特殊业务处理

其他【请注明】

不清楚/不了解　　　　　　　　　　　　　➡【终止访问】

B1. 请问您刚才为办理这项业务等候了多长时间【单选】

5 分钟之内　　　　　　　　　　　　　5 ~ 10 分钟

10 ~ 20 分钟　　　　　　　　　　　　20 ~ 30 分钟

30 分钟以上　　　　　　　　　　　　不清楚/不了解

B2. 请问您对办理此项业务的等候时间是非常满意，比较满意，不太满意还是很不满意？【单选】

非常满意	比较满意	一般	不太满意	很不满意	说不清/不清楚
5	4	3	2	1	9

B3. 请问您要去几个地方才能将此项业务办理完毕？【单选】

在一个大厅就能将事情办理完　　　　在 3 个及以上的地方能够办完

在 2 个地方能够办完　　　　　　　　不清楚/不了解【不读出】

B4. 您办理此项业务共走了几个窗口或办公室？【单选】

1 个　　　　　　　　　　　　　　　5 个

2 个　　　　　　　　　　　　　　　6 个

3 个　　　　　　　　　　　　　　　不清楚/不了解

4 个　　　　　　　　　　　　　　　其他【请注明】

B5. 您办理此项业务共需签字几处?【单选】

1 个   5 个

2 个   6 个

3 个   不清楚/不了解

4 个   其他【请注明】

B6. 您办理此项业务共来这里跑了几次?【单选】

1 次	
2 次	➔【跳至 B8】
3 次及以上	➔【继续访问】
说不清/不适用	
其他【请注明】	➔【跳至 B8】

B7. 那您跑了这么多次,能和我们说一说原因吗?

B8. 您平时是通过什么方式缴纳保费的?【单选】

银行代扣代缴   现金支付

支票缴纳   其他【请注明】

                                    说不清/不适用

B9. 您认为平时待遇发放的简便程度如何?【单选】

按规程操作,非常简便   待遇发放的渠道不方便

审核程序复杂,要等待较长时间   其他【请注明】

                                    说不清/不适用

B10. 通常参保人待遇给付是否及时?【单选】

及时给付,从不延期   延期在一个月之内

延期在 10 天之内   延期超过一个月

                                    说不清/不适用

B11. 您是否曾办理过费用缴纳与待遇支付的争议处理?【单选】

是   否➔【跳至 B14 题】

B12. 您认为争议解决的渠道是否畅通?【单选】

是   否

B13. 您认为争议解决的周期是否合理?【单选】

较为迅速   非常缓慢

可以接受 其他【请注明】

较慢 说不清/不适用

B14. 总的说来，您对社保办理的流程设置满意程度如何？是非常满意，比较满意，不太满意还是很不满意？【单选】

非常满意	比较满意	一般	不太满意	很不满意	说不清/不清楚
5	4	3	2	1	9

C 部分：信息公开

C1. 您平时经常通过什么方式查询社会保险相关信息？【多选】

网站查询 电话咨询

到社保中心人工咨询 其他【请注明】

到社保中心领取资料 说不清/不适用

C2. 您是否使用过社保相关信息查询的网站吗？【单选】

使用过➡【继续访问】 没使用过➡【跳至 C4】

C3. 您使用社保相关信息的网站查询的信息准确吗？【单选】

非常准确，完全能够指导工作

会有一些错误或过时的信息，导致重复性工作

基本查不到想要的信息

说不清/不使用

其他【请注明】

C4. 请问您是否拨打过社保相关信息咨询的电话吗？【单选】

拨打过➡【继续访问】 没拨打过➡【跳至 C6】

C5. 您查询到的信息是否准确？【单选】

非常准确，完全能够指导工作

会有一些错误或过时的信息，导致重复性工作

基本查不到想要的信息

电话很少打得通

说不清

其他【请注明】

C6. 您觉得社保中心大厅提供的资料是否准确？【单选】

　　非常准确，完全能够指导工作

　　会有一些错误或过时的流程，导致重复性工作

　　已经完全过时了

　　说不清

　　其他【请注明】

C7. 您每次查询到的信息是准确无误还是出现过错误？【单选】

　　准确无误　　　　　　　　　　　　　　出现过错误

C8. 社保经办机构需要怎样公开信息，才能满足您的需求呢，请说一下您的建议。

C9. 总的说来，您对该机构办理社会保险机构的信息公开满意度如何呢？是非常满意，比较满意，不太满意还是很不满意？【单选】

非常满意	比较满意	一般	不太满意	很不满意	说不清/不清楚
5	4	3	2	1	9

D 部分：工作表现

D1. 在平时的咨询过程中，您认为工作人员准确性如何？【单选】

　　准确，而且一次性告知全部信息，完全能够指导工作➔【跳至 D3】

　　准确，却不是一次性告知➔【跳至 D3】

　　不太准确，会有一些错误或过时的信息，导致重复性工作➔【继续回答】

　　非常不准确，回答都不沾边➔【继续回答】

　　从来没有做过咨询➔【跳至 D3】

　　不清楚/不了解➔【跳至 D3】

D2. 就您个人感受而言，您认为工作人员咨询不准确的原因主要是因为对方的业务能力还是服务意识或是两者都有，您可以多选？【多选】

　　业务能力不熟练　　　　　　　　　　不清楚/不了解/不适用

　　服务意识差，不能做到耐心仔细　　　其他【请注明】

D3. 在您平时办理社保业务期间，参保人待遇发放额是否准确？［备注：访

问员不读出选项内容，等待被访者自己说出，然后记录。【单选】

从未出现过错误　　　　　　　　　　经常出现错误

出现过错误，经协调较快给予修正　　不清楚/不了解/不适用

出现过错误，修正的程序非常繁杂

D4. 总的说来，您对办理社会保险的工作人员业务能力满意度如何？是非常满意，比较满意，不太满意还是很不满意？【单选】

非常满意	比较满意	一般	不太满意	很不满意	说不清/不清楚
5	4	3	2	1	99

D5. 那工作人员的服务态度呢？是非常好，比较好，不太好还是很不好？【单选】

非常好	比较好	一般	不太好	很不好	说不清/不清楚
5	4	3	2	1	99

D6. 在您平时办理业务的过程中，有没有经历工作人员行贿受贿的事情？【单选】

有➡【继续回答】　　　　　　　　　　没有➡【跳至 F 部分】

D7. 把您经历的细节和我们说一下吧，谢谢。

F 部分：大厅的服务设施

F1. 您认为该社保服务大厅设施有哪些需要改进的地方？【多选】

等待的座位较少　　　　　　　　　　远离市中心，交通不便

不提供饮用水　　　　　　　　　　　存在安全隐患

没有政策宣传资料　　　　　　　　　窗口划分不合理，请详细说明

较为拥挤嘈杂　　　　　　　　　　　其他【请注明】

F2. 总的说来，您对该机构的大厅服务设施满意度如何？是非常满意，比较满意，不太满意还是很不满意？【单选】

非常满意	比较满意	一般	不太满意	很不满意	说不清/不清楚
5	4	3	2	1	99

H 部分：总体情况

H1. 请用 5 代表非常重要，4 代表比较重要，3 代表一般，2 代表不太重要，1 代表很不重要来为以下服务内容排序。

服务项	重要程度顺序 【每次只填一个数】
办理的程序简便快速，争取不到现场或现场一次性办理	
办理的时间合理，无需等待太长时间	
工作人员的服务态度	
工作人员的业务办理能力	
服务大厅的舒适	

H2. 您认为以下哪些因素最能影响您的满意程度？您可以多选，限选 3 项。
【多选，限选 3 项】

个人信息录入发生错误　　　　　　　无人接待

经费计算发生错误　　　　　　　　　系统故障

需要跑多次才能办理一项业务　　　　窗口划分不合理

等候时间长　　　　　　　　　　　　其他【请注明】

H3. 根据您的经历，在社保中心办理业务中，最不方便的是什么？［一问两追］

H4. 您认为在办理社保时，最需要改进的地方是什么？［一问两追］

H5. 您认为当前办理社保时，需要增加的业务是什么？［一问两追］

H6. 总体来说，您对该经办机构的满意程度是非常满意、比较满意、不太满意还是很不满意？【单选】

非常满意	比较满意	一般	不太满意	很不满意	说不清/不清楚
5	4	3	2	1	99

Z 部分：背景题

Z1. 请问您的周岁年龄是多少呢?【记录实际年龄并圈选】【单选】

18 周岁以下

18～25 周岁

26～35 周岁

36～45 周岁

46～55 周岁

56～65 周岁

65 周岁以上

Z2. 记录受访者性别：【单选】

男　　　　　　　　　　　　　　　　女

Z3. 请问您的文化程度是：【单选】

小学及以下　　　　　　　　　　　中专/技校

初中　　　　　　　　　　　　　　大学本、专科

高中　　　　　　　　　　　　　　研究生及以上

Z4. 请问您的职业是?【单选】

工人

公司职员

公务员

事业单位人员

学生

城镇无业居民

退休人员

参保单位经办人员

Z5. 请问您的月收入水平是?【单选】

1000 元以下　　　　　　　　　　5000～10000 元

1000～2000 元　　　　　　　　　10000 元以上

　　2000~3000 元　　　　　　　　　　　　　拒答

　　3000~5000 元

Z6. 请问您的户籍是?【单选】

　　本地人，城镇户口　　　　　　　　　　　外地人，农业户口

　　本地人，农村户口　　　　　　　　　　　外地人，城镇户口

　　　　　　　　　　　　　　　　　　　　　拒答

Z7. 请问您参加了以下哪些险种? 您可以多选。【多选】

　　职工养老保险　　　　　　　　　　土地承包经营权流转农民养老保险

　　城乡居民养老保险　　　　　　　　职工医疗保险

　　养老保险　　　　　　　　　　　　失业保险

　　城乡居民医疗保险　　　　　　　　生育保险

　　工伤保险　　　　　　　　　　　　以上都没有

　　被征地农民养老保险

访问到此结束，再次感谢您的合作。

附件 2

城乡居民社会保险需求与期望调查问卷

调查问卷封面

项目代号：

问卷编号：_____（ID001）　　　DP编码：_____（ID002）

访员编号：_____（ID003）　　　审卷员编码：_____（ID004）

城乡居民社会保险需求调查问卷

受访者姓名：_____（ID005）联系电话：_____（ID006）

访问时间：__月（ID007）__日（ID008）__时（ID009）:__分（ID010）～__时（ID011）:__分（ID012）

访问地址：_____（ID013）

城市编号：____【请访问员在下列选项中圈选】（ID014）

武汉 1

西安 2

上海 3

❀访问员承诺：

◇我清楚本人的访问态度对调查结果的影响；

◇我保证本份问卷的各项资料都是由我本人按照公司规定的电话访问程序进行电话访问和记录的，绝对真实无欺；

◇我知道若发现一份作假，本人访问的所有问卷将全部作废，并需对此而给公司造成的损失作出赔偿。

访员签字：_____　　访员中心：_____

问卷审核记录

QC复核

问卷一：公司职员

　　您好，我是社会保险经办课题的研究人员，想了解参保人员的具体需求，以便为您提供更优惠的政策和服务。您的意见是国家相关单位出台政策的重要参考，所以非常重要！我需要占用您大约 15 分钟的时间，希望能得到您的配合。谢谢！

G. 请问您的职业是？

公司职员	01	继续访问
农民工	02	结束访问
事业单位职工	03	
公务员	04	
高校学生	05	
灵活就业人员	06	
城镇退休人员	07	
普通农民	08	
其他【请注明】		

A 部分：公司职员

AG1. 请问您的周岁年龄是多少呢？【记录实际年龄并圈选】

18 周岁以下	【结束访问】
18～25 周岁	【继续访问】
26～35 周岁	
36～45 周岁	
46～55 周岁	

56～65 周岁	【结束访问】
65 周岁以上	

AG2. 请问您个人的教育水平是?

高中及以下	【继续访问】
大专	
本科	【结束访问】
硕士	
博士	

A1. 请问您的户籍是?

本地人,城镇户口	外地人,农业户口
本地人,农村户口	外地人,城镇户口
	拒答

A2. 您工作多久了?

0～3 年(含 3 年)	10～15 年(含 15 年)
3～5 年(含 5 年)	15 年以上
5～10 年(含 10 年)	

A3. 公司为您上了哪些保险?【可多选】

　　1. 基本医疗保险　　　　　需答 A4～A26

　　2. 基本养老保险　　　　　需答 A27～A30

　　3. 工伤保险　　　　　　　需答 A31～A35b　　　A41 之后均

　　4. 生育保险　　　　　　　需答 A36～A38　　　　需回答

　　5. 失业保险　　　　　　　需答 A39～A41

【A4～A26 针对 A3 选了 1 的受访者】

A4. 我们想向您了解一下您对基本医疗保险政策的评价。请问在过去两年内您使用医保到医院看过病吗,或者清楚地知道别人使用过?

　　使用过【继续回答】　　　　没有使用过,也不清楚别人是否使用过【跳至 A17】

　　清楚地知道别人使用过【继续回答】

A5. 我们想了解您对定点医院的评价。比如医疗设施与您的实际需求相比,是非常满意，比较满意，不太满意，还是完全无法满意？

问题	非常满意	比较满意	一般	不太满意	完全无法满意	不清楚	编码
医疗设施	5	4	3	2	1	9	
医务人员技术水平	5	4	3	2	1	9	
药品种类	5	4	3	2	1	9	
转诊便利度	5	4	3	2	1	9	

A6. 在医院就诊结账时，是使用医保卡进行支付结算的吗？

　　　是【继续访问】　　　　　　　　否【跳至A9】

A7. 使用医保卡进行支付结算方便吗？是非常方便，比较方便，不太方便还是很不方便？

非常方便	比较方便	一般	不太方便	很不方便	不清楚
5	4	3	2	1	99
【跳至A9】			继续回答A8		【跳至A9】

A8. 使用医保卡不方便的原因有哪些？

A9. 就您的感受和观察，目前可用医保报销的范围，能在多大程度上满足您的需求？是很高程度，较高程度，较低程度还是很低程度？

很高程度	较高程度	一般	较低程度	很低程度	不清楚
5	4	3	2	1	99
【跳至A11】			继续回答A10		【跳至A11】

A10. 根据您的观察和了解，医保还应该增加哪些常见病和大病的报销呢？

A11. 那目前看病能报销的费用占到所花费用的比例呢？能在多大程度上减轻您的个人负担？是很高程度，较高程度，较低程度还是很低程度？

很高程度	较高程度	一般	较低程度	很低程度	不清楚
5	4	3	2	1	99
【跳至 A13】			继续回答 A12		【跳至 A13】

A12. 那您希望看病能报销的费用占到所花费用的_____%【请注明，填写至个位数】。

A13. 医疗保险主要负责对大病的报销，小病需要自己承担，因此看病费用超过一定数额才能报销，您认为目前的这个数额设置合理吗？是非常合理，比较合理，不太合理还是很不合理？

非常合理	比较合理	一般	不太合理	很不合理	不清楚
5	4	3	2	1	99
【跳至 A15】			继续回答 A14		【跳至 A15】

A14. 那您希望这个数额设置为_____元【请注明，填写整数】呢？

A15. 您认为目前一年内个人看病可报销的最高限额设置得合理吗？是非常合理，比较合理，不太合理还是很不合理？

非常合理	比较合理	一般	不太合理	很不合理	不清楚
5	4	3	2	1	99
【跳至 A17】			继续回答 A16		【跳至 A17】

A16. 那您希望每年报销的最高限额设置为_____元【请注明，填写整数】。

A17. 每月从工资里扣除的基本医疗保险费用在多大程度上增加了您的生活负担？

很低程度	较低程度	一般	较高程度	很高程度	不清楚
5	4	3	2	1	99
【跳至 A19】			继续回答 A18		【跳至 A19】

A18. 考虑到您的生活支出及看病需求，您认为每月扣_____元【请注明，

填写整数】的基本医疗保险金比较合适？

A19. 过去两年内，您是否在异地使用医保卡看过病？

　　　是【继续访问】　　　　　　　　　　否【跳至 A22】

A20. 异地看病报销方便吗？是非常方便，比较方便，不太方便还是很不方便？

非常方便	比较方便	一般	不太方便	很不方便	不清楚
5	4	3	2	1	99
【跳至 A22】			继续回答 A21		【跳至 A22】

A21. 您认为具体是哪里不方便？

A22. 对于基本医疗保险个人账户信息查询，您认为方便吗？是非常方便，比较方便，不太方便还是很不方便？

非常方便	比较方便	一般	不太方便	很不方便	不清楚
5	4	3	2	1	99
【跳至 A24】			继续回答 A23		【跳至 A24】

A23. 具体是哪些地方不方便？

A24. 您认为政府在基本医疗保险政策的宣传方面，做得如何？

非常好	比较好	一般	不太好	很不好	不清楚
5	4	3	2	1	99
【跳至 A25a】			继续回答 A25		【跳至 A25a】

A25. 有哪些基本医疗保险政策查询起来比较困难？您希望政府如何去做？

A25a. 如果目前的基本医疗保险可以自由决定是否参与。请问您还会参与吗？

　　　会【跳至 A26】　　　　　　　　　　不会【继续回答】

A25b. 您不愿意选择参与的原因是？

A26. 依照您的切身体会，您认为政策制定者在基本医疗保险方面的政策急
需改变的有哪些？

【A27～A30 针对 A3 选了 2 的受访者】

A27. 接下来，我们聊一下养老保险。每月从工资里扣除的养老保险费用在
多大程度上增加了您的生活负担？【单选】

很低程度	较低程度	一般	较高程度	很高程度	不清楚
5	4	3	2	1	99

A27a. 考虑到您的个人和家庭收入情况，您认为每月扣_____元【请注
明，填写整数】基本养老保险金比较合适？

A27b. 如果目前的基本养老保险作为一项政策，可以自由决定是否参与。请
问您还会参与吗？

　　会【跳至 C29】　　　　　　　　　　不会【继续回答】

A28. 您不会参与的原因是？【可多选】

　　扣除养老保险后，就没有多少工资可以花了

　　养老保险账户亏空大，担心未来享受不到

　　愿意把钱省下来去做商业投资

　　做不到连续缴纳 15 年，交了等于白交

　　退休后要回到老家，目前的跨区域政策对自己很不利

　　已经交够 15 年了，不想再交了

　　其他【请注明】

A29. 您认为基本养老保险能在多大程度上满足您未来的养老需求？

很高程度	较高程度	一般	较低程度	很低程度	不清楚
5	4	3	2	1	99
【跳至 A31】			继续回答 A30		【跳至 A31】

A30. 您认为不能满足您养老需求的原因是什么？您需要政府如何去做？

【A31～A35b 针对 A3 选了 3 的受访者】

A31. 我们想向您了解一下您对工伤保险政策的评价。请问您在过去两年内享受过工伤保险赔偿或清楚地知道别人享受过吗？

　　享受过【继续回答】

　　没有享受过，也不清楚别人是否享受过【跳至 A33】

　　清楚地知道别人享受过【继续回答】

A32. 我们想请您对工伤保险的有关内容进行评价。如工伤保险认定核准等办理过程简便，是非常符合，比较符合，不太符合还是很不符合？

问题	非常符合	比较符合	一般	不太符合	很不符合	不清楚	编码
工伤保险认定核准等办理过程简便	5	4	3	2	1	99	A3201
工伤待遇能足额发放	5	4	3	2	1	99	A3202
劳动能力鉴定情况符合实际情况	5	4	3	2	1	99	A3203
能方便查询到相关政策信息	5	4	3	2	1	99	A3204

A33. 每月从工资里扣除的工伤保险费用在多大程度上增加了您的生活负担？

很低程度	较低程度	一般	较高程度	很高程度	不清楚
5	4	3	2	1	99
【跳至 A35】			继续回答 A34		【跳至 A35】

A34. 考虑到您的个人和家庭收入情况，您认为每月扣＿＿＿＿＿＿元【请注明，填写整数】基本工伤保险金比较合适。

A35. 目前的工伤保险在哪些方面未能满足您的需求？原因是？有关工伤保险您希望继续改变的政策是？

A35a. 如果目前的工伤保险可以自由决定是否参与。请问您还会参与吗？

　　会【跳至 A36】　　　　　　　　不会【继续回答】

A35b. 您不愿意选择参与的原因是?

【A36 ~ A38 针对 A3 选了 4 的受访者】

A36. 我们想向您了解一下您对生育保险政策的评价。请问您在过去两年内享受过生育保险待遇或清楚地知道别人享受过吗?

享受过【继续回答】

没有享受过,也不清楚别人是否享受过【跳至 A37a】

清楚地知道别人享受过【继续回答】

A37. 想了解您对生育保险政策的评价。如生育保险认定核准等办理过程简便。与现实相比,是非常符合,比较符合,不太符合还是很不符合?

问题	非常符合	比较符合	一般	不太符合	很不符合	不清楚	编码
生育保险认定核准等办理过程简便	5	4	3	2	1	99	A3701
生育保险待遇能足额发放	5	4	3	2	1	99	A3702
申请办理过程中能方便查询到相关政策信息	5	4	3	2	1	99	A3703
生育保险待遇数额能满足个人需求	5	4	3	2	1	99	A3704

A37a. 如果目前的生育保险可以自由决定是否参与。请问您还会参与吗?

　　会【跳至 A38】　　　　　　　　　　不会【继续回答】

A37b. 您不愿意参与的原因是?

A38. 目前生育保险政策哪些方面未能满足您的需求?原因是?对生育保险最迫切的需求是?

【A39 ~ A41 针对 A3 选了 5 的受访者】

A39. 我们想向您了解一下您对失业保险政策的评价。请问您在过去两年内领过失业保险金或清楚地知道别人领过吗?

领过【继续回答】

没领过，也不清楚别人是否领过【跳至 A40a】

清楚知道别人使用过【继续回答】

A40. 如失业保险认定核准等办理过程简便。与现实相比，是非常符合，比较符合，不太符合还是很不符合？

问题	非常符合	比较符合	一般	不太符合	很不符合	不清楚	编码
失业保险认定核准等办理过程简便	5	4	3	2	1	99	A4001
失业待遇能足额发放	5	4	3	2	1	99	A4002
能方便查询到相关政策信息	5	4	3	2	1	99	A4003
失业保险待遇能满足个人需求	5	4	3	2	1	99	A4004

A40a. 如果目前的失业保险可以自由决定是否参与，请问您还会参与吗？

会【跳至 A41】　　　　　　　　　不会【继续回答】

A40b. 您不愿意参与的原因是什么？

A41. 目前失业保险政策哪些方面未能满足您的需求？原因是？对失业保险最迫切的需求是？

【A42 ~ A53 均需回答，无论 A3 选哪项均需回答】

A42. 请问您个人是否主动买过商业保险？【企业给购买的商业保险不算】

是【继续访问 A43】具体是_____　　否【跳至 A44】

A43. 您选择办理商业保险的原因是？

A44. 请问您是否办理过社会保险转移手续？

是【继续访问】　　　　　　　　否【跳至 A46】

A45. 社会保险转移手续办理起来是否方便？是非常方便，比较方便，不太方便还是很不方便？

非常方便	比较方便	一般	不太方便	很不方便	不清楚
5	4	3	2	1	99

A46. 请问您是否去过社会保险经办机构？比如社保局、社保所及大厅窗口。
【单选】

是【继续访问】　　　　　　　　　否【跳至 A49】

A47. 社会保险经办机构给您留下的印象是？比如办理程序简便快捷，与现实相比，是非常符合，比较符合，不太符合还是很不符合？【单选】

问题	非常符合	比较符合	一般	不太符合	很不符合	不清楚	编码
办理的程序简便快速	5	4	3	2	1	99	A4701
办理等待时间合理，无需等待太长时间	5	4	3	2	1	99	A4702
工作人员的服务态度好，热情周到	5	4	3	2	1	99	A4703
工作人员的业务能力强，办事非常高效	5	4	3	2	1	99	A4704

A48. 总体来说，您认为社保经办大厅办事的方便程度如何？是非常方便，比较方便，不太方便还是很不方便？

非常方便	比较方便	一般	不太方便	很不方便	不清楚
5	4	3	2	1	99
【跳至 A49】			继续回答		【跳至 A49】

追问：您在社保大厅办事时，遇到过哪些不方便办理的事情？

A49. 您对社会保险政策的了解程度如何？

很不了解　　　　　　　　　　比较了解

不太了解　　　　　　　　　　非常了解

有一定了解　　　　　　　　　拒答【不读出】

A50. 了解社会保险政策对您合理享受保险非常重要。您期待通过何种方式来了解社会保险政策？

电视宣传　　　　　　　　　　短信

微信微博等公众平台　　　　　邮件

电话服务热线　　　　　　　　其他【请注明】

A51. 请问您目前所在的企业性质是？【单选】

国有企业　　　　　　　　　　个体工商户

集体企业　　　　　　　　　　中外合资、合作企业（包括港澳台）

各种形式的内资股份　　　　　外商独资企业（包括港澳台）
　公司或联营企业

私营企业　　　　　　　　　　拒答【不读出】

A52. 请问您个人的月收入水平是？

1000 元以下　　　　　　　　　5000～9999 元

1000～1999 元　　　　　　　　10000 元及以上

2000～2999 元　　　　　　　　拒答

3000～4999 元

A53. 受访者性别是？

男　　　　　　　　　　　　　女

问卷二：农民工

　　您好，我是社会保险经办课题的研究人员，想了解参保人员的具体需求，以便为您提供更优惠的政策和服务。您的意见是国家相关单位出台政策的重要参考，所以非常重要！我需要占用您大约 15 分钟的时间，希望能得到您的配合。谢谢！

G. 请问您的职业是？

公司职员	01	【结束访问】
农民工	02	【继续访问】
事业单位职工	03	
公务员	04	
高校学生	05	
灵活就业人员	06	【结束访问】
城镇退休人员	07	
普通农民	08	
其他【请注明】		

B 部分：农民工

BG1. 请问您的户籍是？

农村户口，本地人	【继续访问】
农村户口，外地人	
其他【请注明】	【结束访问】

BG2. 请问您的周岁年龄是多少呢？【记录实际年龄并圈选】

18 周岁以下	
18～25 周岁	【结束访问】
26～35 周岁	
36～45 周岁	
46～55 周岁	【继续访问】
56～65 周岁	
65 周岁以上	【结束访问】

BG3. 请问您个人的教育水平是？

高中及以下	【继续访问】
大专	
本科	
硕士	【结束访问】
博士	

B1. 请问您所处的行业类型是？

采矿业　　　　　　　　　　　　　批发零售业
制造业　　　　　　　　　　　　　住宿餐饮业
建筑业
交通运输、仓储、邮政业　　　　　其他【请注明】

B2. 您工作了多久？

0~3 年（含 3 年）　　　　　　　10~15 年（含 15 年）
3~5 年（含 5 年）　　　　　　　15 年以上
5~10 年（含 10 年）

B3. 您都上了哪些保险？【可多选】

1. 基本医疗保险	需答 B4~B26	
2. 基本养老保险	需答 B27~B30	
3. 工伤保险	需答 B31~B35b	
4. 生育保险	需答 B36~B38	B41 之后均需回答
5. 失业保险	需答 B39~B41	
6. 在老家上了新型农村合作医疗保险	需答 B3a	
7. 在老家上了新型农村养老保险	需答 B3a	

【B3a 针对 B3 选了 6、7 的受访者】

B3a. 在家上的保险和公司给上的保险能够重复领取吗？

能　　　　　　　　　　　　　　不能

【B4~B26 针对 B3 选了 1 的受访者】

B4. 我们想向您了解一下您对基本医疗保险政策的评价。请问在过去两年内您使用医保到医院看过病吗，或者清楚地知道别人使用过？

使用过	【继续访问】
清楚地知道别人使用过	
没有使用过，也不清楚别人是否使用过	【跳至 B17】

B5. 我们想了解您对定点医院的评价。比如医疗设施与您的实际需求相比，是非常满意，比较满意，不太满意，还是完全无法满意？

问题	非常满意	比较满意	一般	不太满意	完全无法满意	不清楚
医疗设施	5	4	3	2	1	99
医务人员技术水平	5	4	3	2	1	99
药品种类	5	4	3	2	1	99
转诊便利度	5	4	3	2	1	99

B6. 在医院就诊结账时，是使用的医保卡进行支付结算的吗？

　　是【继续访问】　　　　　　　　否【跳至 B9】

B7. 使用医保卡进行支付结算方便吗？是非常方便，比较方便，不太方便还是很不方便？

非常方便	比较方便	一般	不太方便	很不方便	不清楚
5	4	3	2	1	99
【跳至 B9】			继续回答 B8		【跳至 B9】

B8. 使用医保卡不方便的原因有哪些？

B9. 就您的感受和观察，目前医保的报销范围，能在多大程度上满足您的需求？是很高程度，较高程度，较低程度还是很低程度？

很高程度	较高程度	一般	较低程度	很低程度	不清楚
5	4	3	2	1	99
【跳至 B11】			继续回答 B10		【跳至 B11】

B10. 根据您的观察和了解，医保还应该增加哪些常见病和大病的报销呢？

B11. 那目前看病能报销的费用占到所花费用的比例呢？能在多大程度上减轻您的个人负担？是很高程度，较高程度，较低程度还是很低程度？

很高程度	较高程度	一般	较低程度	很低程度	不清楚
5	4	3	2	1	99
【跳至 B13】			继续回答 B12		【跳至 B13】

B12. 那您希望看病能报销的费用占到所花费用的_____%【请注明，填写至个位数】。

B13. 医疗保险主要负责对大病的报销，小病需要自己承担，因此看病费用超过一定数额才能报销，您认为目前的这个数额设置合理吗？是非常合理，比较合理，不太合理还是很不合理？

非常合理	比较合理	一般	不太合理	很不合理	不清楚
5	4	3	2	1	99
【跳至 B15】			继续回答 B14		【跳至 B15】

B14. 那您希望这个数额设置为_____元【请注明，填写整数】。

B15. 您认为目前一年内个人看病可报销的最高限额设置得合理吗？是非常合理，比较合理，不太合理还是很不合理？

非常合理	比较合理	一般	不太合理	很不合理	不清楚
5	4	3	2	1	99
【跳至 B17】			继续回答 B16		【跳至 B17】

B16. 那您希望每年报销的最高限额设置为_____元【请注明，填写整数】。

B17. 每月从工资里扣除的基本医疗保险费用在多大程度上增加了您的生活负担？

很低程度	较低程度	一般	较高程度	很高程度	不清楚
5	4	3	2	1	99
【跳至 B19】			继续回答 B18		【跳至 B19】

B18. 考虑到您的生活支出及看病需求，您认为每月扣_____元【请注明，填写整数】的基本医疗保险金比较合适。

B19. 过去两年内，您是否在异地使用医保卡看过病？

　　　　是【继续访问】　　　　　　　　否【跳至 B22】

B20. 异地看病报销方便吗？是非常方便，比较方便，不太方便还是很不方便？

非常方便	比较方便	一般	不太方便	很不方便	不清楚
5	4	3	2	1	99
【跳至 B22】			继续回答 B21		【跳至 B22】

B21. 您认为具体是哪里不方便？

B22. 对于基本医疗保险个人账户信息查询，您认为方便吗？是非常方便，比较方便，不太方便还是很不方便？

非常方便	比较方便	一般	不太方便	很不方便	不清楚
5	4	3	2	1	99
【跳至 B24】			继续回答 B23		【跳至 B24】

B23. 具体是哪些地方不方便？

B24. 您认为政府在基本医疗保险政策的宣传方面，做得如何？【单选】

非常好	比较好	一般	不太好	很不好	不清楚
5	4	3	2	1	99
【跳至 B25a】			继续回答 B25		【跳至 B25a】

B25. 有哪些基本医疗保险政策查询起来比较困难？你希望政府如何去做？

B25a. 如果目前的基本医疗保险可以自由决定是否参与。请问您还会参与吗？

　　　会【跳至 B26】　　　　　　　　　　不会【继续回答】

B25b. 您不愿意选择参与的原因是？

B26. 依照您的切身体会，您认为政策制定者在基本医疗保险方面的政策急需改变的有哪些？

【B27～B30 针对 B3 选了 2 的受访者】

B27. 接下来，我们聊一下养老保险。每月从工资里扣除的养老保险费用在多大程度上增加了您的生活负担？

很低程度	较低程度	一般	较高程度	很高程度	不清楚
5	4	3	2	1	99
	【跳至 B27c】		继续回答		【跳至 B27c】

B27a. 考虑到您的个人和家庭收入情况，您认为每月扣_____元【请注明，填写整数】基本养老保险金比较合适。

B27b. 如果目前的基本养老保险作为一项政策，可以自由决定是否参与。请问您还会参与吗？

　　　会【跳至 B29】　　　　　　　　　　不会【继续回答】

B28. 您不会参与的原因是？【多选】
　　　扣除养老保险后，就没有多少工资可以花了
　　　养老保险账户亏空大，担心未来享受不到
　　　愿意把钱省下来去做商业投资
　　　做不到连续缴纳 15 年，交了等于白交
　　　退休后要回到老家，目前的跨区域政策对自己很不利
　　　已经交够 15 年了，不想再交了
　　　其他【请填答】_____

B29. 您认为基本养老保险能在多大程度上满足您未来的养老需求？

很高程度	较高程度	一般	较低程度	很低程度	不清楚
5	4	3	2	1	99
【跳至 B31】			继续回答 B30		【跳至 B31】

B29a. 依照目前养老保险的缴纳时长，到您退休时，能够交完 15 年吗？

能   不能

B29b. 您是否申请过养老保险的补缴？

是【继续回答】   否【跳至 B29】

B29c. 那您的养老保险补缴成功了吗？

成功了   没有成功

B30. 您认为不能满足您的养老需求的原因是？您需要政府如何去做？

【B31～B35b 针对 B3 选了 3 的受访者】

B31. 我们想向您了解一下您对工伤保险政策的评价。请问您在过去两年内享受过工伤保险赔偿或清楚地知道别人享受过吗？

享受过	【继续访问】
清楚地知道别人享受过	
没有享受过，也不清楚别人是否享受过	【跳至 B33】

B32. 我们想请您对工伤保险的有关内容进行评价。如工伤保险认定核准等办理过程简便，是非常符合，比较符合，不太符合还是很不符合？

问题	非常符合	比较符合	一般	不太符合	很不符合	不清楚
工伤保险认定核准等办理过程简便	5	4	3	2	1	99
工伤补偿能足额发放	5	4	3	2	1	99
劳动能力鉴定情况符合实际情况	5	4	3	2	1	99
能方便查询到相关政策信息	5	4	3	2	1	99

B33. 每月从工资里扣除的工伤保险费用在多大程度上增加了您的生活负担?

很低程度	较低程度	一般	较高程度	很高程度	不清楚
5	4	3	2	1	99
【跳至 B35】			继续回答 B34		【跳至 B35】

B34. 考虑到您的个人和家庭收入情况,您认为每月扣_____元【请注明,填写整数】基本工伤保险金比较合适。

B35. 目前的工伤保险在哪些方面未能满足您的需求?原因是?有关工伤保险您希望继续改变的政策是?

B35a. 如果目前的工伤保险可以自由决定是否参与。请问您还会参与吗?

　　会【跳至 B36】　　　　　　　　　　不会【继续回答】

B35b. 您不愿意选择参与的原因是?

【B36 ~ B38 针对 B3 选了 4 的受访者】

B36. 我们想向您了解一下您对生育保险政策的评价。请问您在过去两年内享受过生育保险待遇或清楚地知道别人享受过吗?

享受过	【继续访问】
清楚地知道别人享受过	
没有享受过,也不清楚别人是否享受过	【跳至 B37a】

B37. 想了解您对生育保险政策的评价。如生育保险认定核准等办理过程简便。与现实相比,是非常符合,比较符合,不太符合还是很不符合?

问题	非常符合	比较符合	一般	不太符合	很不符合	不清楚
生育保险认定核准等办理过程简便	5	4	3	2	1	99
生育保险待遇能足额发放	5	4	3	2	1	99
申请办理过程中能方便查询到相关政策信息	5	4	3	2	1	99
生育保险待遇数额能满足个人需求	5	4	3	2	1	99

B37a. 如果目前的生育保险可以自由决定是否参与，请问您还会参与吗？

　　　会【跳至 B38】　　　　　　　　　　不会【继续回答】

B37b. 您不愿意参与的原因是？

B38. 目前生育保险政策哪些方面未能满足您的需求？原因是？对生育保险最迫切的需求是？

【B39 ~ B41 针对 B3 选了 5 的受访者】

B39. 我们想向您了解一下您对失业保险政策的评价。请问您在过去两年内领过失业保险金或清楚地知道别人领过吗？

领过	【继续访问】
清楚地知道别人领过	
没领过，也不清楚别人是否领过	【跳至 B40a】

B40. 如失业保险认定核准等办理过程简便。与现实相比，是非常符合，比较符合，不太符合还是很不符合？

B4001 – B4004

问题	非常符合	比较符合	一般	不太符合	很不符合	不清楚
失业保险认定核准等办理过程简便	5	4	3	2	1	99
失业待遇能足额发放	5	4	3	2	1	99
能方便查询到相关政策信息	5	4	3	2	1	99
失业保险待遇能满足个人需求	5	4	3	2	1	99

B40a. 如果目前的失业保险可以自由决定是否参与，请问您还会参与吗？

　　　会【跳至 B41】　　　　　　　　　　不会【继续回答】

B40b. 您不愿意参与的原因是？

B41. 目前失业保险政策哪些方面未能满足您的需求？原因是？对失业保险最迫切的需求是？

【B42~B53 均需回答，无论 B3 选哪项均需回答】

B42. 请问您个人是否主动买过商业保险？【企业给购买的商业保险不算】

　　是【继续访问 B43】具体　　　　否［跳至 B44］

B43. 您选择办理商业保险的原因是？

B44. 请问您是否办理过社会保险转移手续？

　　是【继续访问】　　　　　　　　否【跳至 B46】

B45. 社会保险转移手续办理起来是否方便？是非常方便，比较方便，不太方便还是很不方便？

非常方便	比较方便	一般	不太方便	很不方便	不清楚
5	4	3	2	1	99

B46. 请问您是否去过社会保险经办机构，比如社保局或社保所及大厅窗口这类地方？

　　是【继续访问】　　　　　　　　否【跳至 B49】

B47. 社会保险经办机构给您留下的印象是？比如办理程序简便快捷，与现实相比，是非常符合，比较符合，不太符合还是很不符合？

问题	非常符合	比较符合	一般	不太符合	很不符合	不清楚
办理的程序简便快速	5	4	3	2	1	99
办理等待时间合理，无需等待太长时间	5	4	3	2	1	99
工作人员的服务态度好，热情周到	5	4	3	2	1	99
工作人员的业务能力强，办事非常高效	5	4	3	2	1	99

B48. 总体来说，您认为社保经办大厅办事的方便程度是？是非常方便，比较方便，不太方便还是很不方便？

非常方便	比较方便	一般	不太方便	很不方便	不清楚
5	4	3	2	1	99

追问：您在社保大厅办事时，遇到过哪些不方便办理的事情？

B49. 对社会保险政策的了解程度？

非常了解	比较了解	有一定了解	不太了解	很不了解	拒答
5	4	3	2	1	98

B50. 了解社会保险政策对您合理享受保险非常重要。您期待是以何种方式了解社会保险政策？

　　　　电视宣传　　　　　　　　　　短信
　　　　微信微博等公众平台　　　　　邮件
　　　　电话服务热线　　　　　　　　其他【请注明】

B51. 请问您目前所在的企业性质？

　　　　国有企业　　　　　　　　　　个体工商户
　　　　集体企业　　　　　　　　　　中外合资、合作企业（包括港澳台）
　　　　各种形式的内资股份公司或　　外商独资企业（包括港澳台）
　　　　　联营企业
　　　　私营企业　　　　　　　　　　拒答【不读出】

B52. 请问您个人的月收入水平？

　　　　1000 元以下　　　　　　　　　5000 ~ 9999 元
　　　　1000 ~ 1999 元　　　　　　　 10000 元及以上
　　　　2000 ~ 2999 元　　　　　　　 拒答
　　　　3000 ~ 4999 元

B53. 受访者性别是？

　　　　男　　　　　　　　　　　　　女

问卷三：事业单位职工

　　您好，我是社会保险经办课题的研究人员，想了解参保人员的具体需求，以便为您提供更优惠的政策和服务。您的意见是国家相关单位出台政策的重要参考，所以非常重要！我需要占用您大约 15 分钟的时间，希望能得到您的配合。谢谢！

G. 请问您的职业是？

公司职员	01	结束访问】
农民工	02	
事业单位职工	03	【继续访问】
公务员	04	
高校学生	05	
灵活就业人员	06	【结束访问】
城镇退休人员	07	
普通农民	08	
其他【请注明】		

Ca 部分：事业单位职工

CG1. 请问您是事业编制吗？

　　　　是【继续访问】　　　　　　　否【结束访问】

CG2. 请问您的周岁年龄是多少呢？【记录实际年龄并圈选】

18 周岁以下	【结束访问】
18～25 周岁	【继续访问】
26～35 周岁	

36 ~ 45 周岁	
46 ~ 55 周岁	
56 ~ 65 周岁	【结束访问】
65 周岁以上	

CG3. 请问您个人的教育水平是？

高中及以下	【继续访问】
大专	
本科	
硕士	【结束访问】
博士	

C1. 请问您的户籍是？

本地人，城镇户口   外地人，农业户口

本地人，农村户口   外地人，城镇户口

C2. 您工作了多久？

0 ~ 3 年（含 3 年）   10 ~ 15 年（含 15 年）

3 ~ 5 年（含 5 年）   15 年以上

5 ~ 10 年（含 10 年）

C3. 单位给您上了哪些保险？【可多选】

1. 基本医疗保险   需答 C4 ~ C26

2. 基本养老保险   需答 C27 ~ C30   C41 之后均

3. 工伤保险   需答 C31 ~ C35b   需回答

4. 生育保险   需答 C36 ~ C38

5. 失业保险   需答 C39 ~ C41

【C4 ~ C26 针对 C3 选了 1 的受访者】

C4. 我们想向您了解一下您对基本医疗保险政策的评价。请问在过去两年内您使用医保到医院看过病吗，或者清楚地知道别人使用过？

使用过【继续回答】   未使用过，也不清楚别人是否使用过【跳至 C17】

清楚地知道别人使用过【继续回答】

C5. 我们想了解您对定点医院的评价。比如医疗设施与您的实际需求相比，是非常满意，比较满意，不太满意，还是完全无法满意？

问题	非常满意	比较满意	一般	不太满意	完全无法满意	不清楚	编码
医疗设施	5	4	3	2	1	9	C501
医务人员技术水平	5	4	3	2	1	9	C502
药品种类	5	4	3	2	1	9	C503
转诊便利度	5	4	3	2	1	9	C504

C6. 在医院就诊结账时，是使用的医保卡进行支付结算的吗？

　　是【继续访问】　　　　　　　　　　否【跳至C9】

C7. 使用医保卡进行支付结算方便吗？是非常方便，比较方便，不太方便还是很不方便？

非常方便	比较方便	一般	不太方便	很不方便	不清楚
5	4	3	2	1	99
【跳至C9】			继续回答C8		【跳至C9】

C8. 使用医保卡不方便的原因有哪些？

C9. 就您的感受和观察，目前医保的报销范围，能在多大程度上满足您的需求？是很高程度，较高程度，较低程度还是很低程度？

很高程度	较高程度	一般	较低程度	很低程度	不清楚
5	4	3	2	1	99
【跳至C11】			继续回答C10		【跳至C11】

C10. 根据您的观察和了解，医保还应该增加哪些常见病和大病的报销呢？

C11. 那目前看病能报销的费用占到所花费用的比例呢？能在多大程度上减轻您的个人负担？是很高程度，较高程度，较低程度还是很低程度？

很高程度	较高程度	一般	较低程度	很低程度	不清楚
5	4	3	2	1	99
【跳至 C13】			继续回答 C12		【跳至 C13】

C12. 那您希望看病能报销的费用占到所花费用的＿＿＿＿％【请注明，填写至个位数】。

C13. 医疗保险主要负责对大病的报销，小病需要自己承担，因此看病费用超过一定数额才能报销，您认为目前的这个数额设置合理吗？是非常合理，比较合理，不太合理还是很不合理？

非常合理	比较合理	一般	不太合理	很不合理	不清楚
5	4	3	2	1	99
【跳至 C15】			继续回答 C14		【跳至 C15】

C14. 那您希望这个数额设置为＿＿＿＿元【请注明，填写整数】。

C15. 您认为目前一年内个人看病可报销的最高限额设置的合理吗？是非常合理，比较合理，不太合理还是很不合理？

非常合理	比较合理	一般	不太合理	很不合理	不清楚
5	4	3	2	1	99
【跳至 C17】			继续回答 C16		【跳至 C17】

C16. 那您希望每年报销的最高限额设置为＿＿＿＿元【请注明，填写整数】。

C17. 每月从工资里扣除的基本医疗保险费用在多大程度上增加了您的生活负担？

很低程度	较低程度	一般	较高程度	很高程度	不清楚
5	4	3	2	1	99
【跳至 C19】			继续回答 C18		【跳至 C19】

C18. 考虑到您的生活支出及看病需求，您认为每月扣＿＿＿＿元【请注明，

填写整数】的基本医疗保险金比较合适。

C19. 过去两年内，您是否在异地使用医保卡看过病？

　　　是【继续访问】　　　　　　　　　　　否【跳至 C22】

C20. 异地看病报销方便吗？是非常方便，比较方便，不太方便还是很不方便？

非常方便	比较方便	一般	不太方便	很不方便	不清楚
5	4	3	2	1	99
【跳至 C22】			继续回答 C21		【跳至 C22】

C21. 您认为具体是哪里不方便？

C22. 对于基本医疗保险个人账户信息查询，您认为方便吗？是非常方便，比较方便，不太方便还是很不方便？

非常方便	比较方便	一般	不太方便	很不方便	不清楚
5	4	3	2	1	99
【跳至 C24】			继续回答 C23		【跳至 C24】

C23. 具体是哪些地方不方便？

C24. 您认为政府在基本医疗保险政策的宣传方面，做得如何？

非常好	比较好	一般	不太好	很不好	不清楚
5	4	3	2	1	99
【跳至 C25a】			继续回答 C25		【跳至 C25a】

C25. 有哪些基本医疗保险政策查询起来比较困难？你希望政府如何去做？

C25a. 如果目前的基本医疗保险可以自由决定是否参与。请问您还会参与吗？

　　　会【跳至 C26】　　　　　　　　　　　不会【继续回答】

C25b. 您不愿意选择参与的原因是？

C26. 依照您的切身体会，您认为政策制定者在基本医疗保险方面的政策急需改变的有哪些？

【C27 ~ C30 针对 C3 选了 2 的受访者】

C27. 接下来，我们聊一下养老保险。每月从工资里扣除的养老保险费用在多大程度上增加了您的生活负担？

很低程度	较低程度	一般	较高程度	很高程度	不清楚
5	4	3	2	1	99

C27a. 考虑到您的个人和家庭收入情况，您认为每月扣_____元【请注明，填写整数】基本养老保险金比较合适。

C27b. 如果目前的基本养老保险作为一项政策，可以自由决定是否参与。请问您还会参与吗？

　　会【跳至 C29】　　　　　　　　　　不会【继续回答】

C28. 您不会参与的原因是？【可多选】

　　扣除养老保险后，就没有多少工资可以花了

　　养老保险账户亏空大，担心未来享受不到

　　愿意把钱省下来去做商业投资

　　做不到连续缴纳 15 年，交了等于白交

　　退休后要回到老家，目前的跨区域政策对自己很不利

　　已经交够 15 年了，不想再交了

　　其他【请注明】

C29. 您认为基本养老保险能在多大程度上满足您未来的养老需求？

很高程度	较高程度	一般	较低程度	很低程度	不清楚
5	4	3	2	1	99
【跳至 C31】			继续回答 C30		【跳至 C31】

C30. 您认为不能满足您的养老需求原因是？您需要政府如何去做？

【C31～C35b 针对 C3 选了 3 的受访者】

C31. 我们想向您了解一下您对工伤保险政策的评价。请问您在过去两年内享受过工伤保险赔偿或清楚地知道别人享受过吗？

享受过【继续回答】　　　　　　　　没有享受过，也不清楚别人是否享受过【跳至 C33】

清楚地知道别人享受过【继续回答】

C32. 我们想请您对工伤保险的有关内容进行评价。如工伤保险认定核准等办理过程简便，是非常符合，比较符合，不太符合还是很不符合？

问题	非常符合	比较符合	一般	不太符合	很不符合	不清楚	编码
工伤保险认定核准等办理过程简便	5	4	3	2	1	99	C3201
工伤待遇能足额发放	5	4	3	2	1	99	C3202
劳动能力鉴定情况符合实际情况	5	4	3	2	1	99	C3203
能方便查询到相关政策信息	5	4	3	2	1	99	C3204

C33. 每月从工资里扣除的工伤保险费用在多大程度上增加了您的生活负担？

很低程度	较低程度	一般	较高程度	很高程度	不清楚
5	4	3	2	1	99
【跳至 C35】			继续回答 C34		【跳至 C35】

C34. 考虑到您的个人和家庭收入情况，您认为每月扣＿＿＿＿元【请注明，填写整数】基本工伤保险金比较合适。

C35. 目前的工伤保险在哪些方面未能满足您的需求？原因是？有关工伤保险您希望继续改变的政策是？

C35a. 如果目前的工伤保险可以自由决定是否参与，请问您还会参与吗？

会【跳至 C36】　　　　　　　　不会【继续回答】

C35b. 您不愿意选择参与的原因是?

【C36 ~ C38 针对 C3 选了 4 的受访者】

C36. 我们想向您了解一下您对生育保险政策的评价。请问您在过去两年内
享受过生育保险待遇或清楚地知道别人享受过吗?

　　享受过【继续回答】　　　　　　　　没有享受过，也不清楚别人是
　　　　　　　　　　　　　　　　　　　否享受过【跳至 C37a】

　　清楚地知道别人享受过【继续回答】

C37. 我们想向您了解一下您对生育保险政策的评价。如生育保险认定核准
等办理过程简便，与现实相比，是非常符合，比较符合，不太符合还
是很不符合?

问题	非常符合	比较符合	一般	不太符合	很不符合	不清楚	编码
生育保险认定核准等办理过程简便	5	4	3	2	1	99	C3701
生育保险待遇能足额发放	5	4	3	2	1	99	C3702
申请办理过程中能方便查询到相关政策信息	5	4	3	2	1	99	C3703
生育保险待遇数额能满足个人需求	5	4	3	2	1	99	C3704

C37a. 如果目前的生育保险可以自由决定是否参与，请问您还会参与吗?
　　会【跳至 C38】　　　　　　　　　　不会【继续回答】

C37b. 您不愿意参与的原因是?

C38. 目前生育保险政策哪些方面未能满足您的需求? 原因是? 对生育保险
最迫切的需求是?

【C39 ~ C41 针对 C3 选了 5 的受访者】

C39. 我们想向您了解一下您对失业保险政策的评价。请问您在过去两年内
领过失业保险金或清楚地知道别人领过吗?

　　领过【继续回答】　　　　　　　　没领过，也不清楚别人是否
　　　　　　　　　　　　　　　　　　　　　领过【跳至C40a】

　　清楚地知道别人领过【继续回答】

C40. 如失业保险认定核准等办理过程简便。与现实相比，是非常符合，比
　　　较符合，不太符合还是很不符合？

问题	非常符合	比较符合	一般	不太符合	很不符合	不清楚	编码
失业保险认定核准等办理过程简便	5	4	3	2	1	99	C4001
失业待遇能足额发放	5	4	3	2	1	99	C4002
能方便查询到相关政策信息	5	4	3	2	1	99	C4003
失业保险待遇能满足个人需求	5	4	3	2	1	99	C4004

C40a. 如果目前的失业保险可以自由决定是否参与，请问您还会参与吗？
　　　会【跳至C41】　　　　　　　　不会【继续回答】
C40b. 您不愿意参与的原因是？

C41. 目前失业保险政策哪些方面未能满足您的需求？原因是？对失业保险
　　　最迫切的需求是？

【C42～C53均需回答，无论C3选哪项均需回答】
C42. 请问您个人是否主动买过商业保险？【企业给购买的商业保险不算】
　　　是【继续访问C43】具体是____　　　否【跳至C44】
C43. 您选择办理商业保险的原因是？

C44. 请问您是否办理过社会保险转移手续？
　　　是【继续访问】　　　　　　　　否【跳至C46】
C45. 社会保险转移手续办理起来是否方便？是非常方便，比较方便，不太
　　　方便还是很不方便？

非常方便	比较方便	一般	不太方便	很不方便	不清楚
5	4	3	2	1	99

C46. 请问您是否去过社会保险经办机构？

　　是【继续访问】　　　　　　　　　　　　否【跳至 C49】

C47. 社会保险经办机构给您留下的印象是？如办理程序简便快捷，与现实相比，是非常符合，比较符合，不太符合还是很不符合？

问题	非常符合	比较符合	一般	不太符合	很不符合	不清楚	编码
办理的程序简便快速	5	4	3	2	1	99	C4701
办理等待时间合理，无需等待太长时间	5	4	3	2	1	99	C4702
工作人员的服务态度好，热情周到	5	4	3	2	1	99	C4703
工作人员的业务能力强，办事非常高效	5	4	3	2	1	99	C4704

C48. 总体来说，您认为社保经办大厅办事的方便程度是？是非常方便，比较方便，不太方便还是很不方便？

非常方便	比较方便	一般	不太方便	很不方便	不清楚
5	4	3	2	1	99
【跳至 C49】			继续回答		【跳至 C49】

追问：您在社保大厅办事时，遇到过哪些不方便办理的事情？

C49. 您对社会保险政策的了解程度？

　　很不了解　　　　　　　　　　　　　　比较了解

　　不太了解　　　　　　　　　　　　　　非常了解

　　有一定了解　　　　　　　　　　　　　拒答

C50. 了解社会保险政策对您合理享受保险非常重要。您期待是以什么样的方式来了解社会保险政策？【可多选】

电视宣传	短信
微信微博等公众平台	邮件
电话服务热线	其他【请注明】

C51. 请问您个人的月收入水平是？

1000 元以下	5000～9999 元
1000～1999 元	10000 元及以上
2000～2999 元	拒答
3000～4999 元	

C52. 受访者性别

男	女

问卷四：公务员

您好，我是社会保险经办课题的研究人员，想了解参保人员的具体需求，以便为您提供更优惠的政策和服务。您的意见是国家相关单位出台政策的重要参考，所以非常重要！我需要占用您大约 15 分钟的时间，希望能得到您的配合。谢谢！

G. 请问您的职业是？

公司职员	01	
农民工	02	【结束访问】
事业单位职工	03	
公务员	04	【继续访问】
高校学生	05	
灵活就业人员	06	
城镇退休人员	07	【结束访问】
普通农民	08	
其他【请注明】		

Cb 部分：公务员

CG1. 请问您是公务员编制吗？

　　是【继续访问】　　　　　　　　　　否【结束访问】

CG2. 请问您的周岁年龄是多少呢？【记录实际年龄并圈选：】

18 周岁以下	【结束访问】
18～25 周岁	
26～35 周岁	
36～45 周岁	【继续访问】
46～55 周岁	
56～65 周岁	
65 周岁以上	【结束访问】

CG3. 请问您个人的教育水平是？

高中及以下
大专
本科
硕士
博士

C1. 请问您的户籍是？

　　本地人，城镇户口　　　　　　　　外地人，农业户口

　　本地人，农村户口　　　　　　　　外地人，城镇户口

C2. 您工作了多久？

　　0～3 年（含 3 年）　　　　　　　10～15 年（含 15 年）

　　3～5 年（含 5 年）　　　　　　　15 年以上

　　5～10 年（含 10 年）

C3. 单位给您上了哪些保险？【可多选】

　　1. 基本医疗保险　　　　　　　　需答 C4～C26

2. 基本养老保险　　　　　　　　　　　需答 C27 ~ C30

3. 工伤保险　　　　　　　　　　　　　需答 C31 ~ C35b　　C41 之后

4. 生育保险　　　　　　　　　　　　　需答 C36 ~ C38　　　均需回答

5. 失业保险　　　　　　　　　　　　　需答 C39 ~ C41

【C4 ~ C26 针对 C3 选了 1 的受访者】

C4. 我们想向您了解一下您对基本医疗保险政策的评价。请问在过去两年内您使用医保到医院看过病吗，或者清楚地知道别人使用过？

使用过【继续回答】　　　　　　　　没有使用过，也不清楚别人是

否享受过【跳至 C17】

清楚地知道别人使用过【继续回答】

C5. 我们想向您了解一下您对定点医院的评价。比如医疗设施与您的实际需求相比，是非常满意，比较满意，不太满意，还是完全无法满意？

问题	非常满意	比较满意	一般	不太满意	完全无法满意	不清楚	编码
医疗设施	5	4	3	2	1	9	C501
医务人员技术水平	5	4	3	2	1	9	C502
药品种类	5	4	3	2	1	9	C503
转诊便利度	5	4	3	2	1	9	C504

C6. 在医院就诊结账时，是使用的医保卡进行支付结算的吗？

是【继续访问】　　　　　　　　　　否【跳至 C9】

C7. 使用医保卡进行支付结算方便吗？是非常方便，比较方便，不太方便还是很不方便？

非常方便	比较方便	一般	不太方便	很不方便	不清楚
5	4	3	2	1	99
【跳至 C9】			继续回答 C8		【跳至 C9】

C8. 使用医保卡不方便的原因有哪些？

C9. 就您的感受和观察，目前医保的报销范围，能在多大程度上满足您的需求？是很高程度，较高程度，较低程度还是很低程度？

很高程度	较高程度	一般	较低程度	很低程度	不清楚
5	4	3	2	1	99
【跳至 C11】			继续回答 C10		【跳至 C11】

C10. 根据您的观察和了解，医保还应该增加哪些常见病和大病的报销呢？

C11. 那目前看病能报销的费用占到所花费用的比例呢？能在多大程度上减轻您的个人负担？是很高程度，较高程度，较低程度还是很低程度？

很高程度	较高程度	一般	较低程度	很低程度	不清楚
5	4	3	2	1	99
【跳至 C13】			继续回答 C12		【跳至 C13】

C12. 那您希望看病能报销的费用占到所花费用的＿＿＿＿％【请注明，填写至个位数】。

C13. 医疗保险主要负责对大病的报销，小病需要自己承担，因此看病费用超过一定数额才能报销，您认为目前的这个数额设置合理吗？是非常合理，比较合理，不太合理还是很不合理？

非常合理	比较合理	一般	不太合理	很不合理	不清楚
5	4	3	2	1	99
【跳至 C15】			继续回答 C14		【跳至 C15】

C14. 那您希望这个数额设置为＿＿＿＿元【请注明，填写整数】。

C15. 您认为目前一年内个人看病可报销的最高限额设置的合理吗？是非常合理，比较合理，不太合理还是很不合理？

非常合理	比较合理	一般	不太合理	很不合理	不清楚
5	4	3	2	1	99
【跳至 C17】			继续回答 C16		【跳至 C17】

C16. 那您希望每年报销的最高限额设置为＿＿＿＿元【请注明，填写整

数】。

C17. 每月从工资里扣除的基本医疗保险费用在多大程度上增加了您的生活
　　负担?

很低程度	较低程度	一般	较高程度	很高程度	不清楚
5	4	3	2	1	99
【跳至 C19】			继续回答 C18		【跳至 C19】

C18. 考虑到您的生活支出及看病需求,您认为每月扣＿＿＿＿元【请注明,
　　填写整数】的基本医疗保险金比较合适。

C19. 过去两年内,您是否在异地使用医保卡看过病?
　　是【继续访问】　　　　　　　　　　否【跳至 C22】

C20. 异地看病报销方便吗? 是非常方便, 比较方便, 不太方便还是很不
　　方便?

非常方便	比较方便	一般	不太方便	很不方便	不清楚
5	4	3	2	1	99
【跳至 C22】			继续回答 C21		【跳至 C22】

C21. 您认为具体是哪里不方便?

C22. 对于基本医疗保险个人账户信息查询,您认为方便吗? 是非常方便,
　　比较方便,不太方便还是很不方便?

非常方便	比较方便	一般	不太方便	很不方便	不清楚
5	4	3	2	1	99
【跳至 C24】			继续回答 C23		【跳至 C24】

C23. 具体是哪些地方不方便?

C24. 您认为政府在基本医疗保险政策的宣传方面,做得如何?

非常好	比较好	一般	不太好	很不好	不清楚
5	4	3	2	1	99
【跳至 C25a】			继续回答 C25		【跳至 C25a】

C25. 有哪些基本医疗保险政策查询起来比较困难？你希望政府如何去做？

C25a. 如果目前的基本医疗保险可以自由决定是否参与，请问您还会参与吗？

　　会 【跳至 C26】　　　　　　　　　　不会 【继续回答】

C25b. 您不愿意选择参与的原因是？

C26. 依照您的切身体会，您认为政策制定者在基本医疗保险方面的政策急需改变的有哪些？

【C27~C30 针对 C3 选了 2 的受访者】

C27. 接下来，我们聊一下养老保险。每月从工资里扣除的养老保险费用在多大程度上增加了您的生活负担？

很低程度	较低程度	一般	较高程度	很高程度	不清楚
5	4	3	2	1	99

C27a. 考虑到您的个人和家庭收入情况，您认为每月扣_____元【请注明，填写整数】基本养老保险金比较合适。

C27b. 如果目前的基本养老保险作为一项政策，可以自由决定是否参与，请问您还会参与吗？

　　会 【跳至 C29】　　　　　　　　　　不会 【继续回答】

C28. 您不会参与的原因是？【可多选】

　　扣除养老保险后，就没有多少工资可以花了

　　养老保险账户亏空大，担心未来享受不到

　　愿意把钱省下来去做商业投资

　　做不到连续缴纳 15 年，交了等于白交

　　退休后要回到老家，目前的跨区域政策对自己很不利

已经交够15年了，不想再交了

其他【请注明】

C29. 您认为基本养老保险能在多大程度上满足您未来的养老需求？

很高程度	较高程度	一般	较低程度	很低程度	不清楚
5	4	3	2	1	99
【跳至C31】			继续回答C30		【跳至C31】

C30. 您认为不能满足您的养老需求的原因是？您需要政府如何去做？

【C31～C35b针对C3选了3的受访者】

C31. 我们想向您了解一下您对工伤保险政策的评价。请问您在过去两年内享受过工伤保险赔偿或清楚地知道别人享受过吗？

享受过【继续回答】　　　　　　　没有享受过，也不清楚别人是否享受过【跳至C33】

清楚地知道别人享受过【继续回答】

C32. 我们想请您对工伤保险的有关内容进行评价。如工伤保险认定核准等办理过程简便，是非常符合，比较符合，不太符合还是很不符合？

问题	非常符合	比较符合	一般	不太符合	很不符合	不清楚	编码
工伤保险认定核准等办理过程简便	5	4	3	2	1	99	C3201
工伤待遇能足额发放	5	4	3	2	1	99	C3202
劳动能力鉴定情况符合实际情况	5	4	3	2	1	99	C3203
能方便查询到相关政策信息	5	4	3	2	1	99	C3204

C33. 每月从工资里扣除的工伤保险费用在多大程度上增加了您的生活负担？

很低程度	较低程度	一般	较高程度	很高程度	不清楚
5	4	3	2	1	99
【跳至 C35】			继续回答 C34		【跳至 C35】

C34. 考虑到您的个人和家庭收入情况，您认为每月扣_____元【请注明，填写整数】基本工伤保险金比较合适。

C35. 目前的工伤保险在哪些方面未能满足您的需求？原因是？有关工伤保险您希望继续改变的政策是？

C35a. 如果目前的工伤保险可以自由决定是否参与，请问您还会参与吗？

会 【跳至 C36】   不会【继续回答】

C35b. 您不愿意选择参与的原因是？

【C36 ~ C38 针对 C3 选了 4 的受访者】

C36. 我们想向您了解一下您对生育保险政策的评价。请问您在过去两年内享受过生育保险待遇或清楚地知道别人享受过吗？

享受过【继续回答】   没有享受过，也不清楚别人是否享受过

清楚地知道别人享受过【继续回答】

C37. 我们想向您了解一下您对生育保险政策的评价。如生育保险认定核准等办理过程简便，与现实相比，是非常符合，比较符合，不太符合还是很不符合？

问题	非常符合	比较符合	一般	不太符合	很不符合	不清楚	编码
生育保险认定核准等办理过程简便	5	4	3	2	1	99	C3701
生育保险待遇能足额发放	5	4	3	2	1	99	C3702
申请办理过程中能方便查询到相关政策信息	5	4	3	2	1	99	C3703
生育保险待遇数额能满足个人需求	5	4	3	2	1	99	C3704

C37a. 如果目前的生育保险可以自由决定是否参与，请问您还会参与吗？

　　会【跳至 C38】　　　　　　　　　　不会【继续回答】

C37b. 您不愿意参与的原因是？

C38. 目前生育保险政策哪些方面未能满足您的需求？原因是？对生育保险最迫切的需求是？

【C39 ~ C41 针对 C3 选了 5 的受访者】

C39. 我们想向您了解一下您对失业保险政策的评价。请问您在过去两年内领过失业保险金或清楚地知道别人领过吗？

　　领过【继续回答】　　　　　　　　　没领过，也不清楚别人是否领过

　　清楚地知道别人领过【继续回答】

C40. 如失业保险认定核准等办理过程简便，与现实相比，是非常符合，比较符合，不太符合还是很不符合？

问题	非常符合	比较符合	一般	不太符合	很不符合	不清楚	编码
失业保险认定核准等办理过程简便	5	4	3	2	1	99	C4001
失业待遇能足额发放	5	4	3	2	1	99	C4002
能方便查询到相关政策信息	5	4	3	2	1	99	C4003
失业保险待遇能满足个人需求	5	4	3	2	1	99	C4004

C40a. 如果目前的失业保险可以自由决定是否参与，请问您还会参与吗？

　　会【跳至 C41】　　　　　　　　　不会【继续回答】

C40b. 您不愿意参与的原因是？

C41. 目前失业保险政策哪些方面未能满足您的需求？原因是？对失业保险最迫切的需求是？

【C42～C53 均需回答，无论 C3 选哪项均需回答】

C42. 请问您个人是否主动买过商业保险？【企业给购买的商业保险不算】

　　　是【继续访问 C43】具体是_____　　　　否【跳至 C44】

C43. 您选择办理商业保险的原因是？

C44. 请问您是否办理过社会保险转移手续？

　　　是【继续访问】　　　　　　　　　　　否【跳至 C46】

C45. 社会保险转移手续办理起来是否方便？是非常方便，比较方便，不太方便还是很不方便？

非常方便	比较方便	一般	不太方便	很不方便	不清楚
5	4	3	2	1	99

C46. 请问您是否去过社会保险经办机构？

　　　是【继续访问】　　　　　　　　　　　否【跳至 C49】

C47. 社会保险经办机构给您留下的印象是？比如办理程序简便快捷，与现实相比，是非常符合，比较符合，不太符合还是很不符合？

问题	非常符合	比较符合	一般	不太符合	很不符合	不清楚	编码
办理的程序简便快速	5	4	3	2	1	99	C4701
办理等待时间合理，无需等待太长时间	5	4	3	2	1	99	C4702
工作人员的服务态度好，热情周到	5	4	3	2	1	99	C4703
工作人员的业务能力强，办事非常高效	5	4	3	2	1	99	C4704

C48. 总体来说，您认为社保经办大厅办事的方便程度是非常方便，比较方便，不太方便还是很不方便？

非常方便	比较方便	一般	不太方便	很不方便	不清楚
5	4	3	2	1	99
【跳至 C49】			继续回答 C48		【跳至 C49】

C48. 您在社保大厅办事时，遇到过哪些不方便办理的事情？

C49. 您对社会保险政策的了解程度？

　　很不了解　　　　　　　　　　　比较了解

　　不太了解　　　　　　　　　　　非常了解

　　有一定了解　　　　　　　　　　拒答

C50. 了解社会保险政策对合理享受保险非常重要。您期待是以何种方式来了解社会保险政策？

　　电视宣传　　　　　　　　　　　短信

　　微信微博等公众平台　　　　　　邮件

　　电话服务热线　　　　　　　　　其他【请注明】

C51. 请问您个人的月收入水平是？

　　1000 元以下　　　　　　　　　　5000～9999 元

　　1000～1999 元　　　　　　　　　10000 元及以上

　　2000～2999 元　　　　　　　　　拒答

　　3000～4999 元

C52. 受访者性别

　　男　　　　　　　　　　　　　　女

问卷五：高校学生

　　您好，我是社会保险经办课题的研究人员，想了解参保人员的具体需求，以便为您提供更优惠的政策和服务。您的意见是国家相关单位出台政策的重要参考，所以非常重要！我需要占用您大约 15 分钟的时间，希望能得到您的配合。谢谢！

G. 请问您的职业是？

公司职员	01	
农民工	02	【结束访问】
事业单位职工	03	
公务员	04	
高校学生	05	【继续访问】
灵活就业人员	06	
城镇退休人员	07	【结束访问】
普通农民	08	
其他【请注明】		

E 部分：高校学生

EG1. 请问您个人的教育水平是？

高中及以下	1	【结束访问】
大专	2	
本科	3	【继续访问】
硕士	4	
博士	5	

E1. 请问您所在学校给您上基本医疗保险了吗？

上了医保【继续回答】　　　　　　　　没有上医保【结束访问】

E2. 具体是？

城镇居民基本医疗保险　　　　　　　不清楚
国家公费医疗

E3. 是从什么时候开始交的？

入学第一年　　　　　　　　　　　　入学第四年
入学第二年　　　　　　　　　　　　不清楚/不了解/拒答
入学第三年

E4. 请问您是否使用过基本医疗保险去看病，或者清楚地知道别人是否使用过?

使用过【继续回答】　　　　　　　　　没有使用过,也不清楚地知道
　　　　　　　　　　　　　　　　　　　　别人是否使用过【跳至 E9】

清楚地知道别人使用过【继续回答】

E5. 我们想了解您对基本医疗保险相关服务单位和服务设施的评价。比如医疗设施水平,是非常满意,比较满意,不太满意还是很不满意?

问题	非常满意	比较满意	一般	不太满意	完全无法满意	不清楚	编码
医疗设施	5	4	3	2	1	9	E501
医务人员技术水平	5	4	3	2	1	9	E502
药品种类	5	4	3	2	1	9	E503
转诊便利度	5	4	3	2	1	9	E504

E6. 在医院就诊结账时,是使用的医保卡进行支付结算的吗?

　　是【继续访问】　　　　　　　　　　否【跳至 E9】

E7. 使用医保卡进行支付结算方便吗?是非常方便,比较方便,不太方便还是很不方便?

非常方便	比较方便	一般	不太方便	很不方便	不清楚
5	4	3	2	1	99
【跳至 E9】			继续回答 E8		【跳至 E9】

E8. 使用医保卡不方便的原因有哪些?

E9. 就您的感受和观察,目前医保的报销范围能在多大程度上满足您的需求?是很高程度,较高程度,较低程度还是很低程度?

很高程度	较高程度	一般	较低程度	很低程度	不清楚
5	4	3	2	1	99
【跳至 E11】			继续回答 E10		【跳至 E11】

E10. 根据您的观察和了解,医保还应该增加哪些常见病和大病的报销呢?

E11. 那目前的医保报销比例能在多大程度上减轻您的个人负担？是很高程度，较高程度，较低程度还是很低程度？

很高程度	较高程度	一般	较低程度	很低程度	不清楚
5	4	3	2	1	99
【跳至 E13】			继续回答 E12		【跳至 E13】

E12. 那您希望报销比例设置到什么样的程度呢，也就是说看病能报销的费用占到所花费用的_____%【请注明，填写至个位数】。

E13. 医疗保险主要负责对大病的报销，小病需要自己承担，因此看病费用超过一定数额才能报销，您认为目前的这个数额设置合理吗？是非常合理，比较合理，不太合理还是很不合理？

非常合理	比较合理	一般	不太合理	很不合理	不清楚
5	4	3	2	1	99
【跳至 E15】			继续回答 E14		【跳至 E15】

E14. 那您希望这个数额设置为_____元【请注明，填写整数】。

E15. 您认为目前一年内个人看病可报销的最高限额设置的合理吗？是非常合理，比较合理，不太合理还是很不合理？

非常合理	比较合理	一般	不太合理	很不合理	不清楚
5	4	3	2	1	99
【跳至 E17】			继续回答 E16		【跳至 E17】

E16. 那您希望每年报销的最高限额设置为_____元【请注明，填写整数】。

E17. 请问您是否去过社会保险经办机构办理业务，比如社保局、社保所的大厅窗口？

是【继续访问】   否【跳至 E20】

E18. 社会保险经办机构给您留下的印象是？比如办理程序简便快捷，与现实相比，是非常符合，比较符合，不太符合还是很不符合？

问题	非常符合	比较符合	一般	不太符合	很不符合	不清楚	编码
办理的程序简便快速	5	4	3	2	1	99	E1801
办理等待时间合理，无需等待太长时间	5	4	3	2	1	99	E1802
工作人员的服务态度好，热情周到	5	4	3	2	1	99	E1803
工作人员的业务能力强，办事非常高效	5	4	3	2	1	99	E1804

E19. 请介绍一下您在社会保险大厅办事遇到哪些不方便的事情。

E20. 总体来说，关于目前学生享用的医疗保险，您认为最大的问题是什么？除了医疗保险外，您认为自己还需要什么样的保险？

E21. 请问您的周岁年龄是多少呢？【记录实际年龄并圈选】
18 周岁以下　　　　　　　　　18～25 周岁
26～35 周岁　　　　　　　　　36～45 周岁
46～55 周岁　　　　　　　　　56～65 周岁
65 周岁以上

E22. 受访者性别
男　　　　　　　　　　　　　女

问卷六：灵活就业人员

　　您好，我是社会保险经办课题的研究人员，想了解参保人员的具体需求，以便为您提供更优惠的政策和服务。您的意见是国家相关单位出台政策的重要参考，所以非常重要！我需要占用您大约 15 分钟的时间，希望能得到您的配合。谢谢！

G. 请问您的职业是?

公司职员	01	
农民工	02	
事业单位职工	03	【结束访问】
公务员	04	
高校学生	05	
灵活就业人员	06	【继续访问】
城镇退休人员	07	
普通农民	08	【结束访问】
其他【请注明】		

Fa 部分：灵活就业人员

FG1. 请问您是城镇户籍还是农村户籍?

城镇户籍【继续访问】　　　　　　农村户籍【终止访问】

FG2. 请问您是否和相关单位签订了劳动合同或领取了个体工商经营执照?

是【结束访问】　　　　　　否【继续回答】

FG3. 请问您的周岁年龄是多少呢?【记录实际年龄并圈选】

18 周岁以下	【结束访问】
18～25 周岁	
26～35 周岁	
36～45 周岁	【继续访问】
46～55 周岁	
56～65 周岁	
65 周岁以上	【结束访问】

F1. 请问您目前的身份是?

个体劳动者（修鞋、配钥匙、早点等）　　专业人士（专职作家、翻

译、画家、模特等）

失业人员　　　　　　　　　　其他【请注明】

临时就业人员　　　　　　　　不清楚/不了解/拒答

F2. 您目前参加了哪些保险？【可多选】

1. 基本医疗保险	需答 F4 ~ F26
2. 基本养老保险	需答 F27 ~ F30
3. 失业保险	需答 F31 ~ F34
4. 一个保险也没上	结束访问

F34 之后均需回答

F3. 按照国家要求，各省市都制定了灵活就业人员的社会保险的补贴政策。请问您享受过相关的补贴吗？

享受过　　　　　　　　　　　没有享受过

【F4 ~ F26 针对 F2 选了 1 的受访者】

F4. 我们想向您了解一下您对基本医疗保险政策的评价。请问在过去两年内您使用医保到医院看过病吗，或者清楚地知道别人是否使用过？

使用过	【继续访问】
清楚地知道别人使用过	
没有使用过，也不清楚地知道别人是否使用过	【跳至 F17】

F5. 我们想了解一下您对定点医院的评价。比如医疗设施与您的实际需求相比，是非常满足，比较满足，不太满足，还是完全无法满足？

问题	非常满足	比较满足	一般	不太满足	完全无法满足	不清楚
医疗设施	5	4	3	2	1	99
医务人员技术水平	5	4	3	2	1	99
药品种类	5	4	3	2	1	99
转诊便利度	5	4	3	2	1	99

F6. 在医院就诊结账时，是使用的医保卡进行支付结算的吗？

是【继续访问】　　　　　　　　　　否【跳至 F9】

F7. 使用医保卡进行支付结算方便吗？是非常方便，比较方便，不太方便还是很不方便？

非常方便	比较方便	一般	不太方便	很不方便	不清楚
5	4	3	2	1	99
【跳至 F9】			继续回答 F8		【跳至 F9】

F8. 使用医保卡不方便的原因有哪些？

F9. 就您的感受和观察，目前医保的报销范围能在多大程度上满足您的需求？是很高程度，较高程度，较低程度还是很低程度？

很高程度	较高程度	一般【不读出】	较低程度	很低程度	不清楚
5	4	3	2	1	99
【跳至 F11】			继续回答 F10		【跳至 F11】

F10. 根据您的观察和了解，医保还应该增加哪些常见病和大病的报销呢？

F11. 那目前看病能报销的费用占到所花费用的比例能在多大程度上减轻您的个人负担？是很高程度，较高程度，较低程度还是很低程度？

很高程度	较高程度	一般	较低程度	很低程度	不清楚
5	4	3	2	1	99
【跳至 F13】			继续回答 F12		【跳至 F13】

F12. 那您希望看病能报销的费用占到所花费用的_____%【请注明，填写至个位数】。

F13. 医疗保险主要负责对大病的报销，小病需要自己承担，因此看病费用超过一定数额才能报销，您认为目前的这个数额设置合理吗？是非常合理，比较合理，不太合理还是很不合理？

非常合理	比较合理	一般	不太合理	很不合理	不清楚	不适用
5	4	3	2	1	99	98
【跳至 F15】			继续回答 F14		【跳至 F15】	

F14. 那您希望这个数额设置为_____元【请注明，填写整数】。

F15. 您认为目前一年内个人看病可报销的最高限额设置的合理吗？是非常合理，比较合理，不太合理还是很不合理？

非常合理	比较合理	一般	不太合理	很不合理	不清楚
5	4	3	2	1	99
【跳至 F17】			继续回答 F16		【跳至 F17】

F16. 那您希望每年报销的最高限额设置为_____元【请注明，填写整数】。

F17. 基本医疗保险费用在多大程度上增加了您的生活负担？

很低程度	较低程度	一般	较高程度	很高程度	不清楚
5	4	3	2	1	99
【跳至 F19】			继续回答 F18		【跳至 F19】

F18. 考虑到您的生活支出及看病需求，您认为每年交_____元【请注明，填写整数】的基本医疗保险金比较合适。

F19. 过去两年内，您是否在异地使用医保卡看过病？
是【继续访问】　　　　　　　　否【跳至 F22】

F20. 异地看病报销方便吗？是非常方便，比较方便，不太方便还是很不方便？

非常方便	比较方便	一般	不太方便	很不方便	不清楚
5	4	3	2	1	99
【跳至 F22】			继续回答 F21		【跳至 F22】

F21. 您认为具体是哪里不方便？

F22. 对于基本医疗保险个人账户信息查询，您认为方便吗？是非常方便，比较方便，不太方便还是很不方便？

非常方便	比较方便	一般	不太方便	很不方便	不清楚
5	4	3	2	1	99
【跳至 F24】			继续回答 F23		【跳至 F24】

F23. 具体是哪些地方不方便？

F24. 您认为政府在基本医疗保险政策的宣传方面，做得如何？

非常好	比较好	一般	不太好	很不好	不清楚
5	4	3	2	1	99
【跳至 F25a】			继续回答 F25		【跳至 F25a】

F25. 有哪些基本医疗保险政策查询起来比较困难？你希望政府应该如何去做？

F25a. 如果目前的基本医疗保险可以自由决定是否参与，请问您还会参与吗？

　　会【跳至 F26】　　　　　　　　　　不会【继续回答】

F25b. 您不愿意选择参与的原因是？

F26. 依照您的切身体会，您认为政策制定者在基本医疗保险方面的政策急需改变的有哪些？

【F27～F30 针对 F2 选了 2 的受访者】

F27. 接下来，我们聊一下养老保险。每月从工资里扣除的养老保险费用在多大程度上增加了您的生活负担？

很低程度	较低程度	一般	较高程度	很高程度	不清楚
5	4	3	2	1	99

F27a. 考虑到您的个人和家庭收入情况，您认为每月扣_____元【请注明，填写整数】基本养老保险金比较合适。

F27b. 如果目前的基本养老保险作为一项政策，可以自由决定是否参与，请问您还会参与吗？

　　会【跳至 F29】　　　　　　　　　　　　不会【继续回答】

F28. 您不会参与的原因是？【可多选】

　　扣除养老保险后，就没有多少工资可以花了

　　养老保险账户亏空大，担心未来享受不到

　　愿意把钱省下来去做商业投资

　　做不到连续缴纳 15 年，交了等于白交

　　退休后要回到老家，目前的跨区域政策对自己很不利

　　已经交够 15 年了，不想再交了

　　其他【请填答】_____

F29. 您认为基本养老保险能在多大程度上满足您未来的养老需求？

很高程度	较高程度	一般	较低程度	很低程度	不清楚	不适用
5	4	3	2	1	99	98
【跳至 F31】			继续回答 F30		【跳至 F31】	

F30. 您认为不能满足您的养老需求的原因是？您需要政府如何去做？

【F31～F34 针对 F2 选了 3 的受访者】

F31. 我们想向您了解一下您对失业保险政策的评价。请问您在过去两年内领过失业保险金或清楚地知道别人领过吗？

领过	1	【继续访问】
清楚地知道别人领过	2	
没领过，也不清楚知道别人是否领过 3		【跳至 F34】

F32. 如失业保险认定核准等办理过程简便，与现实相比，是非常符合，比

较符合，不太符合还是很不符合？

问题	非常符合	比较符合	一般	不太符合	很不符合	不清楚	不适用
失业保险认定核准等办理过程简便	5	4	3	2	1	99	98
失业待遇能足额发放	5	4	3	2	1	99	98
能方便查询到相关政策信息	5	4	3	2	1	99	98
失业保险待遇能满足个人需求	5	4	3	2	1	99	98

F33. 目前失业保险政策哪些方面未能满足您的需求？原因是？对失业保险最迫切的需求是？

【F34～F45 针对 F2 选了 1、2、3 的受访者均需回答】

F34. 除了上述保险外，您认为自己还需要什么样的社会保险？

F35. 请问您个人是否主动买过商业保险？【企业给购买的商业保险不算】
　　是【继续访问 F36】　　　　　　　否【跳至 F37】

F36. 您选择办理商业保险的原因是？

F37. 请问您是否办理过社会保险转移手续？
　　是【继续访问】　　　　　　　否【跳至 F40】

F38. 办理社会保险转移的手续是否方便，是非常方便、比较方便、不太方便还是很不方便？

非常方便	比较方便	一般	不太方便	很不方便	不清楚
5	4	3	2	1	99

F39. 请问您是否去过社会保险经办机构或社保所？
　　是【继续访问】　　　　　　　否【跳至 F44】

F40. 社会保险经办机构给您留下的印象是？比如办理程序简便快捷，与现实相比，是非常符合，比较符合，不太符合还是很不符合？

问题	非常符合	比较符合	一般	不太符合	很不符合	不清楚
办理的程序简便快速	5	4	3	2	1	99
办理等待时间合理，无需等待太长时间	5	4	3	2	1	99
工作人员的服务态度好，热情周到	5	4	3	2	1	99
工作人员的业务能力强，办事非常高效	5	4	3	2	1	99

F41. 总体来说，您认为社保经办大厅办事的方便程度是非常方便，比较方便，不太方便还是很不方便？

非常方便	比较方便	一般	不太方便	很不方便	不清楚
5	4	3	2	1	99
【跳至 F44】			继续回答 F42		【跳至 F44】

F42. 您在社保大厅办事时，遇到过哪些不方便办理的事情？

F43. 您对社会保险政策的了解程度是？

非常了解	比较了解	有一定了解	不太了解	很不了解	拒答
5	4	3	2	1	98

F44. 了解社会保险政策对合理享受保险非常重要。您期待是以何种方式来了解社会保险政策？

电视宣传　　　　　　　　　　　短信

微信微博等公众平台　　　　　　邮件

电话服务热线　　　　　　　　　其他【请注明】

F45. 请问您个人的月收入水平？

1000 元以下	5000 ~ 9999 元
1000 ~ 1999 元	10000 元及以上
2000 ~ 2999 元	拒答
3000 ~ 4999 元	

F46. 受访者性别

男　　　　　　　　　　　　　女

问卷七：城镇退休人员

您好，我是社会保险经办课题的研究人员，想了解参保人员的具体需求，以便为您提供更优惠的政策和服务。您的意见是国家相关单位出台政策的重要参考，所以非常重要！我需要占用您大约 15 分钟的时间，希望能得到您的配合。谢谢！

G. 请问您的职业是？

公司职员	1	
农民工	2	
事业单位职工	3	
公务员	4	【结束访问】
高校学生	5	
灵活就业人员	6	
城镇退休人员	7	【继续访问】
普通农民	8	【结束访问】
其他【请注明】		

Fb 部分：城镇退休人员

FG1. 请问您的周岁年龄是多少呢？【记录实际年龄并圈选】

18 周岁以下	
18～25 周岁	
26～35 周岁	【结束访问】
36～45 周岁	
46～55 周岁	
56～65 周岁	【继续访问】
65 周岁以上	

FG2. 请问您的户口类型是？

城镇户口，本地人	1	【继续访问】
城镇户口，外地人	2	
其他		【结束访问】

F1. 您工作了多久？

　　15 年以下　　　　　　　　　　26～40 年

　　16～25 年　　　　　　　　　　40 年以上

F2. 您目前参加了哪些保险？

　　基本医疗保险　　　　　　　　需答 F4～F26

　　基本养老保险　　　　　　　　需答 F27～F30　F34 之后均需回答

　　一个保险也没上　　　　　　　结束访问

【F4～F26 针对 F2 选了 1 的受访者】

F4. 我们想向您了解一下您对基本医疗保险政策的评价。请问在过去两年内您使用医保到医院看过病吗，或者清楚地知道别人使用过？

　　使用过【继续回答】　　　　　没有使用过，也不清楚别人是否使用过
　　　　　　　　　　　　　　　　　　　　　　　【跳至 F17】

　　清楚地知道别人使用过【继续回答】

F5. 我们想了解您对定点医院的评价，比如医疗设施与您的实际需求相比，

是非常满意，比较满意，不太满意，还是完全无法满意？

问题	非常满意	比较满意	一般	不太满意	完全无法满意	不清楚	编码
医疗设施	5	4	3	2	1	9	F501
医务人员技术水平	5	4	3	2	1	9	F502
药品种类	5	4	3	2	1	9	F503
转诊便利度	5	4	3	2	1	9	F504

F6. 在医院就诊结账时，是使用的医保卡进行支付结算的吗？

　　是【继续访问】　　　　　　　否【跳至F9】

F7. 使用医保卡进行支付结算是非常方便，比较方便，不太方便还是很不方便？

非常方便	比较方便	一般	不太方便	很不方便	不清楚
5	4	3	2	1	99
【跳至F9】			继续回答F8		【跳至F9】

F8. 使用医保卡不方便的原因有哪些？

F9. 就您的感受和观察，目前医保的报销范围能在多大程度上满足您的需求？是很高程度，较高程度，较低程度还是很低程度？

很高程度	较高程度	一般	较低程度	很低程度	不清楚
5	4	3	2	1	99
【跳至F11】			继续回答F10		【跳至F11】

F10. 根据您的观察和了解，医保还应该增加哪些常见病和大病的报销呢？

F11. 那目前看病能报销的费用占到所花费用的比例能在多大程度上减轻您的个人负担？是很高程度，较高程度，较低程度还是很低程度？

很高程度	较高程度	一般	较低程度	很低程度	不清楚
5	4	3	2	1	99
【跳至 F13】			继续回答 F12		【跳至 F13】

F12. 那您希望看病能报销的费用占到所花费用的＿＿＿＿＿＿％【请注明，填写至个位数】。

F13. 医疗保险主要负责对大病的报销，小病需要自己承担，因此看病费用超过一定数额才能报销，您认为目前的这个数额设置合理吗？是非常合理，比较合理，不太合理还是很不合理？

非常合理	比较合理	一般	不太合理	很不合理	不清楚
5	4	3	2	1	99
【跳至 F15】			继续回答 F14		【跳至 F15】

F14. 那您希望这个数额设置为＿＿＿＿＿＿元【请注明，填写整数】。

F15. 您认为目前一年内个人看病可报销的最高限额设置合理吗？是非常合理，比较合理，不太合理还是很不合理？

非常合理	比较合理	一般	不太合理	很不合理	不清楚
5	4	3	2	1	99
【跳至 F17】			继续回答 F16		【跳至 F17】

F16. 那您希望每年报销的最高限额设置为＿＿＿＿＿＿元【请注明，填写整数】。

F17. 基本医疗保险费用在多大程度上增加了您的生活负担？

很低程度	较低程度	一般	较高程度	很高程度	不清楚
5	4	3	2	1	99
【跳至 F19】			继续回答 F18		【跳至 F19】

F18. 考虑到您的生活支出及看病需求，您认为每年交＿＿＿＿＿＿元【请注明，填写整数】的基本医疗保险金比较合适。

F19. 过去两年内，您是否在异地使用医保卡看过病？

    是【继续访问】   否【跳至 F22】

F20. 异地看病报销是非常方便，比较方便，不太方便还是很不方便？

非常方便	比较方便	一般	不太方便	很不方便	不清楚
5	4	3	2	1	99
【跳至 F22】			继续回答 F21		【跳至 F22】

F21. 您认为具体是哪里不方便？

F22. 对于基本医疗保险个人账户信息查询，您认为是非常方便，比较方便，不太方便还是很不方便？

非常方便	比较方便	一般	不太方便	很不方便	不清楚
5	4	3	2	1	99
【跳至 F24】			继续回答 F23		【跳至 F24】

F23. 具体是哪些地方不方便？

F24. 您认为政府在基本医疗保险政策的宣传方面做得如何？

非常好	比较好	一般	不太好	很不好	不清楚
5	4	3	2	1	99
【跳至 F25a】			继续回答 F25		【跳至 F25a】

F25. 有哪些基本医疗保险政策查询起来比较困难？你希望政府应该如何去做？

F25a. 如果目前的基本医疗保险可以自由决定是否参与，请问您还会参与吗？

    会【跳至 F26】   不会【继续回答】

F25b. 您不愿意选择参与的原因是？

F26. 依照您的切身体会，您认为政策制定者在基本医疗保险方面的政策急需改变的有哪些？

【F27 ~ F30 针对 F2 选了 2 的受访者】

F27. 接下来，我们聊一下养老保险。每月从工资里扣除的养老保险费用在多大程度上增加了您的生活负担？

很低程度	较低程度	一般	较高程度	很高程度	不清楚
5	4	3	2	1	99

F27a. 考虑到您的个人和家庭收入情况，您认为每月扣_____元【请注明，填写整数】基本养老保险金比较合适。

F27b. 如果目前的基本养老保险作为一项政策，可以自由决定是否参与，请问您还会参与吗？

　　会【跳至 F29】　　　　　　　　　　不会【继续回答】

F28. 您不会参与的原因是？【可多选】

　　扣除养老保险后，就没有多少工资可以花了

　　养老保险账户亏空大，担心未来享受不到

　　愿意把钱省下来去做商业投资

　　做不到连续缴纳 15 年，交了等于白交

　　退休后要回到老家，目前的跨区域政策对自己很不利

　　已经交够 15 年了，不想再交了

　　其他【请注明】

F29. 您认为基本养老保险能在多大程度上满足您未来的养老需求？

很高程度	较高程度	一般	较低程度	很低程度	不清楚
5	4	3	2	1	99
【跳至 F31】			继续回答 F30		【跳至 F31】

F30. 您认为不能满足您的养老需求的原因是？您需要政府如何去做？

【F31 ~ F42 针对 F2 选了 1、2、3 的受访者均需回答】

F31. 除了上述保险外，您认为自己还需要什么样的社会保险？

F32. 请问您个人是否主动买过商业保险？【企业给购买的商业保险不算】

　　　是【继续访问】　　　　　　　　　　否【跳至F34】

F33. 您选择办理商业保险的原因是？

F34. 请问您是否办理过社会保险转移手续？

　　　是【继续访问】　　　　　　　　　　否【跳至F37】

F35. 办理社会保险转移的手续是否方便，是非常方便、比较方便、不太方便还是很不方便？

非常方便	比较方便	一般	不太方便	很不方便	不清楚
5	4	3	2	1	99

F36. 请问您是否去过社会保险经办机构或社保所？

　　　是【继续访问】　　　　　　　　　　否【跳至F41】

F37. 社会保险经办机构给您留下的印象是？比如办理程序简便快捷，与现实相比，是非常符合，比较符合，不太符合还是很不符合？

问题	非常符合	比较符合	一般	不太符合	很不符合	不清楚	编码
办理的程序简便快速	5	4	3	2	1	99	F4101
办理等待时间合理，无需等待太长时间	5	4	3	2	1	99	F4102
工作人员的服务态度好，热情周到	5	4	3	2	1	99	F4103
工作人员的业务能力强，办事非常高效	5	4	3	2	1	99	F4104

F38. 总体来说，您认为社保经办大厅办事的方便程度是非常方便，比较方便，不太方便还是很不方便？

非常方便	比较方便	一般	不太方便	很不方便	不清楚
5	4	3	2	1	99
【跳至 F41】			继续回答 F39		【跳至 F41】

F39. 您在社保大厅办事时，遇到过哪些不方便办理的事情？

F40. 您对社会保险政策的了解程度是？

　　　很不了解　　　　　　　　　　　　比较了解

　　　不太了解　　　　　　　　　　　　非常了解

　　　有一定了解　　　　　　　　　　　拒答

F41. 了解社会保险政策对合理享受保险非常重要。您期待是以何种方式来了解社会保险政策？

　　　电视宣传　　　　　　　　　　　　短信

　　　微信微博等公众平台　　　　　　　邮件

　　　电话服务热线　　　　　　　　　　其他【请注明】

F42. 请问您个人的月收入水平？

　　　1000 元以下　　　　　　　　　　　5000～9999 元

　　　1000～1999 元　　　　　　　　　　10000 元及以上

　　　2000～2999 元　　　　　　　　　　拒答

　　　3000～4999 元

F43. 受访者性别是？

　　　男　　　　　　　　　　　　　　　女

问卷八：普通农民

　　您好，我是社会保险经办课题的研究人员，想了解参保人员的具体需求，以便为您提供更优惠的政策和服务。您的意见是国家相关单位出台政策的重要参考，所以非常重要！我需要占用您大约 15 分钟的时间，希望能得到您的配合。谢谢！

G1 请问您的职业是？

公司职员	01	
农民工	02	
事业单位职工	03	
公务员	04	【结束访问】
高校学生	05	
灵活就业人员	06	
城镇退休人员	07	
普通农民	08	【继续访问】
其他【请注明】_		【结束访问】

I 部分：普通农民

IG1. 请问您是本地的农村户口吗？

　　是【继续访问】　　　　　　　　　　否【结束访问】

IG2. 请问您的周岁年龄是多少呢？【记录实际年龄并圈选】

18 周岁以下	【结束访问】
18~25 周岁	
26~35 周岁	
36~45 周岁	【继续访问】
46~55 周岁	
56~65 周岁	
65 周岁以上	

IG3. 请问您个人的教育水平是？

高中及以下
大专
本科
硕士
博士

I1. 请问您家现在的耕地有多少亩?

没有地　　　　　　　　　　　　有地，人均耕地在 0.3 亩以上

有地，人均耕地在 0.3 亩以下

I2. 请问您个人目前享受哪些保险?【可多选】

1. 新型农村合作医疗（简称新农合）	需答 I3 ~ I15	I20 之后均需回答
2. 新型农村养老保险（简称新农保）	需答 I16 ~ I21	
3. 没有享受任何保险	结束访问	

【I3 ~ I15 针对 I2 选了 1 的受访者】

I3. 您认为目前新农合的缴费金额您能够承受吗?

完全不能承受　　　　　　　　完全没有问题

勉强可以承受　　　　　　　　不清楚/不了解/拒答

基本可以承受

I4. 您是否在过去两年内报销过新型农村合作医疗的费用?

是【继续访问】　　　　　　　　否【跳至 I6】

I5. 我们想了解您对定点医院的评价，比如医疗设施与您的实际需求相比，是非常能满足，比较能满足，不太能满足，还是完全无法满足?

问题	非常能满足	比较能满足	一般	不太能满足	完全无法满足	不清楚
医疗设施	5	4	3	2	1	99
医务人员技术水平	5	4	3	2	1	99
药品种类	5	4	3	2	1	99
转诊便利度	5	4	3	2	1	99

I6. 就您的感受和观察，目前新农合的报销范围能在多大程度上满足您的需求? 是很高程度，较高程度，较低程度还是很低程度?

很高程度	较高程度	一般	较低程度	很低程度	不清楚
5	4	3	2	1	99
【跳至 I8】		继续回答 I7			【跳至 I8】

I7. 根据您的观察和了解，新农合还应该增加哪些常见病和大病的报销呢？

I8. 那目前看病能报销的费用占到所花费用的比例能在多大程度上减轻您的个人负担？是很高程度，较高程度，较低程度还是很低程度？

很高程度	较高程度	一般	较低程度	很低程度	不清楚
5	4	3	2	1	99
【跳至 I13】			继续回答 I9		【跳至 I13】

I9. 那您希望看病能报销的费用占到所花费用的_____% 【请注明，填写至个数位】。

I10. 合作医疗保险主要负责对大病的报销，小病需要自己承担，因此看病费用超过一定数额才能报销，您认为目前的这个数额设置是非常合理，比较合理，不太合理还是很不合理？

非常合理	比较合理	一般	不太合理	很不合理	不清楚
5	4	3	2	1	99
【跳至 I12】			继续回答 I11		【跳至 I12】

I11. 那您希望这个数额设置为_____元【请注明，填写整数】。

I12. 您认为目前一年内个人看病可报销的最高限额设置是非常合理，比较合理，不太合理还是很不合理？

非常合理	比较合理	一般	不太合理	很不合理	不清楚
5	4	3	2	1	99
【跳至 I14】			继续回答 I13		【跳至 I14】

I13. 那您希望每年报销的最高限额设置为_____元【请注明，填写整数】。

I14. 每年上缴的新农合费用在多大程度上增加了您的生活负担？

很高程度	较高程度	一般	较低程度	很低程度	不清楚
5	4	3	2	1	99
【跳至 I16】			继续回答 I15		【跳至 I16】

I15. 考虑到您的生活支出及看病需求，您认为每年交_____元【请注明，填写整数】比较合适。

【I16 ~ I20 针对 I2 选了 2 的受访者】

I16. 关于新农保，您家现在是属于下面哪种情况？

　　既为自己和家人交钱，又为老人领钱【继续回答 I17】

　　不交钱，只领钱【跳至 I18】

　　只交钱，还没有领过钱【继续回答 I17，答完跳至 I20】

I17. 您家每年上缴的新农保费用在多大程度上增加了您的生活负担？

很低程度	较低程度	一般【不读出】	较高程度	很高程度	不清楚
5	4	3	2	1	99

I18. 您家领到的或是听说别人领到的养老金数额是每年每人_____元【请注明，填写整数】。

I19. 这些钱对老人或自己的生活帮助是非常大，比较大，不太有帮助，还是完全没帮助？

说不清/不清楚/不关心【不读出】	帮助非常大	帮助比较大	一般	不太有帮助	完全没帮助
9	5	4	3	2	1

I20. 您对目前这种孩子交钱，老人领钱，国家补贴的养老方式有什么看法？

【I21 ~ I24 针对 I2 选了 1、2 的受访者均需回答】

I21. 如果能进行个人选择，你不愿意缴以下哪种保险？【可多选】

　　新型农村合作医疗（简称新农合）新型农村养老保险（简称新农保）

I22. 您不愿意缴纳的原因是？

I23. 了解社会保险政策对合理享受保险非常重要，您期待是以何种方式了解社会保险政策？

电视宣传　　　　　　　　　　邮件

微信微博等公众平台　　　　　村里广播宣传

电话服务热线　　　　　　　　村里宣传栏贴出来

短信　　　　　　　　　　　　其他【请注明】

I24. 受访者性别

男　　　　　　　　　　　　　女

服务对象访谈录音摘要

一、关于降低社会保险缴费比例

"像我在国有企业，交的社保费用差不多占到工资的 20%，虽然单位给缴纳一部分，但是还是有点多。"

——西安高先生（公司职员）【资料来源：深度访谈】

"中国的社保比欧美那边的要高很多倍。本来工资就不高，包括五险一金交到个人工资的 8%，单纯五险大概要占 290 元，挺高的，且扣除的基数不是按照武汉当地最低工资标准（1300 元钱）扣除，是按照 2000 元钱扣除的。"

——武汉卢先生（制造业农民工，有五险一金）【资料来源：深度访谈】

"现在一个月交医疗和养老保险 680 元，我现在是做服务业的，交了 700 元钱之后生活有些困难，而且要交够 15 年才能享受。年轻的时候很辛苦，身体体质好的，能享受；体质不好的，没交到 15 年，也许就死了，就享受不到了。如果有单位的话，自己交一小部分，可以接受，但是对于灵活就业的人员来说，全都靠自己。"

——武汉杨女士（灵活就业人员）【资料来源：深度访谈】

二、关于需要加强宣传

"对社保政策不了解，你问问有多少老百姓知道，希望全方位宣传，加大频次，包括网络、报纸等。"

——西安韩先生（公司职员）【资料来源：深度访谈】

"大段的文字比如那个合同法之类的是记不住的，可以制作一些公益性的广告或者漫画，帮助人们容易去理解如何操作，怎么办，有什么好处。地铁上一些逃生的漫画就做得挺好的，社保可以学习一下，不然像我工作5年多了，对于社保信息的了解也很少。"

——西安庞先生（公司职员）【资料来源：深度访谈】

三、关于医疗保险

增加重大疾病的报销范围：

"我孩子刚出生的时候，体重太低，要放在保温室里面。报销的时候好多贵的药都没有办法报销，说那些治疗大脑的药是国外进口的，报不了。癌症也是，我有个亲戚得了癌症，有些药一针两万元，都无法报，说是医药目录里面没有。"

——西安庞先生（公司职员）【资料来源：深度访谈】

医保报销的比例低：

"报销比例有点太低，差不多50%。在门诊看病拿药都不能报。"

——西安高先生（公司职员）【资料来源：深度访谈】

医保报销比例跟不上治疗费用增幅：

"治疗费药费太贵了，原本10元钱能够治的病，现在看起来是有个医保，但是我到医院看病得花到25元钱，医保就算报了10元钱，我还得花15元钱，倒贴了。"

——西安韩先生（公司职员）【资料来源：深度访谈】

能享受医保的药品的范围应该扩大：

"既然是医保社保，给老百姓服务的，那些药就不要区分是医保（目录）内的，还是医保（目录）外的。用好一点的药就不给报了，现在一般的药都治不好。住院的时候，有些医生开的药是医保范围之外的药，基本都不能报。"

——西安高先生（公司职员）【资料来源：深度访谈】

"国企的人有内部报销，报销的比例很高，几乎98%、99%都报了，体制外的普通员工最多也才能报到60%。也就是国企的人医疗养老保险交的很少，未来拿的很多，而普通企业的员工交得很多，未来能拿到多少都不知道。希望尽可能取消双轨制，天下不患贫而患不均。"

不同地区社保政策有差异，且报销比例均偏低：

"上海报销的比例有些偏低，西安门诊看病干脆就不能报销。"

————西安庞先生（公司职员）【资料来源：深度访谈】

医保卡余额需到医院挂号时才能查询：

"我们到医院挂号的时候，挂号单上有显示余额，比如上一年3000元，下一年还有1500元，可能再看一次就没有了。只有到医院挂号的时候能查到。"

希望大小医院在进药渠道统一的情况下，控制药品的价格：

"同样的药，同样的进货渠道，在小医院比较便宜，在大医院比如那些三甲医院价格就比较贵。"

————上海黄女士（事业单位职工）【资料来源：深度访谈】

希望医保报销结算不要区分大小医院：

"我们西安的医学院能够实时结算，住院的时候跟医生说有医保卡，你住院花了多少钱，出院的时候只要多退少补就可以了，很方便。但是实时结算只是一些大规模的医院能够实现，比较小的医院还得自己垫付，之后走程序才能报销，比较麻烦。"

————西安房女士（事业单位职工）【资料来源：深度访谈】

希望全部免费：

"小病不能报销。我觉得国家应该全部报销，拿个医保卡去拿药，就应该能报销。家里现在也有老人，每个月要花很多钱，看病看不起。这是全民的心声。"

————上海林女士（公务员）【资料来源：深度访谈】

公务员有内部报销：

"我个人不怎么生病，感觉也没有什么用。而且我们单位也几乎全部报销，能报销90%，所以有没有医保无所谓。"

对于工薪阶层，三甲医院医保卡无法使用，门槛费过高：

"像同济、协和这样的三甲医院，普通老百姓有医保都进不去，就算进去都是自费，或者门槛费很高。我有一次去同济看病，拿着医保卡去，医保卡不能用，最后只能跟着我单位报销。其他人没有单位报销的话负担就很重。去一趟同济、协和这样的医院，至少得两万元起付，一般人不能用医保的话，负担很重。在武汉，重病的时候，门槛费至少5000元，只有像我们这样子的机构或者事业单位才能进。"

————武汉王先生（公务员）【资料来源：深度访谈】

对于灵活就业人员而言，医疗保险仅在住院费用超过 800 元时能够报销：

"像我们看大病住院才能报销，门槛费就是 800 元；我拿医保卡看门诊或在药店买药的时候从来没想过能报销。灵活就业，我找谁报销啊，我到社保局去办的时候，也没有关注过这个问题，完全都是自己花钱。"

——武汉杨女士（灵活就业人员）【资料来源：深度访谈】

异地报销很麻烦，希望医保可以全国报销：

"我嫁到江西之后，户口还在武汉，父母帮我在武汉交的医保。我生孩子的时候没有在武汉当地生，是在外地生的，因为跨省了，报销必须回到武汉才能报，而且需要很多证件，结婚证、准生证、出生证，差一个证就报销不了。我生产花了 5000 元，最高能报 1000 元钱，我住院检查费用比较多，医生说真正用的药最多能报 500 元。你想想，我往返两趟车票三四百，耽误几天时间，遇上休息日还报不了，不是很划算。小病的话你都不敢想着去报销，因为异地报销成本实在太高了。总觉得医保不能像其他东西一样能够全国通用。在本地的话直接出院的时候就可以结账了。我朋友在当地生的小孩，花了 800 元钱，报了 700 元，这才真正叫做享受医疗保险。"

——武汉熊女士（灵活就业人员）【资料来源：深度访谈】

老年人糖尿病、高血压、心脏病等慢性病比较多，希望国家在该类病种医疗费用的报销上有政策优惠，报销的幅度大一些：

"（在陕西）住院期间能够按照陕西省的正常规定可以报销，但是大部分人在高血压或者糖尿病的时候没有住院，去门诊或者药房买医生开的药都不能报销，完全自费，这些不太合理，建议根据陕西省的经济能力，最好给老年人至少报销 60%。"

"陕西省的医保和其他的地方不一样，只是住院期间医院的人负责报销，住院的时候要交 1500 元的医保启动费，出院以后你再买药，你就得自己付费了，医保不承担，之外的途径用药全部都是自费，而上海那边听说看病只要交 300 元钱，三甲医院可以报销费用的 85%，二甲医院可以报销 90%，社区医院报销 95%，在外面买药也是按照比例可以报销。"

——西安苗先生（城镇退休职工）【资料来源：深度访谈】

一直在使用医保卡看病或者拿药，希望将非美容的口腔治疗费用纳入医保报销范围：

"看牙齿很贵，口腔医院更贵，小门诊又不可靠，只能去比较正规的铁路医院。我的牙齿烂了，做牙根穿刺补牙花了8000元钱，但是都不能报销，只是感冒发烧打针可以报销。牙齿坏了不能吃东西，也影响身体健康，而且又不是做牙齿美容，希望可以纳入医保范围内。"

在使用医保卡的时候，觉得医保范围内的药品比较窄，希望国家在大病或者重病如癌症的治疗上能够全部报销：

"医保看病最重要了，老年人一场大病就把人的积蓄全花进去了，希望国家在大病的治疗上全部免费。"

对医保可报销的费用、报销最高额度和报销时限了解不多，宣传力度不够：

"刚退休的时候腿疼，去了几家医院治疗，总共花了大概5000元钱，也没有报销。我那个时候不知道可以报销，后来了解到可以报销的时候由于过了一年期限，无法报销。单位的人说治疗费用超过1200元之后在正规医院看病可以报销费用的75%，也不是全部报销，只能报几千元钱之内的吧。"

——西安蔡女士（城镇退休职工）【资料来源：深度访谈】

高校学生对定点医院报销流程不清楚：

"校医室看不好，吃了药不管用，去大医院看病的时候，回来之后不知道去哪里报销。我们同学遇到这种事情也不知道怎么报，因为钱数也不多就算了。我也不知道我们学校的医保的定点医院是哪些，就是稀里糊涂的，大部分人还是不太了解的。"

——西安姚××（高校学生）【资料来源：深度访谈】

异地医保报销流程宣传不到位，手续繁杂，希望官网公布相关信息：

"我弟弟是武汉市的医保，在外地生病的，报销不知道应该怎么样做，第一次去医保大厅问的时候，（工作人员）说需要医院证明啊、住院证明啊，很多手续，也没有说清楚。第二次再去时，工作人员又说需要交行的银行卡，于是为了报销又另外办了一张交通银行的卡……第三次才报成的。对于异地报销，希望在官网上公布出来（异地医疗报销的整个流程），毕竟第一次异地报销，很多时候先依靠百度，但是现在百度搜索的时候只能搜到别人自己的经验，不是首先出来官网的信息。"

医保卡使用没有延续性："我一直在武汉读书，从小到大一直都有医保卡的，初中高中都有医保卡的，但是在大学里面只有学生医保，没有给我发医保卡。我觉得高中时的医保卡到了大学应该要有延续性吧。"

高校学生定点医院不合理："我同学耳鸣，花了差不多1000元钱，因为没有去指定医院最后没有报销成，我觉得不合理：第一，是一开学的时候也没有告诉我们指定医院是哪些；第二，要是指定医院很远，我生急病了我不可能跑那么远啊，而且还要上课，太不人性化了。"

——武汉丁×（高校学生）【资料来源：深度访谈】

一般用一卡通看病，只收5%的费用，不用实现垫付：

"入学时有一卡通，看病的时候直接刷卡，直接把你要交的钱减免掉，只收5%的钱。"

校医院的医疗设备和医生水平比较弱，一般在校医院都是看感冒发烧之类的小病，大病在校医院看不了：

"（大病）一般校医院的医生会建议转诊去大医院，平常去校医院拿药，没有特别好的药，我去校医院拿了一次感冒药，喝了几次觉得没有用也就不喝了。"

希望医保报销没有封顶线：

"像这种重大病不应该因花的钱而不给报，他们不是更需要帮助吗？"

——上海张××（高校学生）【资料来源：深度访谈】

学生定点的校医院药品种类较少：

"药品种类不是特别多，不是想要什么药都有。去看感冒药的时候，校医院开的是太极糖浆，喝了之后效果一般，喝了之后也要一周才好，都不知道是不是这个药治好的。"

提高大医院医保报销额度：

"小病小灾去校医院，交一元钱挂号就可以免费买药了，但是听说去校医院以外的大医院看病，报销的比例会降低。"

增加白血病、乙肝、艾滋病等常见病的报销：

"白血病、乙肝、艾滋病等比较常见，但是目前医疗设施不是那么广，希望将报销的种类放宽。"

——上海董××（高校学生）【资料来源：深度访谈】

门诊看病拿药自费，住院好多费用还不能报销：

"医疗保险主要是防大病的，住院（治疗）才报销，一般的门诊报不了。缴纳了医保之后，每个月医保卡里面有三四十元钱，可以在药店买药，发烧了吃药吃不好，上医院门诊打吊针拿药都是报不了的，要自己掏钱。住院的话会给一定比例的报销，但是好多药品是自费的好，好多费用还要自己掏钱的，报销的比例低。"

——西安卢先生（农民工）【资料来源：深度访谈】

新农合对于意外伤，保额低，作用不大：

"新农合上有一个小额的意外保险，保额低，赔付也低，最高不超过4000元钱。"

——西安陈先生（农民工）【资料来源：深度访谈】

扩大陕西省新农合重大疾病或慢性病的报销比例，与全国同步：

"不同医院报销比例不同，三级医院报销45%左右，县上医院60%～70%，越是大病报销的比例越低。其他省白血病人可以合疗报销，在我们这个地方，有些药纳入不了合疗报销。比如治疗慢性白血病的进口药格林卫就不能报销，这种药每天都要服用控制，每天要100元，一年需要几十万，如果不是从大医院或者中国红十字会拿药的话就不能报销，红十字会援助项目的标准又很高，走投无路了。"

——西安陈先生（农民工）【资料来源：深度访谈】

新农合异地看病报销手续复杂，报销时间慢，希望新农合也有直通车：

"我们在安康缴纳医保，到西安治病，出院后药品结算单回到户籍地报销，前后得一个多月。合（作医）疗只在本县医院能够直通车，在异地没有直通车。希望合疗在异地也能直通车，就是在哪家医院治病，直接住院的时候就报销，当场结算。"

由于在户籍地缴纳的新农合（农民工）在外地打工时无法及时获知基本的医疗信息，希望新农合具有一卡通查询功能，实现基本信息畅通：

"希望能够查询到合疗的政策，比如通过短信通知获得相关的信息。我们现在一年一人交100元钱。"

——西安陈先生（农民工）【资料来源：深度访谈】

对于经济能力较好的家庭而言，希望提高新农合的缴纳金额：

"我是东西湖区的户口，从东湖嫁到西湖，现在每个月缴纳新农合的费用132元。我觉得我们家经济能力还可以，想往上加钱多交一些，但是我们农厂这边是不可以的，不许我们多交就不能多交。多缴纳以后不是就能多领嘛，我妈妈户口在东湖，在东西湖人民医院看病的时候，就是因为缴纳的新农合费用比较低，所以报销比例低，她看病用了20000元钱，用新农合只能报销12000元钱。她70岁了才能有这个报销比例，如果是我看病，报销比例肯定更低。希望能够多缴纳，费用至少与生活水平搭配。"

新农合费用报销的比例偏低，意外伤比例尤其过低：

"新农合报销比例比较低，我爸爸六十多岁的时候，胆囊管结石在医院看病的时候才报销 30%，意外伤更低。我哥哥也在东西湖区这边的，自己开车出车祸，被轧到了腿。在武汉市骨科医院治疗用了四五万元，在新农合的窗口报销时才报了 5000 元，相当低。农村人自己开车上集，要是出了意外，最多能报销 5000 元，太低了。旁边的人也有这种情况，挺吓人的。武汉市城镇的医保报销比例能达到 70%。"

报销比例随年龄增加而增加不合理，应提高 40~50 岁年龄群体的报销比例：

"我妈 70 多岁的才能报销差不多 50%，像我们 40 多岁的人用新农合报销比例更低。"

——武汉戴女士（普通农民）【资料来源：深度访谈】

新农合现在只有缴费单子，没有卡：

"现在只有每年交钱的单子，没有那个卡。三四年前大队通知我们把户口本、身份证复印件和照片交上去，说办好的时候会邮寄到家里，可是现在三四年了也没有办下来。我们现在只有缴费单子，没有卡，也不知道有什么作用，有什么政策，也不知道里面有多少钱，新农合的缴费单子不像医保的卡那样能查卡内有多少钱，直接买药刷卡就很方便。建议给新农合也办理一张卡，心里有个数，也能查询账户。"

——武汉朱先生（普通农民）【资料来源：深度访谈】

增加指定的医院数量：

"希望覆盖的医院全面一些，每个月要交差不多 500 元钱，小感冒小病的时候都是去药房买药，也不能报销；大病的时候，那指定的两家医院距离工作的单位又比较远，看病不太方便，感觉新农合没有什么用。"

定点的医院技术水平一般：

"在工作地方的一定范围内，这两家医院都是指定的，技术都比较一般，最起码要一个医院医疗水平比较强些，另一个一般些。"

——西安张女士（普通农民）【资料来源：深度访谈】

四、关于养老保险

养老保险未来不确定性太多：

"养老保险的缺口比较大。"

——西安庞先生（公司职员）【资料来源：深度访谈】

"我不会自主选择缴纳养老保险，养老保险现在的账目太不透明了，亏空太多了。相关的政策变化又太快，看不到未来，原本 55 岁退休，现在又开始调到 65 岁，未来熬到我快退休的时候，也许又改成 70 岁甚至 80 岁退休。就是我交了几十年养老保险，到我退休了，两三年我死了，就没了。现在亏空太大了，很明显以后还得延长退休的年龄。大量地把新的事业单位往体制里面挤，又要从我们原来缴纳的社保里面分钱。谁都保证不了未来能领出来，这是一个事实。国家在养老钱的管理上问题很多。"

——西安韩先生（公司职员）【资料来源：深度访谈】

养老保险交费年限太长，政策一直在变：

"我身边很多人，有可能交不到那么长时间。我觉得缴纳的年限自由一点比较好，还有在网上看到说以后要交够 25 年才能享受的。"

——武汉徐女士（公务员）【资料来源：深度访谈】

养老保险交的年限太长：

"我觉得 55 ~ 60 岁退休比较合理。女士的年限和男士的完全不同，男士要到 65 岁才能拿养老金。我同事的爸爸退休之后，拿养老金最多两三年就去世了，这完全是给社保局做好人好事。我没听说过养老能够转移。"

——武汉王先生（公务员）【资料来源：深度访谈】

"现在政策一直在变，如果投保没有那么多年的话，还得补交。说句不好听的，如果寿命活不到那么多年的话，就算是白交了。就算有转移的话，手续肯定也很麻烦。如果像存钱一样，我定期地存进去，以后我不在了，钱还在那才真的叫养老保险。我不能享受，也要给我的后代对吧？现在就算能转移，出具的证明至少不少于十份。"

——武汉熊女士（灵活就业人员）【资料来源：深度访谈】

非本地户籍养老有担忧：

"我们好多农民都只能领到很少的养老金，200 元、100 元、50 元，可能和户籍制度有关系，虽然在这里出生长大、生活劳动，一直到退休，由于不是本地户口，本地政府不管你，不给你发退休金；那边又由于一直不在原籍，原籍的政府也不管你。一辈子辛苦到头，政府养老也不管你。"

社保缴纳的钱比退休后可能领取到的钱少（投入回报比例低），（农民工）自愿选择意愿不高：

"65 岁退休的话，按照最低的工资标准，交到你退休，可能也交了几十万元。到时候你退休之后也拿不了多少钱，运气好的话能活到 70 岁，领 5

年的钱。每个月拿 2000 元，一年 24000 元，5 年就 120000 元，可是相对来说，你交的社保就不止这个钱了。现在总体环境不好，退休延迟到 65 岁的话，基层打工的人还能不能活到退休都是个问题。我周围也看到好几起，熬到六十岁刚退休，一年退休金还没拿，就死了。"

——武汉卢先生（农民工）【资料来源：深度访谈】

养老报销退保很困难：

"我是村上的会计，经办农村的养老保险，觉得养老保险的退保很困难。户主在交费期死亡之后，退保手续很复杂，需要转移一个账户，中间的审批渠道很慢，上交材料到镇上社保站之后经常三四个月退不下来。资料也齐全，服务态度也好，就是审批的程序太复杂，办理的时间太长了。"

养老金太少，满足不了基本生活需求：

"新农保一年交一次，最低交 100 元钱，最高 1500 元。村里大多数人只能交得起基本保险，60 岁以后一个月能拿到 65～70 元钱，基本的生活肯定不够；交得高的，一个月拿到的养老金也不高，差不多百十元钱。交费高了群众接受不了，交费低了保额低，确实很矛盾。60 岁丧失了基本劳动能力之后，一个月有千八百元的基本生活才可以。"

——西安陈先生（农民工）【资料来源：深度访谈】

社保政策不明确，不知道养老金有多少：

"我现在人在武汉，老家在黄平那边，新农合和新农保是家里人帮我们交的，每年都在上涨，现在新农合又涨到一个人一百元。你说每年都在涨，每年交，到底我们 60 岁以后能拿多少钱呢，这个我们不知道。我们按照农村的标准交，交满 15 年之后，每个月能拿多少钱，我们心里没有一个底。我们是村里第一批交新农合新农保的，现在的老人都还没有领养老金，都是靠政府的补助，都不知道划不划得来。"

——武汉朱先生（普通农民）【资料来源：深度访谈】

"我爸妈 70 多岁，现在一个人能拿到 1600～1700 元，不够的话我们还能补贴一些。可是我和我老公现在 40 岁，养了一个女儿，缴纳的养老金又少，以后谁帮我们（补）贴啊。新农保缴纳的费用，我们东西湖区的还比别的地方高一些，有些地区（缴纳金额）还更低一些。希望现在经济有能力多缴纳一些，老了不给子女带来麻烦。"

——武汉戴女士（普通农民）【资料来源：深度访谈】

五、关于工伤保险、生育保险和失业保险

工伤保险报销手续繁杂，认定核准等办理过程麻烦：

"工作期间出了一些事故之后，都是公司或者个人先垫付的，之后（进行工伤认定）报销的手续太麻烦，需要这证明、那证明的，保险公司总是（找各种理由）拖着，好不容易各种手续齐全了，一时半会儿还拿不到那些钱，有时候还拖了大半年才能拿到（报销的钱）。全国都在说，事难办，脸难看，门难进。"

——武汉卢先生（农民工）【资料来源：深度访谈】

生孩子医保报销手续繁杂：

"身份证啊，住院小结啊，男方、女方户口本啊，准生证原件、复印件……大概得有 10 张纸。我小姑有一张住院小结没带去，还得回医院重新开一份，大概花了十几天才办下来。"

——武汉熊女士（灵活就业人员）【资料来源：深度访谈】

生育保险待遇差，报销比例低：

"当时媳妇生小孩剖腹产，花了差不多八九千元钱，当时只报了 2700 元钱，基本上才报了 1/4。"

生育保险报销手续繁杂，报销款下发较迟：

"所有的费用先全部自己垫付，然后把所有住院的手续材料全都拿上，交到医保办，（整个办理的）手续比较麻烦，审核了十天半个月才发下来，时间太长了。"

生育保险待遇的办理不公开、不透明：

"我媳妇剖腹产总共花了 9000 元钱，最后打到卡上 2700 元钱，这个是怎么算的不公开、不透明。后来我侧面打听，工作人员才跟我解释我媳妇打吊针和做皮试用的药比较贵、比较好，且不是医保（目录）内的，所以不能报销。"

对于生育保险而言，不同医院报销比例有差别，但是未有宣传：

"选择西安市级医院报销比例更高一些，选择省上医院低一点，选卫生部直属的医院，一进去就先给你砍掉很多钱。具体是怎样我也不太懂，媳妇生完娃我才知道的，觉得分得有点太麻烦。"

——西安高先生（公司职员）【资料来源：深度访谈】

生育保险应以家庭为单位：

"现在必须是两个人交生育保险，夫妻双方才能享受。我觉得只要一个人交了，（以家庭为单位）夫妻双方都应该能享受相应的待遇。"

——西安钱先生（公司职员）【资料来源：深度访谈】

生育保险待遇办理过程慢：

"我媳妇生完孩子之后，报销了七八个月才报下来。这七八个月期间我还得交钱，你说我生完孩子，又不想生第二个，这期间交的钱是不是等于给别人的孩子交的。"

生育保险政策不够人性化，不应以个人为单位，应以家庭为单位：

"我缴纳了生育保险，我媳妇那个时候失业，然后生孩子花了差不多6000元钱，但是因为我们夫妻两人只有一个人缴纳生育保险，所以只能报销一半，也就是3000元钱，我觉得不合理。一个家庭是一个社会单位，夫妻有一人没交生育保险，说明他失业，因此另一个人的负担更大。两个人交，就全部报销；一个人交，报销比例就减半，体现不了社会的公益性。"

——西安韩先生（公司职员）【资料来源：深度访谈】

失业金领取手续繁杂，政府失业人员和企业失业人员区分对待：

"政府部门的工作人员失业了，有政府部门的失业证，可以领取失业金；但是我在企业做，我失业了，到哪里拿失业证去？我觉得企业出具的结束劳动关系的证明，就应该等同于政府部门的失业证，可是现在又不认。现在要领取失业金，要到这个部门盖章，又要到那个部门盖章的，你说我有那么长的时间，我不如找份工作养活自己去。"

——西安韩先生（公司职员）【资料来源：深度访谈】

失业金提高一些：

"你想都失业了，要重新找工作，失业金提高一些，日子才好过些。我一个同事的媳妇原来的单位倒闭了，一个月就五六百元钱，还最多只能拿两个月。"

——西安高先生（公司职员）【资料来源：深度访谈】

"我们（武汉）这边是你交社保满一年，失业之后能拿两个月的钱。但是你在一个公司做满10年，也最多只能拿4个月。一个月可以领到1028元，还需要扣除314元，拿到手也只有714元的失业金。"

——武汉卢先生（农民工）【资料来源：深度访谈】

六、关于配套服务

两地缴纳的医保缺少连续性:

"毕业后在上海工作,当时有一张医保卡,回到西安之后,上海的医保卡没法用。人家一看我这个医保卡就说不认识,也刷不了,只能重新办西安的医保卡。这种现象很普遍。"

工伤的认定标准不明确:

"之前有个同事回老家了,在回单位的路上受伤了,他认为应该算工伤,但是单位说不算工伤,最后也没有赔偿。我觉得这个工伤的认定标准啊、政策啊不够明确,最后他也就不了了之了。"

——西安庞先生(公司职员)【资料来源:深度访谈】

社保大厅办理社保转移时等候时间过长:

"半年前在社保大厅办理社保转移,把养老保险从原来的公司转移到现在的公司,等候的时间比较长,等了大概半个小时:一是办的人多;二是他们工作人员的效率也比较低。"

——西安钱先生(公司职员)【资料来源:深度访谈】

对于社保的信息公开不充分:

"这个社保,好多政策老百姓不清楚,好像说社保得交够多少年,退休之后才能领;交不够多少年,到时候你缴纳的那部分返还给你,单位给你交的全部充公,不知道是不是这样子。希望多渠道宣传,发宣传册子普及,新闻媒体或者报纸啊,宣传范围尽量大一点。"

——西安钱先生(公司职员)【资料来源:深度访谈】

社保大厅办理等待时间久,办理慢:

"在武汉市社保局缴纳医疗和养老保险的时候,不知道他们上下班的时间,有时候去得晚,就得等到下午。总共去了两三次,有的工作人员效率高,有的工作人员效率就慢一些。我们等的时间长的就很焦虑。"

——武汉杨女士(灵活就业人员)【资料来源:深度访谈】

社保大厅窗口楼层不合理,老人上下楼梯不方便:

"我和我奶奶去办养老的事情,大概是领那个养老金,觉得楼层设置得不合理,那个窗口在 4 层,又没有电梯,老人去办理的话上下楼梯很不方便。"

——西安姚女士(城镇退休职工)【资料来源:深度访谈】

社保转移手续办理审批时间长：

"之前我是在东莞那边工作，现在回到西安，在社保大厅办社保转移的时候，等了一个月才办下来。"

——西安常先生（农民工）【资料来源：深度访谈】

社会保险经办机构深度访谈提纲

深度访谈目的：

※ 了解该级经办机构的经办能力（关键流程优化是重点）

※ 了解该级经办机构的管理体制（定位和职责边界的区分是重点）

※ 了解该级经办机构的效能运行体制（信息流和资金流的流动机制是重点）

※ 了解该级经办机构的组织建设（组织架构是重点）

※ 了解该级经办机构的内控制度（业务数据是了解重点）

【易错点：需事先了解哪些问题是属于系统范畴，哪些问题是该级经办机构所问的问题。这点，在深度访谈小结里也应有所区分。为了便于区分，已经将系统范畴的问题用★进行标注。】

一、气氛导入【建议时间 5 分钟】

您好！我是社会保险经办课题的研究人员，这次从北京过来赶到这里是想和您聊一聊我们这个地方的社会保险经办机构的职责定位、经办能力、运行现状及未来发展的一些情况。

互相认识（破冰）

• ×主任您是什么时候到××机构来工作的？★

• 主抓的工作是什么？★

• 平时工作是否忙碌？★

二、经济和人口状况【建议时间 5 分钟】

【问题导入】这是我第×次来到这个城市，感觉变化很大（和想象不

同)。在来之前，我也了解到我们这个城市的经济发展取得了很大成就。（本部分可不问)

- 我想了解我们的经济和人口的基本数据，我们这里有吗？ ★

【可以提前收集】

内容	数据
地区 GDP 增幅	
地区生产总值	
经济结构（一、二、三产业的构成比例)	
地区经济特色（主要经济作物、主要产业)	
城镇人口数量	
农村人口数量	
城市化比例	
参保人数（这个建议现场问)	

三、经办能力【建议时间 30 分钟】

【问题导入】我走进大门的时候留意到我们这个机构的名称叫做 × 经办机构。

- 想问本地省、市、县及基层的社保经办机构的名称分别是什么？ ★
- ➤ 目前社保系统向下延伸到哪一级？（市级？区级？乡镇社保所？还是直接能够到村里？) ★
- ➤ 【如果能直接到村里】村里是否有专职的社保协理员？还是与其他部门共用的？是否有编制？工资由谁来发放？是否有劳动关系和缴纳社保？
- 请问本级经办机构下设几个社保中心？
- 本级经办机构具体的经办业务是什么？有多少个窗口？【依次问】

选项	数据
具体经办业务	
窗口数量	
本机构工作人员总数量	
具体业务人员数量	

- 本级经办机构的办公场所是归单位还是自己租的？办公面积呢？【依次问】

选项	数据
办公场所的所属（即产权是归单位的，还是租的）	
办公面积	
与哪些单位共用	

- 本区域内五险的基金统筹层次到达哪一级？五险各自的参保者有多少？覆盖率达到多少？★
- 本级经办机构的主要业务是哪些？
- 下设的经办机构主要经办的业务有哪些？他们的工作流程和标准是否相同？★
- 本级经办机构是否建立一次性告知等服务制度？
  ➤ 【如果有】运行效果如何？
  ➤ 【如果没有】是否做过尝试？未来是否有计划筹建？
- 本区域的社保单位是否推广使用社会保险管理信息系统？★

	服务选项	是	否
建设内容★	推广使用社会保险管理信息系统		
	推广使用社会保障卡		
网络服务★	单位网络与劳动保障行政部门联网		
	社会保险网上申报		
	社会保险网上申报查询		
	社会保险网上缴费		
	网上政策查询		

● 本级经办机构是否有刚才没有提到的其他的特色服务？

四、了解经办机构的管理体制【建议时间 35 分钟】

【问题导入】刚才提到这么多的参保人数，我想这对于我们的管理也带来了很大压力。

- 上级单位是否对我们这级机构有明确的职能定位？
- ➢【如果有】是什么样的定位呢？具体的职责是什么？
- ➢【如果有】这个定位与我们平时的运作有没有出入？【建议举例说明】。
- 本级经办机构的平时运作效果或效率会受哪些关系影响？
- 本级经办机构与其他政府部门是否有工作上的交集？具体是哪些交叉和合作？
- ➢【如果有】具体是哪里有交叉？
- ➢【如果没有】工作边界在哪里？
- 本级经办机构是如何配合上级社保经办机构的工作的？能否举例说明？
- 本级经办机构与上、下级经办机构的工作边界在哪里？各自的分工是什么？您认为这其中是否有边界不清晰或不合理之处？能否举例说明？
- 本区域内的经办机构有没有引入当地的企业资源和社会组织资源？★
- ➢【如果有】都是何种资源？合作效果如何？遇到哪些合作的障碍？如何克服？
- ➢【如果没有】是否尝试过？为什么最终失败？原因是哪些？

五、经办机构的效能运行体制【建议时间 30 分钟】

【问题导入】前面我们提到了和当地政府部门（包括直属部门）开展了合作。

- 请问本区域经办机构是否和与税务、公安、民政等相关部门共享居民信息呢？★
- ➢【如果有】运行效果如何？
- ➢【如果没有】是否做过尝试？

◇【如果做过尝试】为什么失败了？阻力是哪些？

◇ 未来是否有计划筹建？

● 是否统一了各类税费基数？★

➢【如果有】运行效果如何？

➢【如果没有】是否做过尝试？

◇【如果做过尝试】为什么失败了？阻力是哪些？

◇ 未来是否有计划筹建？

● 是否建立一票征收系统？★

➢【如果有】运行效果如何？

➢【如果没有】是否做过尝试？

◇【如果做过尝试】为什么失败了？阻力是哪些？

◇ 未来是否有计划筹建？

● 是否建立一卡通支付系统？★

➢【如果有】运行效果如何？

➢【如果没有】是否做过尝试？

◇【如果做过尝试】为什么失败了？阻力是哪些？

◇ 未来是否有计划筹建？

● 目前的社会保障卡已经实现了什么样的功能？★

● 征收采取什么样的安排机制？★

【是"自收自支"、"地税代征"、"银行收支"还是其他安排】

➢ 运行效果如何？

● 关于社保系统里的数据统筹到哪一层？即数据中心建立在哪一级？是省级吗？★

● 目前的新农合可以将部分在乡镇工作的城市户籍人员纳入，由卫生部门管理，是否与城镇居民医疗保险存在着重复参保的问题？如何将卫生系统的数据与人保系统的数据对接？★

六、经办机构的组织建设【建议时间 20 分钟】

【问题导入】前面我们聊的都是外部合作的运行效果问题。

● 请问本级经办机构是否有组织结构图和各部门的职责描述？

➢【如果没有】没有建立的原因是？能否简单描述一下机构内部的职责划分？

➤ 未来是否有计划筹建？

● 本区域是否实现五险机构整合？ ★

➤【如果没有整合】原因是？

➤ 未来是否有计划筹建？

【注意：下表中给出五险合并的选项，请让被访者进行确认。】

业务流程划分	是	否
1. 基金征缴整合，各种待遇核发分开		
2. 征收、支付分开，医疗支付单设		
3. 养老、医疗、工伤、生育、事业合并		
4. 养老和事业合并，医疗和生育合并		
5. 其他（请描述）		

本级是否建立起账户管理与社会服务、信息管理与统计调研、财务管理与内部稽核、系统管理与技术支持，以及内部综合行政管理（人事、教育和对外交流等）五大管理模块？

【如果没有建立以上五大管理模块】请问：缺掉的模块日常是如何进行运转的？未来是否有计划筹建？

业务功能划分	选项
分设征收机构、支付机构、审计稽核机构	
五险分设	
其他（请描述）	

● 本级经办机构是否引入公司文化建设？

➤【如果有】是什么样的文化？运行效果如何？

➤【如果没有】原因是？未来是否有计划引入？

➤ 本级经办机构的预算能否满足支出的需求？

➤【如果不能】如何在编制和预算之间做出一个平衡？

七、经办机构运行现状评估【建议时间15分钟】

● 本级经办机构及下属机构是否都有绩效评估体系？

➤【如果有】是什么样的体系？运行效果如何？

➤【如果没有】原因是？未来是否有计划引入？

- 您个人认为用什么指标考核本级经办机构的运行效果是最合理的？

八、总结与未来展望【建议时间 15 分钟】

- 请您谈一下本级经办机构已经取得的成绩和不足？

- 本级经办机构未来的机遇和挑战在哪里？近期有什么变革的计划和举措吗？

- 如果本级经办机构服务能力需要提升，着力点在哪里？您认为最迫切需要解决的问题是什么？

九、经办机构的内控制度

【问题导入】为了出具一份更准确的报告，下面请您提供一些量化的信息。

- 请安排下属协助填写一份机构的调查表。（请出示《单位经办保险业务情况》的问卷。）

- 您这边是否有相关业务流程的文件可以提供给我们（在大厅里提供给参保对象的也可以）？

- 能否提供一些关于组织结构和职责描述的文件？

附件 5

社会保险经办机构运行效果评估调查问卷

一、调查目的

感谢您参加本次问卷调查。本次问卷调查旨在了解社会保险经办机构的运行效果，以便提出提升经办机构服务能力的相关建议。本调查问卷拟收集经办机构所处的经济社会环境的基本数据，以衡量经办机构所面临的服务需求；通过对经办机构硬指标和软指标的考察，了解与经办机构服务能力相关的基本情况；收集衡量经办机构运行效果的基础数据和信息，为评估经办机构的运行提供依据。使课题组提出与经办机构的实际情况相吻合，又切实起到促进经办机构服务能力建设与提升的具有可操作性的政策建议。

二、填表人

调查问卷应由各经办机构的主要负责人填写。

三、填表建议

1. 请用钢笔或圆珠笔填写。填写数据清晰、工整。

2. 请在题号前的□内填入相应选项，或者在预留划线空白处填写。

3. 请尽量填写完全。

4. 请根据自身的真实想法和实际情况回答，无所谓正确或错误，本问卷私密性受到国家统计法保护。

填表过程中如有问题，请与_____联系，

联系电话：_____，E－mail：_____

谢谢您的合作！

尊敬的社会保险经办机构：

本问卷主要是为了了解社会保险经办机构的运行效果，以便提出提升经办机构服务能力的政策建议。请根据实际状况填写本问卷，非常感谢您的支持！

单位基本信息：
单位名称：
填　表　人：　　　　　　　　　　填表日期：
联　系　人：　　　　　　　　　　联系电话：

A　　　　　　　　　　**单位外部环境基本情况表**

区（县）总面积（平方公里）		
区（县）总人口（万人）		
其中：	城镇人口	乡村人口
区（县）就业人员合计（万人）		
其中：	城镇就业人员	乡村就业人员
区（县）年人均收入（元）		
其中：	城镇居民人均可支配收入	农村人均纯收入

B　　　**单位基本情况表（基础设施/人员配置/设备配置/经费/管理运营等）**

B1 单位经费及其来源

单位年度总收入（万元）				
收入来源构成	财政预算拨款	预算外拨款	自筹资金	收取服务费

B2 单位人员及其构成

单位人员总数（人）				在编人员（人）		

其中：人员岗位分布	专业技术人员	业务人员	管理人员	人事党团	行政文秘	工勤及其他
	注：专业技术人员指财会、统计、计算机、稽核人员； 　　业务人员指除专业技术人员之外的各项社保业务人员。					

其中：人员学历分布	高中/中专及以下	大专	本科	硕士及以上

B3 单位基础设施建设情况

B3.1 单位面积（m²）

各功能区面积	经办服务大厅	档案管理区	办公区	附属用房

B3.2 硬件设施

	※勾选	设置/提供	未设置/不提供
经办服务大厅	受理服务区		
	接待洽谈区		
	等候休息区		
	自助服务区		
	综合服务区		
	咨询区		
服务设施	排队叫号系统		
	无障碍设施		
	宣传设施		
	接待设施		

续表

B3.3 电子社保建设

※勾选		设置/提供	未设置/不提供
建设内容	推广使用社会保险管理信息系统		
	推广使用社会保障卡		
	开通劳动保障服务电话		
	单位网络与劳动保障行政部门联网		
网络服务	社会保险网上申报		
	社会保险网上查询		
	社会保险网上缴费		
	网上政策咨询		

B4 单位管理运营体制

B4.1 业务流程	选项
① 基金征缴整合，各险种待遇核发分开 ② 征收、支付分开，医疗支付单设 ③ 养老、医疗、工伤、生育、失业合并 ④ 养老和失业合并，医疗和生育合并	
B4.2 业务功能划分	选项
① 分设征收机构、支付机构、审计稽核机构 ② 五险分设	

C4 社会保险经办机构办理业务的效益评估

参保登记的差错率（%）	
保费缴纳的差错率（%）	
待遇支付的差错率（%）	
社会保险经办服务投诉率（%）	
社会保险经办服务表扬率（%）	
保费征缴和待遇支付总争议率（%）	
服务满意度评价	注：条件具备的地方

C 单位经办社会保险业务情况

C1 社会保险经办机构核心业务的整体产出情况

C1.1 城镇基本养老保险

参保人数（万人）			基金收入	基金支出	累计结余	基金征缴率	养老金社会化发放人数（率）
	职工	离退休人员					

C1.2 城镇基本医疗保险

参保人数（万人）			基金收入	基金支出	累计结余	基金征缴率	门诊报销次数	住院报销次数
	城镇居民医保	城镇职工医保						

C1.3 工伤保险、失业保险、生育保险

	参保人数（万人）	享受待遇人数	基金收入	基金支出	基金征缴率	累计结余
工伤保险		（工伤待遇）				
失业保险		（领取失业保险金）				
生育保险		（生育保险待遇）				

C1.4 新型农村养老保险

参保人数（万人）	领取养老金人数	退保转移死亡人数	基金收入	基金支出	累计结余

C1.5 城镇居民养老保险

参保人数（万人）	领取养老金人数	基金收入	基金支出	累计结余

C2 社会保险经办机构辅助业务的整体产出情况	
C2.1 个人账户、社会保障卡数量	
社会保障卡发放数量	
社会保障卡持有率（%）	
养老保险个人账户建账数量	
个人账户信息寄送数量	
C2.2 年度社会保险登记处理数量	
年度参保单位登记数量	
年度参保个人登记数量	
C2.3 信息/政策咨询	
处理个人参保信息查询业务的数量	
处理社会保险政策咨询的数量	
C2.4 争议解决	
处理保费征缴争议的数量	
处理待遇支付争议的数量	

C3 社会保险经办机构办理业务的效率评估	
C3.1 保费征缴	
保险费用征缴成本	
保险费用征缴成本占征缴基金的比重（%）	
C3.2 业务办理时间	
保费缴纳的平均办理时间	
待遇支付的平均办理时间	
信息查询的平均办理时间	
政策咨询的平均办理时间	
争议解决的平均周期	
C3.3 人均工作量与资金利用率：依据机构投入与整体产出计算	

参考文献

一、中文

[1] 2013 年全国社会保险情况．中华人民共和国人力资源和社会保障部网站．http：//www. mohrss. gov. cn/SYrlzyhshbzb/dongtaixinwen/shizhengyaowen/201406/t20140624_ 132597. htm.

[2] 艾尔弗雷德·D·钱德勒．战略与结构：美国工商企业成长的若干篇章 [M].云南：云南人民出版社，2002.

[3] 保罗·萨缪尔森，威廉·诺德豪斯．经济学 [M].北京：商务印书馆，2013.

[4] 彼得·戴蒙德，张占力．社会保障私有化：智利经验 [J].拉丁美洲研究，2010 (12)．

[5] 彼得·德鲁克，管理的实践 [M].北京：机械工业出版社，2009.

[6] C. V. 布朗，P. M. 杰克逊．公共部门经济学——财政学系列（第四版）[M].北京：中国人民大学出版社，2000.

[7] 蔡海清．社会化经办值得探索 [J].中国社会保障，2014 (6)．

[8] 陈国权，李志伟．从利益相关者的视角看政府绩效内涵与评估主体选择 [J].理论与改革，2005 (3)：66–69.

[9] 陈娟．社会保险经办机构人事管理制度研究 [J].人口与经济，2009 (S1)．

[10] 陈立红．美国财务报告内部控制的发展及启示 [J].财会通讯，2004 (23)．

[11] 陈丽君，王平．基于产品角度的平衡计分卡应用研究 [D].南京师范大学硕士论文，2006.

[12] 陈通，王伟．基于平衡计分卡在政府绩效评估中应用的研究 [J].三峡大学学报（社会科学版），2006，16 (3)：1–6.

[13] 陈玮. 英国社保管理机构设置对中国的启示 [J]. 就业与保障, 2008 (7).

[14] 陈彦敏. 养老保险改革的探讨 [J]. 科学之友, 2011 (3): 151 - 152.

[15] 陈仰东. 社保机构是政府的核心部门——从美国政府关门说起 [J]. 中国社会保障, 2011 (9).

[16] 谌立志, 王旭. 社会保障效益审计研究 [D]. 吉林大学硕士论文, 2011.

[17] 戴长征. 中国国家治理体系与治理能力建设初探 [J]. 中国行政管理, 2014 (1): 10 - 11.

[18] 戴维·奥斯本, 特德·盖布勒. 改革政府: 企业家精神如何改革着公共部门 [M]. 上海: 上海译文出版社, 2010.

[19] 道格拉斯·C·诺斯. 交易费用政治学 [M]. 北京: 中国人民大学出版社, 2011.

[20] 稻盛和夫. 干法 [M]. 北京: 华文出版社, 2010.

[21] 丁宏. 美国社保管理局绩效评估方法及对我国的启示 [J]. 华北水利水电学院学报 (社科版), 2007 (6): 45.

[22] 丁志刚. 全面深化改革与现代国家治理体系 [J]. 江汉论坛, 2014 (1).

[23] 凡勃伦. 有闲阶级论 [M]. 北京: 中国水利水电出版社, 2013.

[24] 范柏乃, 段忠贤. 政府绩效评估 [M]. 北京: 中国人民大学出版社, 2012.

[25] 方振邦. 战略性绩效管理 [D]. 北京: 中国人民大学出版社, 2003.

[26] 封铁英, 仇敏. 新型农村社会养老保险经办机构服务能力及其影响因素的实证研究 [J]. 西安交通大学学报 (社会科学版), 2013 (1).

[27] 弗雷德里克·泰勒. 科学管理原理 [M]. 北京: 北京理工大学出版社, 2012.

[28] 改革创新 民生银行十年嬗变 [EB/OL]. 中国金融信息网. http: //bank. xinhua08. com/a/20111110/850538_ 2. shtml.

[29] 何恒. 提高社会保险经办机构管理服务能力研究 [J]. 西部财会, 2012 (8).

[30] 何莉, 殷海泓. 社会保险稽核工作中存在的问题及对策 [J]. 中国商界, 2011 (11).

[31] 亨利·法约尔. 工业管理与一般管理 [D]. 北京: 机械工业出版社, 2013.

[32] 侯惠勤等. 中国基本公共服务力评价 (2011~2012) [D]. 北京: 社会科学文献出版社, 2012.

[33] 胡学群. 绩效管理与绩效考核浅探 [J]. 企业家天地, 2006 (6): 42-43.

[34] 胡雪莹. 法国养老保险业务经办流程带来的启示 [J]. 劳动保障世界, 2012 (1).

[35] 华迎放. 澳大利亚社保经办管理考察报告 [J]. 中国劳动, 2011 (1).

[36] 黄恒学等. 政府基本公共服务标准化研究 [M]. 北京: 人民出版社, 2011.

[37] 黄佩筠, 於鼎丞. 中国社会保险基金监督体系研究 [D]. 暨南大学硕士论文, 2006.

[38] 黄秋梅. 对我国社会保障财务工作改革的思考 [J]. 行政事业资产与财务, 2013 (2).

[39] 黄寅桓. 社保经办机构档案管理信息化建设现状、趋势及对策 [J]. 现代商业, 2011 (36).

[40] 格罗弗·斯塔林. 公共部门管理 (第八版) [M]. 北京: 中国人民大学出版社, 2012.

[41] 郭静. 社保经办机构的发展特点及趋势: 社会保障经办机构国际比较之二. 中国社会保障, 2011 (2).

[42] 郭荣军. 试论社会保障中政府责任的重构 [J]. 重庆广播电视大学学报, 2012 (1).

[43] 郭雪剑. 发达国家社会保障管理责权的划分 [J]. 经济社会体制比较, 2006 (5).

[44] 基本公共服务均等化研究课题组. 让人人平等享受基本公共服务 [D]. 北京: 中国社会科学出版社, 2011.

[45] 江龙祥. 建立统一规范的社保经办机构 [J]. 中国人力资源社会保障, 2011 (9).

[46] 蒋明红. 增强服务意识、提高服务能力、推动人力资源社会保障事业新发展 [J]. 人事天地, 2013 (5).

[47] 井敏. 构建服务型政府: 理论与实践 [M]. 北京: 北京大学出版社, 2006.

[48] J. M. 布坎南. 自由、市场与国家——80 年代的政治经济学 [M]. 上海: 上海三联书店, 1989.

[49] 康芒斯. 制度经济学 [M]. 北京: 商务印书馆, 2014.

[50] 柯卉兵. 分裂与整合: 社会保障地区差异与转移支付研究 [M]. 北京: 中国社会科学出版社, 2010.

[51] 科林·吉列恩·约翰. 全球养老保障——改革与发展 [M]. 北京: 中国劳动社会保障出版社, 2002.

[52] 理查德·L·达夫特. 组织理论与设计. 北京: 清华大学出版社, 2011.

[53] 李春根, 李建华. 建立适应和谐社会的社会保障支出绩效评估体系 [J]. 当代经济管理, 2009, 31 (2): 51 –53.

[54] 李东. 刍议流程银行和部门银行 [J]. 济南金融, 2007 (5).

[55] 李二斌. 构建城镇社会保障水平评估指标体系 [J]. 江苏广播电视大学学报, 2007 (2): 77 –81.

[56] 李惠宁. 提高社会保险经办机构管理服务能力问题的探讨 [J]. 科学咨询 (决策管理), 2007 (1).

[57] 李军鹏. 公共服务型政府 [M]. 北京: 北京大学出版社, 2004.

[58] 李林, 王永. 将平衡计分卡引入我国公共部门绩效管理的可行性分析 [J]. 中国科技论坛, 2006 (4).

[59] 李瑛珊. 美、德两国社会保障统计指标体系的比较及对我国的启示 [J]. 统计与决策理论新探, 2008 (24): 33 –35.

[60] 李志明, 彭宅文. 社会保险概念再界定 [J]. 学术研究, 2012 (7).

[61] 梁丽萍. 社会化: 社会保障发展的必由之路——兼论山西社会保障的社会化改革 [J]. 经济问题, 2006 (1).

[62] 林光祺. 中国农村社会保障变迁: 体系结构与制度评估——"三元结构" 制度安排下契约变迁的路径分析 [J]. 财贸研究, 2006 (2).

[63] 林毓铭. 社会保障可持续发展的政府绩效评估指标体系 [C].

"落实科学发展观推进行政管理体制改革"研讨会暨中国行政管理学会2006年年会论文集, 2006.

[64] 林毓铭. 社会保障与政府职能研究 [M]. 北京: 人民出版社, 2008.

[65] 林志芬. 中国社会保障统计的转型及其对策思考 [J]. 统计与决策, 2010 (20).

[66] 刘波. 政府介入社会保障职责的多重视角分析 [J]. 太原理工大学学报, 2012, 30 (6).

[67] 刘厚金. 我国政府转型中的公共服务 [M]. 北京: 中央编译出版社, 2008.

[68] 刘明勋. 中国公共支出绩效评价指标体系研究 [C]. 暨南大学, 2005.

[69] 刘伟兵. 从墨尔本美世全球养老金指数看我国养老保险制度[J]. 社会保障研究, 2011 (2): 7–11.

[70] 刘文俭, 王振海. 政府绩效管理与效率政府建设 [J]. 国家行政学院学报, 2004 (1).

[71] 刘旭涛. 政府绩效管理: 制度、战略与方法 [M]. 北京: 机械工业出版社, 2003.

[72] 刘雪梅, 赵黎明. 现代企业战略性绩效评价系统研究[D]. 天津大学硕士论文, 2006.

[73] 陆敬筠. 电子政务公共服务评价研究 [J]. 电子政务, 2010 (6).

[74] 罗伯特·卡普兰, 大卫·诺顿. 平衡计分卡——化战略为行动 [M]. 广东: 广东省出版集团广东经济出版社, 2005.

[75] 罗伯特·卡普兰, 大卫·诺顿. 平衡计分卡——战略地图[M]. 广东: 广东省出版集团广东经济出版社, 2012.

[76] 罗西瑙. 没有政府的治理 [M]. 江西: 江西人民出版社, 2001.

[77] 罗小旻. 提高社保经办机构员工培训的有效性研究 [J]. 中国电子商务, 2014 (3).

[78] 马蓓蓓. 机关事业单位养老保险制度改革的问题分析与对策[J]. 保险职业学院学报, 2011 (3): 34–37.

[79] 马璐, 黎志成. 企业战略性绩效评价系统研究 [D]. 华中科技大

学博士论文，2004.

[80] 迈克尔·哈默，詹姆斯·钱皮. 企业再造 [M]. 上海：上海译文出版社，2007.

[81] 孟昭喜，徐延君. 完善社会保险经办管理服务体系研究 [D]. 北京：中国劳动社会保障出版社，2012.

[82] 苗红军，穆怀中. 中国城镇职工推迟退休年龄研究 [D]. 辽宁大学博士论文，2011.

[83] 明茨伯格. 卓有成效的组织 [M]. 北京：中国人民大学出版社，2012.

[84] 莫毓泉. 面向服务模式的银行业务流程再造分析与实践 [D]. 北京邮电大学硕士论文.

[85] 尼古拉斯·亨利. 公共行政与公共事务 [M]. 北京：中国人民大学出版社，2000.

[86] 牛根颖. 30 年来我国劳动就业、收入分配和社会保障体制与格局的重大变化 [J]. 经济研究参考，2008 (9).

[87] 牛文海. 基层社保经办机构亟需深化改革 [J]. 经济师，2014 (3).

[88] 欧文·E·休斯. 公共管理导论（第三版）[M]. 北京：中国人民大学出版社，2007.

[89] 彭国甫. 基于绩效评价的地方政府公共事业治理研究纲要 [J]. 湘潭大学学报（哲学社会科学版），2006 (4).

[90] 彭秋琼，杨学华. 社会保险基金政府绩效审计的研究[D]. 长沙理工大学硕士论文，2008.

[91] 彭宅文. 社会保障与社会公平：地方政府治理的视角 [J]. 中国人民大学学报，2009 (3).

[92] 齐二石. 公共绩效管理与方法 [M]. 天津：天津大学出版社，2007.

[93] 钱振伟. 覆盖城乡居民社会保障管理体制研究 [D]. 西南财经大学博士论文，2010.

[94] 全国政府绩效管理研究会，兰州大学中国地方政府绩效评价中心. 中国政府绩效管理年鉴 [M]. 北京：中国社会科学出版社，2011.

[95] 人社部社会保险事业管理中心. 2012 年全国社会保险情况 [N].

中国劳动保障报，2013 - 6 - 19.

［96］人社部社会保险事业管理中心.2013 年全国社会保险情况［N］.中国劳动保障报，2014 - 6 - 25.

［97］阮凤英.社会保障通论［M］.山东：山东大学出版社，2004.

［98］桑助来.中国政府绩效评估报告［M］.北京：中共中央党校出版社，2009.

［99］社会保险事业管理中心职责［EB/OL］.中华人民共和国人力资源和社会保障部官方网站.http：//www. mohrss. gov. cn/SYrlzyhshbzb/sydw/201301/t20130124_ 414. htm.

［100］申曙光，谢林.构建和谐社会与发展社会保障事业［J］.社会保障研究，2005（1）.

［101］石春茂，陈少华.全息绩效测评体系的构建［D］.厦门大学博士论文，2008.

［102］宋士云，吕磊.中国社会保障管理体制变迁研究（1949～2010）［J］.贵州财经学院学报，2012（2）.

［103］孙久鹏.中国社会保障管理体制改革方向研究［J］.经济学家，1996（4）.

［104］孙秀娟.谈社会保险、企业补充保险和商业保险三者的关系［J］.科技创新与应用，2012（14）.

［105］W·爱德华兹·戴明.戴明论质量管理：以全新视野来解决组织及企业的顽症［M］.海南：海南出版社，2003.

［106］王德强，王阿洁.试析社保经办机构内控制度的完善——兼论农民工社保工作对内控制度提出的特殊要求［J］.华中农业大学学报（社会科学版），2013（1）.

［107］王海燕，王瑞璞.中美社会保障制度比较研究［D］.中共中央党校博士论文，2010.

［108］王佳，郑立群.基于平衡计分卡和绩效棱柱的企业综合绩效评价体系［D］.天津大学硕士论文，2006.

［109］王明海.适应新形势需要不断强化对社会保险关系的认识［J］.劳动保障世界，2003（1）.

［110］王佩.基本养老保险"统账结合"模式的风险及控制［J］.商业时代，2009（13）.

[111] 王荣，赵宇龙．保险资金运用的绩效评估［D］．西南财经大学硕士论文，2011.

[112] 王伟．济南市社会保障业务流程再造研究［D］．山东师范大学，2012.

[113] 王石．社会保险经办业务规程的概念和绩效评价［J］．中国社会保障，2007（1）.

[114] 王欣欣．浅析公共服务型政府绩效管理的构建［J］．职业时空，2008（10）.

[115] 王增民．国外社会保障机构的绩效管理［J］．资源开发，2008（5）.

[116] 威格里·斯托克．作为理论的治理：五个论点［J］．国际社会科学杂志（中文版），1999（1）：20－21.

[117] 威廉姆·H·怀特科，罗纳德·C·费德里科．当今世界的社会福利［M］．北京：法律出版社，2013.

[118] 魏娜．社区管理原理与案例［M］．北京：中国人民大学出版社，2013.

[119] 西奥多·H·波伊斯特．公共与非营利组织绩效考评：方法与应用［M］．北京：中国人民大学出版社，2005.

[120] 新华网．中共中央关于全面深化改革若干重大问题的决定［EB/OL］．http：//news. xinhuanet. com/mrdx/2013－11/16/c_132892941. htm，2013年11月12日.

[121] 夏昌凌，杨辉．浅论如何加强我国社会保险基金的绩效审计［J］．华东经济管理，2003（S1）.

[122] 夏书章．行政管理学［M］．广州：中山大学出版社，2001.

[123] 新华网．胡锦涛在党的十七大上的报告［EB/OL］．http：//news. xinhuanet. com/newscenter/2007－10/24/content_6938568. htm，2007－10－24.

[124] 新华网．温家宝：努力建设人民满意的服务型政府［EB/OL］．http：//news. xinhuanet. com/politics/2010－03/05/content_13102634_1. htm，2010－3－5.

[125] 新华网．中共中央关于全面深化改革若干重大问题的决定［EB/OL］．http：//news. xinhuanet. com/mrdx/2013－11/16/c_132892941. htm，2013－11－12.

[126] 新华网. 十八大报告（全文）[EB/OL]. http：//www. xj. xinhua-net. com/2012－11/19/c_ 113722546. htm, 2012－11－19.

[127] 徐延君. 社会保险法"给力"社保经办 [J]. 中国社会保障, 2010（12）.

[128] 徐延君. 完善社会保险经办管理服务体系　更好满足参保群众社会保障需求 [J]. 中国医疗保险, 2011（11）.

[129] 许耀桐, 刘祺. 中国特色的国家治理之路 [J]. 理论探索, 2014（1）.

[130] 亚当·斯密. 国民财富的性质和原因的研究 [M]. 北京：商务印书馆, 1993.

[131] 燕继荣. 服务型政府建设：政府再造七项战略 [M]. 北京：中国人民大学出版社, 2009.

[132] 杨方方. 中国社会保障中的政府责任研究述评 [J]. 社会保障制度, 2005（1）.

[133] 杨飞. 基层社保经办机构能力建设的问题与对策 [J]. 环境与生活, 2014（16）.

[134] 杨莲秀. 政府部门在社会保障制度中的定位和职责——基于公共产品理论 [J]. 财金研究, 2008（20）：9－11.

[135] 杨燕绥. 社会保险经办机构能力建设研究 [D]. 北京：中国劳动社会保障出版社, 2011.

[136] 杨燕绥, 鹿峰, 王梅. 事业单位应引领中国养老金结构调整 [J]. 中国金融, 2010（17）.

[137] 杨燕绥, 吴渊渊. 社保经办机构：服务型政府的臂膀 [J]. 中国社会保障, 2008（3）.

[138] 杨珍妮. 社会保险经办机构风险管理 [J]. 生产力研究, 2012（6）.

[139] 弋雪峰, 江生忠. 我国基本养老保险制度研究 [D]. 南开大学博士论文, 2008.

[140] 郁建兴, 徐越倩. 服务型政府 [M]. 北京：中国人民大学出版社, 2012.

[141] 喻婷, 黎仁华. 社会保险基金绩效审计评价体系研究 [D]. 西南财经大学硕士论文, 2009.

[142] 俞雅乖. 农村公共服务供给: 模式创新与城乡均等化 [D]. 北京: 中国人民大学出版社, 2014.

[143] 岳宗福. 新中国60年社会保障行政管理体制的变迁 [J]. 安徽史学, 2009 (9).

[144] 叶响裙. 论我国社会保障管理体制的改革与完善 [J]. 中国行政管理, 2013 (8).

[145] 约翰·伯纳丁 (Bernardin H. J.). 人力资源管理实践的方法 [M]. 南京: 南京大学出版社, 2009.

[146] 詹姆斯·E·安德森. 公共政策制定 (第五版) [M]. 北京: 中国人民大学出版社, 2009.

[147] 战胜. 浅议社保经办机构内部控制 [J]. 投资与合作, 2011 (10).

[148] 张彬. 再认识社会保险和商业保险的特征与优势 [J]. 商业文化 (学术版), 2009 (9).

[149] 张东方. 论公共服务的伦理评价 [J]. 长沙民政职业技术学院学报, 2011 (2).

[150] 张水辉. 养老社会保险改革立法的国际比较及其对我国的借鉴 [J]. 西南民族大学学报 (人文社科版), 2005 (8).

[151] 张一驰. 人力资源管理教程 [M]. 北京: 北京大学出版社, 1999.

[152] 张应磊. 社会保险经办机构服务能力建设研究 [D]. 首都经济贸易大学硕士论文, 2012.

[153] 张志超, 丁宏. 美国社会保障管理局绩效评估方法与启示 [J]. 财经问题研究, 2007 (6): 76-81.

[154] 赵景来. 谨慎解读 "全球治理" 的可能性 [J]. 社会科学报, 2002.

[155] 赵秀斋. 美国、日本基本养老保险经办服务体系比较与借鉴 [J]. 中国财政, 2014 (9).

[156] 珍妮弗·乔治 (Jennifer M. George), 格雷斯·琼斯 (Garath R. Jones). 组织行为学: 理解与管理 [M]. 北京: 清华大学出版社, 2011.

[157] 郑秉文. 中国养老金发展报告2013: 社保经办服务体系改革 [M]. 经济管理出版社, 2013.

［158］郑功成．从政府集权管理到多元自治管理——中国社会保险组织管理模式的未来发展［J］．中国人民大学学报，2004（5）．

［159］郑功成．中国社会保障改革与发展战略［M］．北京：人民出版社，2011．

［160］郑功成．中国社会保障改革与未来发展［J］．中国人民大学学报，2010（9）．

［161］郑学温．社会保险经办体制亟需进一步完善［J］．港澳经济，2013（17）．

［162］中国地方政府绩效评估体系研究课题组．中国政府绩效评估报告［M］．北京：中共中央学校出版社，2009．

［163］中国新闻网．政治局第4次学习　胡锦涛强调建设服务型政府［EB/OL］．http：//www．chinanews．com/gn/news/2008/02－23/1171858．shtml，2008－2－23．

［164］中华人民共和国社会保险法［M］．北京：中国法制出版社，2010．

［165］中研网．2013年全国新农合参保人数超8亿人［EB/OL］．http：//www．chinairn．com/news/20140604/093625674．shtml，2014－6－4．

［166］中央政府门户网站．胡晓义：开创社保经办管理新局面要提高执行力［EB/OL］．http：//www．gov．cn/gzdt/2008－03/07/content＿912513．htm，2008－3－7．

［167］周弘．125国（地区）社会保障资金流程图［M］．北京：中国劳动社会保障出版社，2011．

［168］周弘．50国（地区）社会保障机构图解［M］．北京：中国劳动社会保障出版社，2011．

［169］周志忍．公共组织绩效评估：英国的实践及其对我们的启示［J］．新视野，1995（8）．

［170］朱春奎．公共部门绩效评估方法及应用［M］．北京：中国财政经济出版社，2007．

［171］主动转型成功二次腾飞在即［EB/OL］．东方财富网．http：//blog．eastmoney．com/F10/blog＿120305535．html．

［172］朱琳．公共服务质量评价体系的模型选择［J］．企业经济，2010（7）．

［173］卓越．公共部门绩效评估的主体建构［J］．中国行政管理，2004

(5).

[174] 卓越. 公共部门绩效评估 [M]. 北京: 中国人民大学出版社, 2001.

二、英文

[1] Allen Schick. The Federal Budget: Politics, Policy, Process [M]. Brookings Institution Press; third edition edition, 2007.

[2] Allison, Graham Public and Private Management: Are They Fundamentally Alike in All Unimportant Respects, Frederick S. Lane (ed.) Current Issues in Public Administration, 1982.

[3] Behn, R. D. The Big Questions of Public Management [M]. Public Administration Review, 1995.

[4] Borman, W. C. & Motowidlo, S. J. Expanding the criterion Domain to Include Elements of Contextual Performance [M]. In N. Schmitt & W. C. Borman (Eds.), personnel Selection in Organizations. San Francisco: Jossey – Bass, pp. 71 – 98. 1993.

[5] Bosworth B. P., Economic consequences of the great recession: Evidence from the panel study of income dynamics [N]. Center of Retirement Research at Boston College, CRR WP, 2012.

[6] Bricker J., Bucks B. K., Kennickell A., et al. Drowning or weathering the storm? Changes in family finances from 2007 to 2009 [R]. Board of Governors of the Federal Reserve, Finance and Economics Discussion Series, No. 17, 2011.

[7] Campbell J. P.. Modeling the performance prediction Problem in Industrial and Organizational Psychology. In: M. D. Dunnette, L. M. Hough (Eds.). Handbook of Industrial and Organizational Psychologh, 2nd ed. Consulting Psychologists Press, 1990.

[8] Cook F. L., Barrett E. J. Support for the American welfare state: The views of congress and the public [D]. New York: Columbia University Press, 1992.

[9] Epstein, P. D. Get Ready: The Time for Performance Measurement Is Finally Coming, Public Administration Review, 1992.

［10］Esping-Anderson G. The three worlds of welfare capitalism ［D］. New Jersey: Princeton University Press, 1990.

［11］George W. Downs, Patrick D. Larkey, The Search for Government Efficiency: From Hubris to Helplessness, Random House Inc (T), 1st edition, 1986.

［12］Gustman A. L., Steinmeier T. L., Tabatabai N. ［R］. How did the recession of 2007 – 2009 affect the wealth and retirement of the near retirement age population in the health and retirement study? holds. NBER Working Paper ［R］, No. 16407, 2010.

［13］Harold Koontz , Heinz Weihrich , Essentials of Management, 8e: An International Perspective, ata McGraw Hill Education Private Limited, 2009.

［14］Hood, Christopher. A public management for all seasons? Public Administration, 69, 1, pp. 3 – 19, 1991.

［15］Hurd M., Rohwedder S. ［R］. Effects of the financial crisis and great recession on American houseJonathml Gruber, Social security and retirement around the world ［M］. University of Chicago Press, 1998.

［16］Joseph S. Wholey, Harry P. Hatry and Kathryn E. Newcomer, Handbook of Practical Program Evaluation ［M］. Jossey – Bass, 3 edition, 2010.

［17］Kapan, R&D, Norton, The balance scorecard – measures that drive performance, Harvard Business Review 70 (1), 1992.

［18］Kennickell, Arthur ［R］. Tossed and turned: Wealth dynamics of U. S. households , 2007 – 2009.

［19］OECD. Public Management Developments. Paris: OECD, 1991.

［20］Robert J. Mowitz , The design of public decision systems ［M］. University Park Press, 1980.

［21］Murphy, K. R. & Cleveland, J. N. (1991), Performance Appraisal: An Organizational Perspective, Boston: Allyn & Bacon Publishers, P. 3NBER Working Paper ［N］, w17547, 2011.

［22］Pollitt, Christopher and Bouckaert, Geert. Public Management Reform: A Comparative Analysis, Oxford, Oxford University Press, 2000.

［23］P. Suwignjo, Strategy management through quantitative modeling of performance measurement systems, Int. J. Production Economics, 69, pp 15 –

22, 2010.

[24] Sass S. A. , Monk C. , Haverstick K. Workers' response to the market crash: Save more, work more Center for Retirement Research [D]. Boston College, 2010.

[25] Social Security Administratio. Beneficiary Data [EB/OL]. http: // www. ssa. gov/OACT/GrogDaata/icp. html.

[26] Wholey, J. S. , and Hatry, H. P. , The case for Performance Monitoring [M]. Public Administration Review, 1992.

[27] Wintrob J. S. Sun America Financial Group President and CEO [EB/OL]. http: //www. Retiremen treset. com, 2011.

[28] Wolff E. N. , Pensions in the 2000s: The lost decade? [N]. NBER Working Paper, No. 16991, 2011.

后　记

本书是在我的博士论文的基础上修订而成的，作为一个经办机构外部的研究者，获得大量的数据和现状信息非一力所能为，需要感谢的人太多。

首先要感谢的是我的导师潘锦棠教授，他是我见过的最具学者风范和最包容的老师。我选取的这个题目并不是他的研究方向，但他坚定地支持我，在我一度动摇想更换研究内容时力主我回归到这个主题上，他认为在社会保险经办机构一端进行改革很重要。潘老师在我的学习过程中给予了悉心的指导，帮助我拓宽思路，每次都一针见血地指出研究中存在的问题，直到交付，他仍摇头说"不够清晰"，但鼓励我把成果呈现出来。而在与潘老师相处的时间里，他的治学态度和为人处事的原则是更为让我钦佩和欣赏的。他是一个淡泊名利的教授，在当今浮躁的校园中，他一直不受干扰，安静地坐在书桌前，几乎在所有不上课的时间都能在办公室找到他；他是一个独立坦率的知识分子，在真实和感受之间，他总是选择指出问题的实质；他是一个宽容平和的师长，包容我们在学习过程中的种种不足，甚至在教师节的日子送给我们礼物……也许这些对我的影响更为深远，让我经常会思考"做人何为正确"的问题。

感谢来自不同专业方向的老师们对我专业上的指点。

感谢在收集数据的过程中给予帮助的朋友，让我得以直接接触到一线，使信息获得顺利真实。

感谢家人，一直鼓励和支持我，并包容我在学习和拟写论文期间时间、精力和物质上的付出。

感谢好友和同事对我精神上的支持。

需要感谢的人很多，虽然基本没有提到名字，但他们知道，我更知道。

也感谢自己在企业工作的那段经历，让我站在另一个角度看公共服务。

董尚雯

2016 年 1 月 20 日